Knut Teske

„Die Schöne und ihre Schattenseiten"

„Die Schöne und ihre Schattenseiten"

– 2019 –

Acht Wochen zu Fuß durch Kapstadt

ISBN 978-3-347-42604-7

**Kapstadt
einmal
anders:**

*von
hochmodisch*

*bis stark
durchschnitt-
lich...*

„Wenn Südafrika scheitert, scheitert ganz Afrika!"

Frederik Willem de Klerk (damals 83),
letzter weißer Präsident Südafrikas, am 20.06.2019 in der
Neuen Züricher Zeitung

Das Wichtigste im Umgang mit Menschen untereinander sei der
Dialog mit Unbekannten, die man zum Sprechen bringen müsse:

**„Wenn einem das nicht möglich ist,
hat der Tod begonnen"**

Elias Canetti

INHALT

VORWORT   **14**

TAGEBUCH KAPSTADT: 1.2 – 31.3. 2019

ERSTE (verlängerte) WOCHE): 1.2. – 10.2.   **18**
„Wiggi-Day", Tafelberg – ein umstrittener Freund, Freier Wille?
Fehlanzeige, Parlamentseröffnung in Cape Town..., Mein Mountain-
bike, Kapstadts schwarze Bevölkerung, Geteilte Metropole, Peinliche
Treffen, Zerfällt Südafrika? Wie könnten die Weißen helfen?

ZWEITE WOCHE: 11.2. – 17.2   **39**
Cape Town-Stürme, Es geht weiter: Vier Klatschen nacheinander, Von
Banken und Wolkenbänken, „Das Nichts nichtet", Mountainbike –
schwerer Fehler, Kondition – die Mutter des Talents, Geheimnisse einer
Metropole, RÜCKBLICK (1): Allein unter Ratten, Mittendrin - oh Gott!,
Besuch bei den „Big Five"

DRITTE WOCHE: 18.2. – 24.2. 2019   **68**
Ein Tag zu Fuß, Die seltsame Geschichte der Lions Battery, `Man möch-
te dabei sein`, Die Seuche „Plastik", Moslems in Kapstadt, Ein Schild
macht Ärger, Viereinhalb-Stunden Downtown, Ein Sprint um Essensreste, Demokratien Zweiter Klasse, Eliten und Pseudo-Eliten, Demokraten und Machtmenschen, Wo nun steht Südafrika?, Vom Sinn der
„Aufklärung", Die antiken Demokratien, Der Kompromiss als Wert,
Demokratien forever?, Gefahren der digitalen Revolution, Beispiel Belfast

VIERTE WOCHE; 25.4. – 3.3. 2019   **120**
Was bleibt von Mandela?, Zufallstreffen mit einem Kongolesen, Kapstadts weiße City, „Hier ist des Volkes wahrer Himmel", Der Tod des
Robert F. Scott, Gedanken über Christiaan Barnard, „War ick schon
sauer"

FÜNFTE WOCHE: 4.3. – 10.3. 2019   138
Begegnungen, Nur Geldscheine zählen, Südsudaner – eine Liga für sich, „You are German", Die Verlorenen, Von Machos und Männern, Der übergewichtige „homo sapiens", RÜCKBLICK (2):, Machos in Kinshasa, Zum Kritiker am System…, Menschen unter dem Nullpunkt, Rätselhafte Wesen, Hoffen auf die Jugend, Mythos „District Six"

SECHSTE WOCHE: 11.3.2019   163
Der Begriff „Apartheid" – einmal anders, Mittagessen mit Erstklässlern, „Really a blessed child?", Gedenken an Caesar und Gedanken an Germar, Mein Freund David, Mein 1. Designerhemd

SIEBENTE WOCHE: 18.3. – 24.3. 2019   174
RÜCKBLICK 3: Das Grauen von Goma, Völkermord in Ruanda, Gast bei Mobutu Sese Seko, Zurück zum Kniefall des…, Die Kürzeste aller Begegnungen, Eine erbarmungswürdige Kirche? Im „ruhelosen Herzen" der Stadt, Kapstadts Townships, Großes Feilschen um kleines Geld, Gefährliches Feilschen um wenig Geld

ACHTE WOCHE: 25.3. – 31.3. 2019   201
Besuch im schlimmsten Viertel, Signal Hill - Klappe, die Dritte, „Der Ranger kennt Euch", Die Geschichte dahinter…, Im Busbahnhof der Apartheit, Rassentrennung per Scheckbuch?, Ithalalenc - das unbekannte Wort, Meine Ratten-Rangliste, Civic Centre, D-Day-Eroberung des Tafelbergs, Harold - ein Deutsch gebliebener Jude, Im Holocaust-Museum, Schwieriger Dialog, Abschied von Harold, „Doppelmord um Mitternacht", 31.3. - Mein letzter Tag, Eine Busfahrt, die ist lustig

1.4. 2019   241
Abschied! Und dann sah ich „Kascha"

Fotoquelle: privates Archiv Knut Teske

Dieses Buch widme ich zwei Freunden und seit neustem meiner Enkeltochter...

1. in Memoriam meinem langjährigen WELT-Chefredakteur
Dr. Herbert Kremp
Herbert Kremp und ich kannten uns 44 Jahre.

Eines Abends in seinem Haus in Schenkenschanz am Rhein stand „Der Doktor" mitten in unserem Gespräch unvermittelt auf, knöpfte sein Jackett zu, formulierte ein paar fast feierliche Worte und bot mir mit seinem Glas Wein in der Hand das „Du" an - mir, einem „Nichtalkoholiker", der sich – völlig überrascht - nur mit seinem Glas Wasser bedankte. Dieser Moment gehört zu den stolzesten meines Lebens...

2. meinem Sulinger Freund
Peter „Wiggi" Wiggert

„Wiggi" und ich treffen uns jeden Donnerstag zum Westernabend. Seit seiner Erkrankung vor sechs Jahren geben wir uns die Linke. Während ich in der Küche das „Western-meal" - früher verhunzte, heute vorbereite -, legt er den Film ein und richtet erst noch meine von mir regelmäßig „hingerichteten", technischen Geräte wieder auf. Er ist derjenige, der es immer wieder versucht, meinem, so gut wie nicht vorhandenen IT-Verstand Odem einzuhauchen. Dafür danke ich ihm. Ohne ihn wäre ich digital auf dieser Welt so gut (?) wie non existent...

3. meiner Enkeltochter Alea Philia Teske,
geboren am 13.05.2021.

Möge es ihr und ihrer Generation besser ergehen, als es ihr skeptischer Großvater, auch „Opa" genannt, befürchtet. Trotzdem freue ich mich unsagbar über ihr Erscheinen auf dieser Welt.

VORWORT

Kapstadt, die Schöne, die Verführerin – und das am „Kap der Guten Hoffnung"! Kann ein Name mehr versprechen? Im Februar und März 2019 verbrachte ich acht Wochen in dieser aufregenden City, ein Jahr vor Corona - Gott sei Dank! Es sollte die Erfüllung eines lang gehegten Wunsches werden - eine Zeit, die ich mir leistete, nachdem mir meine Drei- oder Vier-Tage-Besuche nicht mehr ausgereicht haben. Ich wollte endlich den Tafelberg besteigen, Waterfront mit seinem berühmten Strandboulevard genießen, nicht hinterherjagen; das architektonisch hinreißende Mocaa-Museum in unmittelbarer Nachbarschaft besuchen, Robben Island und damit die Erinnerungen an Nelson Mandela wiederbeleben, wollte das Groote-Schur-Krankenhaus von Christiaan Barnard nicht nur von außen betrachten, ohne deswegen auf das herrliche Klima draußen verzichten zu müssen. Dazu braucht man Zeit. Acht Wochen sind das Mindeste.

Alles Bisherige schien mir zu wenig zu sein. Ich wollte mehr von dieser Metropole des Lichts spüren, vom Überfluss ihrer scheinbaren Leichtigkeit, mehr von ihrer privilegierten Lage an zwei Ozeanen - vorne, und hinten, im Rücken der Stadt, das Tafelbergmassiv, einen ungeheuren Felsklotz, dem ich bisher nie richtig nahegekommen war. So dachte ich, so flog ich hin, so fing ich an.

Daraus wurde eine nahezu komplett andere Reise, doch deswegen nicht weniger aufregend. Meine Füße verfolgten plötzlich neue Spuren. Schon zwei, drei Tage später fragte ich mich: Bin ich die falschen Wege gegangen, habe ich wider den Stachel gelöckt oder bin ich im Hinblick auf das bisherige Kapstadt einer Täuschung erlegen? Nichts derart. Es gibt weiterhin das schöne und heitere, das Touristen beglückende Kapstadt, welches speziell Alkoholfreunden zwei Autostunden oder ein paar Kurven weiter die Garden Route beschert, die berühmteste Weinstraße Südafrikas, samt Verkostung, selbstverständlich. Es gibt jedoch genauso eine

Kapstadts lichte Seite: Kirstenbosch - atemberaubend schön und still

Kehrseite, die ebenso wahr ist wie der betäubend schöne Touristen-Traum. Und dieser Teil betäubt nicht weniger – nur wird die Spritze diesmal ohne Vorwarnung, geballt aus der Gegenrichtung verabreicht! Und für diesen Teil braucht es nicht mal eine Ecke oder ein paar Kurven, man braucht die meisten Straßen nur einfach geradeaus zu laufen, um das Gegenteil dessen zu erleben, was von diesem Touristenschlager eben noch erhofft worden war. Dafür allerdings sollte man allein reisen, Zeit haben, Taxis missachten, unabhängig sein von streng rationalisierten Terminen, vorfahrenden Privat-Bussen, festgelegten Ausflügen mit Champagner und Canapés.

Von all` diesen Eindrücken der Helligkeit und des Lichts, wie ich sie noch in Erinnerung hatte und durchaus auch wiedersah –, konnte man sich schon beim ersten Stadtbummel die Masse an Illusionen abschminken. Statt Reichtum und Schönheit stieß man auf Armut und Resignation, auf eine Stadt, die grad' noch fasziniert hatte, nun erschreckte. Ihr Abrutschen in das Souterrain der gegenseitigen Kränkungen, Unterdrückungen, des Wegsehens will man zunächst nicht wahrhaben. Es schmerzt, zu erleben, wie Schwarze und Weiße aneinander vorbeilaufen, als gäbe es den jeweils anderen nicht. Das klingt nach Feindseligkeit und löst bei Vielen in den einheimischen Kreisen tatsächlich nichts als offene Verachtung aus für ihre früheren Kolonialherren – nur jetzt auf Augenhöhe.

Eine solche Stadt ist unruhig, gefährlich, bizarr, vor allem aber unberechenbar, mag das noch so sehr für einzelne Besucher den Reiz erhöhen. Nicht alle Reize sind Geschenke.

Ich habe mich bei meinen Tagebuch-Notizen auf die Eindrücke vor Ort konzentriert, also auf Straßen und Hinterhöfe, edle Boulevards und heruntergekommene Viertel, die bei etwas läuferischer Geduld oft genug ineinander übergehen. Die kritische Berichterstattung ergibt sich aus dem Elend, das auch diese Stadt weit mehr als nur ansatzweise prägt – Verhältnisse, die nicht deswegen kleingeredet werden sollten, weil Kapstadt auch andere Orte kennt, sehr viel bessere, oder weil anderswo auf der Welt noch weit üblere Missstände Menschen im Griff haben.

Kapstadt, eine Schönheit mit Schattenseiten, ist nicht verloren, doch auf dem Weg nach unten. Wie wenig in der Stadt darüber gerungen wird, wirkt seltsam lethargisch. Entstand seit der Abschaffung der Rassenschranken nichts Besseres als eine profane Trennung in Arm und Reich? Existiert in der knapp Vier-Millionen-Metropole etwa eine neue, verquere „Wohlstands-Apartheit?" Ob die Stadt ihre Chancen als Tourismus-Magnet behält, hängt nicht zuletzt von der Klugheit künftiger Regierungen ab. Gelingt es denen nicht bald, ihre abtrünnigen Wählerschichten neu zu beleben, linkt diese irgendwann ihre säumige Oberschicht.

Dabei sollten Kapstadts Politiker mit dem Tafelberg doch gleichsam ein Ur-Bild der Unerschütterlichkeit vor Augen haben. Wüssten sie doch damit Besseres anzufangen, als das Positive daran durch kleinliche, egomane Politik zu hintergehen! Was bliebe sonst vom „Kap der Guten Hoffnung"?

Knut Teske
Sulingen, 25.3.2021

ERSTE (verlängerte) WOCHE: 1.2. - 10.2. 2019
WIGGI-DAY

Zufällig (natürlich nur für mich, nichts fürs große Ganze) ist heute Donnerstag, der 7. Februar 2019, also „Wiggi-Day". Planmäßig, Peter, Du ahnst es, herrscht wieder technischer Notstand. Wenn schon zu Hause fast immer, warum dann nicht auch in der Ferne? Jetzt ist das Handy „schuld". Wurde gestern auf ihm angerufen, wischte hoffnungsvoll mit meinem Zeigefinger auf „Annahme" herum. Natürlich nix und Du nicht da! Ich dachte, ich hätte WhatsApp? Who knows? Hab`s ja gleich gewusst. Dat wird nix! Um wie viel lieber würde ich Dich jetzt in meinem Büro wissen beim Aufrichten meiner ewig danniederliegenden „Stiefkinder" – Computer, Handy und „Alexa" - und mich um eines der beiden „Western-Menüs" kümmern. Variante 1 gefällig? Gerne! „Hähnchenbrustfilet mit Bohnen und Kartoffeln?" Oder heute lieber Variante 2? Bitte: „Kartoffeln mit Bohnen und Hähnchenbrustfilet"! Hätte wirklich Appetit darauf. Und dabei so`n richtig guten amerikanischen Western (Italienische Imitationen kommen uns nicht ins Haus)! Die US-Streifen am besten noch aus guten alten Schwarz-Weiß-Zeiten – falls das so noch formulieren werden darf, seit selbst das „Schwarz"-Fahren in München und Berlin verboten ist (Einwand v. 7. Juli 2021)! Frage: Was geschieht demnächst mit dem ebenfalls guten alten „Schwarz"-Brot? „Man wird ja wohl noch fragen dürfen?" Guter alter Kabarettisten-Spruch! Zurück zu Peter! So - und was ist nun mit WhatsApp? Kannst Du mir helfen…? Und Peter „Wiggi" Wiggert konnte es, sogar aus der Ferne. Danke!!

Zurück zur Gegenwart…

… inzwischen längst elf Flugstunden von zuhause entfernt: Sehe gerade bei Aljazeera das einzige Programm, das ich hier auf einem modern wirkenden TV-Apparat einzuschalten vermochte, sehe also, wie heute vor 40 Jahren Khomeini, aus Paris eingeflogen – und vom legendären Fernsehjournalisten Scholl-Latour begleitet -, die iranische Revolution nach Teheran importierte. Der „Friedensfürst" ist längst verstorben; sein ideologisch-diktatorisches System aber lebt. Wie ich übrigens auch.

DER TAFELBERG – EIN UMSTRITTENER FREUND

Bin auch wieder erholt; mir geht es gut, sagte es schon allen, die sich um mich Sorgen gemacht haben, unter anderem natürlich auch meiner Tochter Julia. Da es meine kleine Welt schon weiß, kann es jetzt auch die restliche, die große Welt erfahren: Also hört meine blamable Geschichte, die ich am 6.2., zwei Tage zuvor beim Kampf um den Berg erlebte. 4 X bin ich schon in Kapstadt gewesen; nie hat es zwischen mir und dem Tafelberg eine vernünftige Verbindung gegeben: Immer war er nach Goethe: „Bedecke Deinen Himmel, Zeus, mit Wolkendunst", nicht zugänglich - „wegen Wolken geschlossen", heißt es hier prosaischer. Hier kennt man Goethe nicht; hier war er ja auch nie.

„Heute allerdings spielt Goethe auch bei mir ausnahmsweise keine Rolle - heute, bei azurblauem Himmel, soll es also sein, muss er fallen, der Tafelberg, heute am 6. Februar 2019", notierte ich in mein Tagebuch. Der „musste" leider gar nichts.

Eigentlich wollte ich um 10 hora am Fuße des Berges sein (auch schon zu spät), es wurde dann doch 12 Uhr, einmal mehr wg. verdammter Internet-Probleme. Ohne die gelöst zu haben, schaffen es technische Analphabeten wie ich nicht, ihre Computer und damit ihre Wohnungen hinter sich zu lassen. Ein Kleben am Problem, das ich auch von anderen her kenne: Nun also der Tafelberg: Er – oder

19

besser – sein Massiv verlangt mit dem Pkw, um einmal die wahren Dimensionen aufzuzeigen, eine ca. 200 Kilometer lange Rundtour. Ich wollte bloß zu Fuß hoch. Und mit Cable Car kann ja jeder – machte auch jeder außer mir, der ich bald darauf auch außer mir war: Mein Weg, der keiner war, glich mehr einem Hindernis-Parcours über scharfe Steine und Felsbrocken, und das von Beginn an. Zudem war es mit 48, 50 Grad C in der Sonne bei Windstille und ohne Schatten doch recht warm. Kein Wunder, dass man sich bei jedem Versuch, sich aus Sicherheitsgründen auf die teils braunen, teils schwarzen, jedoch immer im Weg liegenden Gesteinsbrocken zu stützen, die Finger verbrannte. Handschuhe hatte ich selbstverständlich nicht dabei. Schon hier, kaum 50 Meter Höhe erkraxselt, wurden einem die drei schwersten Planungsfehler offeriert: 1) eine Jacke zu viel, weil es immer hieß, oben, 1086 Meter high, könne es unangenehm kalt sein. Und wenn man oben gar nicht ankam? Dann war die Jacke zu viel! 2) ein kleiner Rucksack zu wenig, so trug ich also die Flaschen, die ich mir noch kurz vor knapp am Kiosk zur Cable Car besorgt hatte, in einer bald unhandlich gewordenen Plastiktüte. 3) hätte ich mir schon seit 50 Jahren bessere Schuhe kaufen sollen – Bergsteigerstiefel, zum Beispiel. Meine Turnschuhe – Geschenk eines hochrangigen Sportsfreundes – besitzen schon seit Jahren kein Profil mehr. Ich ging ja auch davon aus, hochzulaufen und nicht hoch zu klettern! Doch so etwas hat mich nie gestört. So imperfekt bin ich ein halbes Dutzend Mal wg. „Nine Eleven" nach Afghanistan gereist. Die japanischen Kollegen dort, die immer mindestens im Dutzend in ihrer perfekt gestylten, uniformierten Kluft und mit aufgespannten Sonnenschirmen bei minus 15 Grad C auftraten, amüsierten alle nicht-japanischen Kollegen, also auch mich. Vielleicht hatten sie doch recht. Heute, Mittwoch, 6.2.2019, 13 hora, sehe ich meine Fehler ein. Rutsche jetzt – 18 Jahre später -, immer noch nicht klüger geworden, laufend auf den Felsbrocken aus. Sie vermiesen einem – bis zu anderthalb Meter hoch - mal unter, mal über einem, auf jeden Fall aber überall, den Spaß am Wandern; von Klettern will ich immer noch nicht reden! Stoße damit auf Fehler Nr. 4: `nen halben Tag zu spät aufgestanden und dann noch zuhause wg. Wlan-Reparatur zwei Stunden gewartet.

FREIER WILLE? FEHLANZEIGE!

Nach einer erbärmlichen ersten Stunde beginne ich über die angeschlagenen Warnungen zu Beginn des Aufstiegs nachzudenken. Nicht über alle, aber doch über zwei: `Im Notfall keine Hilfe erwarten´, hieß es auf einem der Schilder, Motto: Selbst ist der Mann, auf einem anderen: `Vorsicht vor Wegelagerern`! `Quatsch`, dachte ich, `doch nicht bei diesem Wetter`. Ist doch viel zu heiß, als dass die Banditen nicht doch lieber unten – wo auch immer – im Schatten liegen würden! Gott, und wenn man schon mal hier war… Um es kurz zu machen: Ich kraxelte weiter, doch machte dieser Spaziergang keinen Spaß mehr; nicht einen Schritt lang, nicht mal der erste vor knapp einer Stunde. Dennoch hatte ich mir in 63 Minuten einen Höhenunterschied von 460 Metern „erholpert" – etwa 40 Prozent der Gesamthöhe von 1086 Metern.

Ich war fertig, aber nicht mutlos. Was ich nicht wusste und mich daher völlig überraschte, war ein auf 4,1 Km veranschlagter und waagerecht verlaufender Weg, der jetzt auf mich zukam, ehe man weiter im rechten Winkel rechts ab die fehlenden 800 Meter hochkeuchen konnte. Ein „Weg" war es indes nicht und richtig „waagerecht" war es auch nicht. Auch hier immer wieder diese steinernen Klopse dazwischen, die man gelegentlich zu umrunden versuchte, sich aber – so dicht am Abgrund - doch lieber die Finger an ihnen verbrannte. Ein richtiger Abgrund war es auch nicht, man hätte hinunterkullern können, man wäre oft nicht wirklich tief gefallen, weil man in den dornigen Pflanzen hängen geblieben wäre; von freiem Fall keine Spur, na, ab und zu doch. Zehn, 15 Meter hätte man sich schon gelegentlich senkrecht hinabstürzen können. Es fehlte nur noch an einem diesbezüglichen Wunsch. Nach weiteren 40 Minuten hatte ich von den vier Kilometern gut zwei zurückgelegt. Und war restlos fertig. Zwar schlotterten meine Beine nicht, und außer Atem war ich erst recht nicht. Das gefiel mir noch an mir. Der Durst war es, und ich wagte noch nicht zu trinken. Mein Allgemeinzustand war es, der mir missfiel. Dass es mit meinem Alter zusammenhängen könnte, kam mir nicht in den Sinn. War es auch nicht. Warum aber war ich dann so erledigt?

Eine weitere halbe Stunde und ich griff zur ersten der kleinen Flaschen. Von freiem Willen war nichts mehr übriggeblieben – gar nichts mehr, Herrgott nochmal! Es war der reine Zwang. Man hätte die doppelte Menge an Wasser mithaben müssen. Wer aber sollte sich damit abschleppen?

Während ich das lauwarme H2O gierig in mich hineinsog, von vorsichtigem Schlürfen konnte nach dem zweiten Schluck keine Rede mehr sein, wusste ich, dass ich danach so gut wie nicht wieder auf die Beine kommen würde. Wer würde mich hier finden? Hier kam doch keiner lang. Ich hatte noch keinen Menschen (außer mir) wahrgenommen. Die Wanderer, die Bescheid wussten, nahmen üblicherweise einen anderen Weg, einen leichter zu wandelnden, wie ich später erfuhr, gerade rechtzeitig noch vor dem vollendeten Ende meiner Reise - auf dem Rückflug nämlich. Wer sich dagegen auf meinem Weg wiederfand (an diesem Vormittag niemand), dürfte sich ebenfalls verkalkuliert haben und kaum anders fühlen als ich mich, und die Jux-Bande direkt über einem in den Cable Cars konnten einem eh gestohlen bleiben. So spielte ich eine Weile mit dem tröstlichen Gedanken, dass mit dem Wort „Kapstadt" auf meinem Grabstein wenigstens ein romantischer Name stehen würde, statt immer nur „Sulingen" und so… Dennoch erhob ich mich, weil es mich dafür ein bisschen zu früh doch dünkte und weil man bei einem gepfefferten Abstieg durchaus weitere Chancen auf diese Grabstein-Gravur erhielt – nach freiem Fall als missverstandenes Synonym fürs Fliegen. Noch einen letzten Blick nach oben – und ich gab auf. So unmittelbar den knorrigen Berg auf Armlänge vor Augen hatte er für mich das Strahlende, das Majestätische eines Panorama-Bildes, wie ich es bislang jeden Morgen aus meiner Hochhaus-Wohnung schwärmerisch begrüßt hatte, urplötzlich verloren. Stattdessen hing etwas Düsteres, Zerklüftetes drohend und ablehnend über mir. Ich wandte mich zum Gehen. Allein auf diesem Weg, einer angeblich parallel zur Bergspitze führenden Spur, hätte ich noch ungefähr eine vor mich hin stolpernde Stunde gebraucht, ehe überhaupt wieder ans Hochsteigen zu denken gewesen wäre. Ja, verdammt noch mal, ich hatte mich über- und den Berg unterschätzt. Immerhin war ich ihm nie zuvor so nahegekommen. Das Monsterhafte war mir aus der Ferne nicht klar geworden: Ein toller Berg – ein Siegerberg, jawohl, das räume ein und verbeuge mich vor ihm!

Der nächste Versuch nun doch mit Cable Car. Hoch will ich auf jeden Fall; aber ihm dort oben sozusagen auf seinem spärlichen Haarkranz herumzutanzen, wäre nicht richtig und demnach ganz falsch, ihm unter diesen Umständen die Ehre zu erweisen. Es hätte nach Spott aussehen können. Also deutete ich gleich hier in seiner Gürtelhöhe, am Ort meiner Resignation, eine leichte Verbeugung an und ging dann nach Hause...

Der richtige Zeitpunkt für das persönliche Duell mit dem Koloss wäre morgens spätestens ab 6 Uhr gewesen (also um vier Uhr aufstehen). Wenn ich nur einen zweiten Verrückten finden würde – ich tät´s noch einmal. Was mir beim Fahrradfahren nicht fehlte – hier per Pedes fehlt(e) jemand als Compagnon. (Donnerwetter, mal ein franz. Wort auf Anhieb richtig geschrieben).

Das Herunterlaufen auf struppigem Pfad war im Übrigen nicht nur keinen Deut besser – im Gegenteil (deswegen wollte ich ja hochlaufen und dann runterfahren), es war schlimmer. Hoch geht auf die Lunge (bei mir nicht), runter geht auf die Knie, aber auch die hielten.

PARLAMENTSERÖFFNUNG IN CAPE TOWN...

...sie kam mir gerade zupass. Dazu gleich. Gottseidank fand ich nach meinem langen Aufstieg (so kurz er war) für den Abstieg eine kürzere Variante. Freilich wäre sie im Nirgendwo einer Landstraße – außerhalb Kapstadts - gelandet, wäre nicht ausgerechnet an diesem Tag unter großem Tamtam die erste parlamentarische Sitzungswoche des Jahres 2019 in Kapstadt eröffnet worden. Nie hätte dort, wo meine Füße wieder glatten Straßen-Boden berührten, sonst eine Polizeistreife gestanden. Wieso Kapstadt als Eröffnung einer Sitzungswoche? Ist nicht Pretoria Südafrikas Hauptstadt? In Pretoria „haust" nach Überzeugung vieler Bürger „nur" die Regierung. In Kapstadt aber steht das historische Parlamentsgebäude aus den achtziger Jahren des 19. Jahrhunderts, als Kapstadt parallel zu den Glanzjahren des britischen Weltreiches mit ersten Monumentalbauten auf sich aufmerksam machte. Und deswegen gilt das Parlamentsgebäude als „Perle Südafrikas" und behauptet damit zugleich ganz offiziell den Anspruch, ebenfalls Hauptstadt zu sein.

Also großes Tamtam in Cape Town. Marschmusik überall plus das Kreischen von sechs oder sieben Überschallflügen so unmittelbar und ohne Vorwarnung über unseren Köpfen, dass die Stadt im Babygeschrei unterzugehen drohte, die Mütter reihenweise die Fassung verloren und die Warnanlagen der Pkw losgingen, wie Silvester in Neapel nach den ersten Böllerschlägen. Seit Neapel 2001/02 reise ich nicht mehr ohne Ohropax, auch wenn man es in den wichtigsten Momenten seines Lebens nie zur Hand hat. Dass das Hundegebell in Kapstadt fehlte, beweist nur, dass es kaum herrenlose, streunende Tiere dieser Gattung in der Stadt gibt. Da seien schon die Ordnungshüter vor. Kapstadt ist wie die meisten Millionenstädte, die etwas auf sich halten, ohne besonderen Bezug zu wilden oder ausgerissenen Tieren. Sie alle haben zu verschwinden, tun es aber nicht, am wenigsten die Ratten. Sie sind da, auch wenn sie meist unsichtbar bleiben. Und Hunde scheinen nur hinter den hohen, weißen Mauern von Villen der Super-Reichen an den Hängen des Tafelbergs zu existieren. Ob noch als bester Freund des Menschen oder lediglich als abgerichteter, heiser grollender Kettenhund zwischen Mauer und Stacheldraht ist von außen schwer zu entscheiden. Die Vermutung lässt eher Letzteres zu.

Also Krach von oben, jubelnder Beifall auf den Straßen – die Bevölkerung Kapstadts, vor allem die schwarze, feierte die Eröffnungstage zur Parlamentssaison 2019 mit sichtbarem Stolz, explizit die militärischen Zeremonien und diversen Umzüge. Gut, dass man Radfahrer geworden war. Was hier mit fröhlichem, afrikanischem Temperament trotz massiven Polizeieinsatzes und etlichen Straßensperren gefeiert wurde, würde bei uns im friedensbewussten Deutschland den Groll der Autofahrer auf die Straßen tragen.

Endlich unten auf der Landstraße angekommen, bis zuletzt über kleinste Unebenheiten gestolpert, durch hüfthohe Sträucher gewatet, bat ich die freundliche, junge Schwarze, die Leiterin einer uniformierten Polizisten-Gruppe, mit schwacher Stimme, mir über ihr schmuckes Smartphone ein Taxi zu besorgen. Als endlich eines „zufällig", wie ich glaubte, des Wegs kam, war sie immer noch mit der schriftlichen Aufnahme des Namens meiner Straße („Buitenkant") beschäftigt.

Als ich meinen Fahrer dann tatsächlich fragte, ob er wirklich von jemandem informiert worden sei, oder ob sein Hiersein reinem Zufall zu verdanken wäre, antworte der überraschend: „Neither - nor." Er und sein australischer Partner hätten im Wagen schon längere Zeit beobachtet, wie jemand „his struggle against himself" durch Büsche und über scharfkantige Felsen hinweg erkämpfte. Wir lachten, der Fahrer, der Mann von 5. Kontinent und ich. Ich am meisten.

MEIN MOUTAINBIKE

Und heute, zwei Tage nach dem (verpatzten) Aufstieg? Irgendwelche Nachwehen? Nichts, weder Knie- noch Nackenprobleme – nicht mal Muskelkater oder sonst was. Nur `rauf auf den Berg hätte ich heute nicht gewollt. Nicht wegen körperlicher Molesten, wirklich nicht, nein! Wieder einmal galt Goethes Befehl an Zeus, den Himmel zu bedecken! Dafür Rad gefahren, das bereits fünf Tage darauf gewartet hat, wirklich mal benutzt zu werden. Die erste Tour am 3. Februar von der Vermietung zu meiner Wohnung ziemlich quer durch die mir weitgehend unbekannte City Kapstadts, dann noch unter der Krux des britischen Verkehrsrechts, konnte nicht gerade als gelungen bezeichnet werden. Für Außenstehende war mit Sicherheit nicht klar erkennbar, wer wen gemietet hat: ich das Fahrrad oder das Fahrrad mich. Mir war es am Ende selber nicht klar – so oft, wie ich es durch die Menschenmassen getragen habe. An der Hand von mir geführt, wurde es weniger akzeptiert, bis ich es endlich auf einer meiner Schultern trug. Erst damit war unübersehbar geworden: Der Typ braucht Platz! Er will hier durch! Diese kleinen, verhutzelten, überlaufenden Sträßchen wurden denn auch von uns beiden nie mehr benutzt.

Wiewohl es mit dem Rad inzwischen natürlich besser geworden ist – Downtown bleibt ein einziges Verkehrschaos, zudem ohne Radwege; das Schlimmste aber, ich fahre ohne Rückspiegel. Also gehe ich schon aus diesem Grunde mit meinem Gaul weiterhin mindestens ein Drittel der Strecke zu Fuß. An den Linksverkehr habe ich mich zwar verhältnismäßig schnell gewöhnt, doch ob auch in brandgefährlicher Situation, in der intuitiv die richtige und schnellste Reaktion nötig gewesen wäre …

So verhalte ich mich als Mitglied im acht-, zehnspurigen Verkehr beim radikalen Richtungswechsel wie jeder normale Fußgänger. Bloß, dass ich erst noch absteigen muss, stehe dann aber wie jeder normale Mensch an der Ampel und warte auf Grün. So macht man hier keine Kilometer. Insofern stört auch nicht, dass mein Mountainbike weder Kilometerzähler noch überhaupt ein Tacho besitzt. Es geht hier sowieso fast nur im Schritttempo voran und aus der subjektiven Beobachtung eines Radfahrers ohnehin nur bergauf, bei Gegenwind. Ähnlich wie in San Francisco. Bergab, was es logischerweise auch gibt, könnte man leicht auf 70 km/h kommen, was ich nicht tue, weil einem eine verdammt schnell Rot aufleuchtende Ampel den Weg versperrt, oder eine Straße sich plötzlich im rechten Winkel querlegt, einfach so! Bergauf sollte man wenigsten 22 km/h draufhaben, um den Verkehr nicht aufzuhalten, was ich anfangs nicht draufhatte. Bei den buchstäblich verquer verlegten Straßen (ohne Ampeln), bei denen es in dem britisch geprägten Land „links vor rechts" heißt, empfiehlt es sich anzuhalten, um die Lage erstmal in aller Ruhe faktisch zu klären - ein Unternehmen, das man nur alleine machen kann, weshalb ich über mein Solodasein ganz froh bin. Das macht kein Mensch mit. Ein gemeinsamer Rhythmus, mit dem der andere mitmuss, bei diesem Radfahren hier - utopisch. Selbst wenn der andere auch mal absteigen müsste, dann bestimmt nicht an gleicher Stelle. Das private Chaos wäre unvermeidbar, vor allem, wenn alles - die Straßen, die Abzweigungen rechts wie links – gewöhnlich steil nach oben führen, und die Kondition nicht auf beide Radler gleich verteilt ist. So, allein, bin ich nur mir Rechenschaft schuldig. Das alles mag für jugendliche, norddeutsche Flachlandfahrer etwas ältlich klingen und in natura auch so aussehen, sollten sie mich eines Tages derart zögerlich beim Absteigen wahrnehmen.

„Ältlich" – schrieb ich das eben wirklich? Das wäre ja der vierte widerwärtige Begriff meines Lebens. Und ich dachte bisher, ich käme mit dreien aus: Haarkranz, Übergewicht… und Rentner. Die Brötchen werden immer kleiner.

KAPSTADTS SCHWARZE BEVÖLKERUNG

Kapstadt ist ähnlich wie Rio eine phantastische, vor Leben wimmelnde Metropole, eine atemberaubende Mischung aus Schönheit und Widerspruch, sie trägt ebenso viel Wahrheit in sich wie Verlogenheit; sie heuchelt und muss an anderer Stelle ernst genommen werden. Und das herauszufinden, dauert einige Zeit, ein paar Tage mehr als die üblichen drei bis fünf Tage, die ein Tourist normalerweise in einer Großstadt verbringt. Als besonders günstige Hilfskonstruktion zum Erkunden dieser vielschichtigen menschlichen Ansiedlung – vor allen in der flachen Innenstadt – eignet sich das Fahrrad am besten. Dachte ich wenigstens. Mit ihm fährt man am selben Nachmittag durch die schönsten wie schäbigsten Siedlungen – beide untrennbar aneinander gekettet. Kapstadt, die Schöne, die Beliebte mit ihren unübersehbaren Gottesgeschenke für Touristen, ist zugleich als Vermieterin von Armut und Hässlichkeit gefürchtet, demnach ein zweigeteilter Brennpunkt wie üblicherweise sämtliche Brennpunktstädte dieser Welt.

Dennoch geht jeder erstmal von einer tollen, quirlig bewegten Stadt aus, doch nur so lange, wie er noch nicht richtig ausgegangen ist. Der übliche Drei-Tage-Besucher kommt auch voll auf seine Kosten: ein Panoramablick von oben auf die Stadt, vor der sich zwei Ozeane, ununterscheidbar voneinander trennen, die sich für Laien wie Twins präsentieren. Der Atlantik rechts, quasi von der westlichen Erdhälfte angespült sowie links der Indische Ozean, der den östlichen Teil der südlichen Erde symbolisiert, das muss einem erst erklärt werden. Bin nie jemandem begegnet, der das konnte. Und ahne beim Blick auf die Landkarte, dass man sich von einem sehr hohen Punkt in Kapstadt gefährlich weit nach links vorbeugen müsste, um dem Indischen Ozean ins Auge zu blicken. Bin demnach Laie geblieben! Eine Grenze oder den Übergang habe ich mir nie erklären können. Dagegen war mir die ungeheure Stellung des Tafelbergs im Rücken der Stadt schon seit meinem ersten

Kapstadt-Besuch in den 90er Jahren unvergesslich – ein Bollwerk, das mehr sein sollte als der flüchtige und gut vermarktete Anziehungspunkt für immer neue Generationen von Touristen. Zwar nur ebenerdig und doch phantastisch sind auch die Gartenanlagen innerhalb und außerhalb der Stadt sowie die beiden unterschiedliche Museen, das heimatgeschichtliche im „District Six" und an der Waterfront das neu eröffnete "Mocaa", Letzteres in einem ehemaligen Getreidesilo. Links daneben, 150 Meter weiter über eine belebte Brück der Eingang zur Waterfront und weiteren Sehenswürdigkeiten, allein die Unterwasserwelt. Allein „ist" und „isst" man hier freilich nie: Kapstadt von hier aus betrachtet bleibt eine Metropole der Sonne, des Lichts und der Strände - ein Erlebnis unter freundlichen Menschen.

GETEILTE METROPOLE

Dass dieselbe Stadt in sich stark zerrissen ist, bemerkt man später erst als Fußgänger, nicht mal unbedingt als Radfahrer, wiewohl man auf dem Rad trotz aller verkehrsbedingten Schwierigkeiten natürlich immer noch schneller vorankommt, wenn es um Kilometer geht. Das Rad ermöglichte alle örtlich bedingten Wünsche, selbst schiebenderweise, zwischen Autos eingeklemmt. Mit dem Zweirad kam ich nahezu überall hin, fuhr also auch durch die nahen Townships, bis mir klar wurde, da sollte man besser zu Fuß durchgehen. Nicht, dass das Rad schon Neid erregen könnte – eventuell auch das -, nein, es ist zu schnell für eine ruhige Betrachtung, lenkt ab vom Detail, auf Dauer auch vom Ganzen: zum Beispiel in den Townships mit seinen Bewohnern ins Gespräch zu kommen (wiewohl mir das als Fußgänger nie schwergefallen ist, jedenfalls nicht übertrieben schwer). Wer sich als Radfahrer herabbeugt, um über die Frage nach dem Weg ins Gespräch zu kom-

Das Mocaa-Museum:

Was man alles aus einem ehemaligen Getreidesilo machen kann

men, wird schon durch die Höhe des Sattels und die bloße Fragestellung abgewiesen, vermutlich auch, weil er nicht verstanden wird. So ist klar, dass auch nicht jedes Gespräch zwischen „uns Fußgängern" funktionieren muss. Wahrscheinlich lief die Hälfte der Passanten aus allen möglichen Motiven und Himmelsrichtungen an einem vorüber, manchmal sogar voller Verachtung auf den Boden spuckend – was Wunder, man ist Weißer, was hier nicht als Steigerung empfunden wird. Warum auch sollten schwarze Kapstädter stehenbleiben? Davon abgesehen gab es ernsthaft kaum Widerstände, mit jemandem ins Gespräch zu kommen und oft genug stand mir mancher meiner afrikanischen Gesprächspartner bald näher als die meisten „meiner weißen Brüder" – viel näher jedenfalls als die arroganten unter ihnen, extrem näher als die übergewichtigen, die sich schon körperlich nicht im Griff haben, und schon gar nicht die Großkotze am Steuerrad ihrer auf etlichen Straßen übertrieben wirkenden, super-schneeweißen SUV, hauptsächlich, wenn sie - notgedrungen wegen temporärer Umleitungen –, durch die Elendsviertel bretterten, als sei der Teufel hinter ihnen her. Vielleicht stimmt es sogar, vielleicht ist er ja hinter ihnen her! Vielleicht sind sich die Grobiane am Steuer auch nur sicher, die Polizei ist es nicht, die hinter ihnen her ist: Je ärmlicher die Stadtteile desto weniger Streifenwagen finden sich dort ein. Ich habe in vergleichbaren Orten oder Plätzen während meiner Zeit kein einziges gesichtet. Aber das wird ja auch in Berlin schon offiziell für bestimmte Stadtteile eingeräumt. Warum also nicht auch in Kapstadt? Trostlos bleibt beides!

PEINLICHE TREFFEN

Normalerweise begegnen sich diese Kreise überhaupt nicht. Und wenn doch, wird so getan, als sähe man einander nicht. Vielleicht gilt das mehr für den weißen Teil der Bevölkerung, vor allem für das weiße Proletariat. Losern wie ihnen nehme ich den Glauben an die eigene Wichtigkeit ab; als Weiße halten sie sich ja von vornherein für die überlegende Rasse - vermutlich ihre einzige Stütze - , vor allem aber, wenn sie einem selber penetrant näher rückten und meist trunken nicht nur von ihrer Bedeutung generell berichteten, sondern unbedingt ihre Überlegenheitsgefühle speziell über die schwarzen Habenichtsen zum Ausdruck bringen wollten. Sozusagen gleichberechtigt von Weiß zu Weiß. Und das in protzigen Halbsätzen, spuckend, gestikulierend und lallend.

Von der scheinbaren Gleichgültigkeit, mit der die Schwarzen ihre weißen Landsleute passieren, habe ich mich hingegen keinen Wimpernschlag lang täuschen lassen. Sie passieren ihre hellhäutigen „Mit"(?)-Bürger dank einer unnachahmlichen Präzision des Wegsehens und bemerken doch alles! Zur Abwechslung ist diesmal IHRE Arroganz ebenso gewollt wie unübersehbar; für den, der sieht, ist sie unwiderstehlich und trifft auch ins Ziel, weil ihr gespielter Hochmut uns Weiße ja auch treffen und verletzen soll. Ihr Nicht-Blick soll auf das Faktum unserer moralischen Unterlegenheit hinweisen, uns unser falsches Benehmen klar machen. So setzen sie bei jeder dieser kurzen Begegnungen mit uns ihre Arroganz-Treffer souverän, punktgenau und wissen doch, dass das (vorläufig?) immer noch ihr einziger Sieg bleibt; ansonsten bleiben sie weiterhin die Verlierer. Ein kurzes Spiel der Arroganz als Zeichen äußersten Selbstschutz`, Stolz als letzte Bastion ihrer Würde, und die sollen sie sich ausgerechnet auf dem gleichberechtigten Bürgersteig nehmen lassen? Was haben denn die meist in Lumpen Gekleideten für andere Möglichkeiten, als wenigstens dort den Rest ihrer Würde zu bewahren? Sich etwa weiter erniedrigen durch Verzicht auf diese ihre Haltung?

Dieser Rest ihres eigenen Wertes wird, sollte er eines Tages allgemein bemerkt und endlich anerkannt werden, Konsequenzen auslösen und Unruhen nach sich ziehen, denen die (auch dann vermutlich) schwarze Regierung niemals mit der gleichen Härte begegnen könnte, wie es ihre weißen Vorgängerinnen seinerzeit mit „ihren" schwarzen Untertanen getan haben, weil sie meinten, dazu das Recht zu besitzen. Doch nicht zu vergessen: Deren unbarmherziger Einsatz gegen aufmüpfige Regimegegner führte schlussendlich zu ihrem eigenen trostlosen Untergang. Das sollte sich eine rein schwarze Regierung nicht leisten…

ZERFÄLLT SÜDAFRIKA?

Südafrika besitzt, am Beispiel Kapstadt abzulesen, zu viele auseinanderdriftende, soziale Schichten: Von oben beginnend ist die Politische Kaste (noch) die wichtigste. Sie hat Macht, Geld, hält die Exekutive in Händen und die Judikative unter Kontrolle. Sie hat kaum noch Ansehen, weder im Land noch in der Welt, aber sie hat die Macht! Durchaus wichtig ist der schwarze Mittelstand, sind die Akademiker (Ärzte, Rechtsanwälte, überhaupt Juristen, Geschäftsleute, aber auch Sportler und die wenigen bekannten Künstler). Sie sorgen immer noch für ein halbwegs akzeptables Ansehen ihres Landes draußen, außerhalb der Tore Südafrikas. Viele von ihnen mögen zwar noch ANC wählen, die meisten davon allerdings nur mangels entsprechender parteipolitischer Alternativen.

Das Militär ist kein auf Aggression eingestellter Verband. Doch es spielt mit, sobald es befohlen wird und die Soldaten bezahlt werden. Das Gleiche gilt für die Polizei. Ihr Auftrag, die Kriminalität zu verringern, klingt einfach und logisch, und ist doch um so viel schwerer als der Job der Soldaten. Entsprechend dürftig ist das Ansehen der Polizei in der Gesellschaft.

Und die Weißen? Sie spielen an zwei Plätzen in der Stadt durchaus noch eine Rolle, auch wenn sie an politischem Einfluss deutlich eingebüßt haben. Ihr Ansehen bei der Mehrheit der indigenen Gesellschaft des Landes dürfte gegen Null tendieren, nimmt man die Angestellten der wohlhabenden bis reichen Weißen aus. Wichtig bleibt deren Stellung a) in der Wirtschaft, solange die schwarze Jugend nicht wirklich nachrückt und b) in ihren weißen Villen an den Hängen des Tafelbergs.

Auf dem letzten Tabellenplatz – einer Position, von der man nicht absteigen kann, was kein Trost ist, versammelt sich die verarmte, namenlose Jugend, die sich längst von keiner der oben genannten

Schichten mehr angesprochen fühlt. Und hier geht es um Millionen Menschen. Viele der jungen Leute haben sich zunächst noch dem ANC verbunden gewähnt, immer mehr jedoch bleiben nur noch aus Verzweiflung denn aus Überzeugung, wenn sie überhaupt bleiben, also zur Wahl gehen. Große Teile dieser oft beschäftigungslosen Jugend sind Alkohol, Drogen und damit fast zwangsläufig Verbrechen anheimgefallen. Sollte die Regierung sich diesem Teil ihrer Gesellschaft, ob in Kapstadt lebend oder in den nahegelegenen, ebenso flach gebauten wie unübersehbaren Townships hausend, weiterhin die kalte Schulter zeigen, wird Südafrika samt Cape Town sein „Blaues Wunder" erleben. Und sollten die jungen Leute, von denen viele, statt mit mir über ihre Regierung zu reden, spuckend das Weite suchten, auf die Idee kommen, ihrer Wut freien Lauf zu lassen, dann wird auch der wunderbare Teil dieser Stadt auf kürzere Sichtspanne nicht unbehelligt bleiben.

Diese Jugendlichen, von denen sich viele auf dem Weg in die Isolierung befinden, wollen selbst mit ihren alten, in die Jahre gekommenen Familienmitglieder kaum noch etwas zu tun haben. Sie verachten deren Armut, wiewohl sie selber zu den "Havenots" gehören – noch weniger freilich haben sie mit der weißen Gesellschaft im Sinn. Doch für einen gebündelten Aufstand reicht ihre Kraft nicht. Sie benötigten einen verlässlichen „Koalitionspartner", den aber haben sie nicht, schon gar nicht in der Regierung. Deshalb bilden sie immer noch keine geschlosse Schicht, geschweige denn, eine wirkungsvolle Opposition. Für diese müssten sie in Südafrika auf Spurensuche gehen. Nur, wo? Wo würden sie fündig werden, wenn ihre eigene Mittelschicht nicht weiß, wie mit den vielen Unterprivilegierten umzugehen? Eigentlich sollten sich die erfolgreicheren Landleute um diese armen Schlucker kümmern, wenn es die Regierung nicht tut. Kirchen, Schulen und Sozialämter gibt es, und sie helfen auch. Es bleibt allerdings eine herkulische Aufgabe. Doch wenn das alles nicht besser wird, kann das Ganze nur in Turbulenzen enden mit weitgehend unbekannten Konsequenzen.

Und warum sollte sich gerade die gebildete Schicht zum Helfen berufen fühlen? Eventuell um mit einem Stoßtrupp verarmter Jugendlicher ihren eigenen Wünschen bei der Regierung mehr Nachdruck zu verleihen? Es klingt fremdartig und wird auch weiter so klingen, wiewohl der Großteil des Mittelstands nicht unbedingt zur Clique der korrupten Politiker zählt. Die gleiche Hautfarbe zwischen Bildung und Ohnmacht spielt innerstaatlich längst nicht mehr die vereinte Hauptrolle wie noch zu Zeiten der Weißenherrschaft. Sich hier besser und überraschend neu zu organisieren könnte Anlass zu fortschrittlicheren Überlegungen führen, um die Kaste der Politiker zu schwächen. Könnte, doch muss es nicht!

Bei ihr, der politischen Kaste, handelt es sich längst um eine besonders hartleibige, in sich geschlossene Gesellschaft, die unbedingt unter sich bleiben möchte und auch muss, weil sie zu viel zu verbergen hat… Es könnte gerade diese scharfe Trennung, die Unvereinbarkeit der aufgezählten sozialen Schichten sein, die Südafrika - somit auch Kapstadt - eines Tages in die Unregierbarkeit entführt. Immerhin kann der Staat froh sein, dass ihm keine Stammesfehden mehr drohen. Der Blick und nicht nur in Kapstadt müsste auf die Zukunft gerichtet sein. Nur wer fühlt sich dazu berufen?

WIE KÖNNTEN DIE WEISSEN HELFEN?

Ob es je zu einem Kompromiss mit den weißen südafrikanischen Bürgern, namentlich den hartleibigen Buren, kommt, darf angesichts deren verschlossener Minen, ihrer Humorlosigkeit und insgesamt bewussten Abgrenzung in Bezug auf schwarze Problematiken bezweifelt werden. Aber merken diese Menschen nicht, dass auch sie (wenngleich auf extrem höherem Niveau) trotz ihrer Villen kaum mehr als über die Freiheit der Enge verfügen? Der ganze Ausdruck burischer

Verachtung spiegelte sich für mich in der unglaublichen Art wider, mit der sie in ihren schweren Autos durch schwarze Viertel bretterten. Optisch erweckten zumindest einige von ihnen ungeniert den Eindruck, als legten sie es darauf an, Verkehrsunfälle zu provozieren. Die Bilder, wie Kinder überall vor den heranrasenden Limousinen rechts wie links buchstäblich von der Straße spritzten, sind haften geblieben. Doch wer weiß, vielleicht lässt sie die Furcht vor ihrem eigenen Untergang eines Tages umdenken und macht sie gefügig für eine liberalere Koalition mit der schwarzen Mehrheitspartei – zugunsten aller!

Ähnliches müssten sich grundsätzlich auch die britischen Südafrikaner fragen und tun es wohl auch. Auch ihre Distanz ist nicht ohne, wenngleich ihr Auftreten, wie mir schien, gemäßigtere Züge aufweist; vor allem dank ihres Understatements (das freilich auch unter dem Gesichtspunkt der „Arroganz" zu hinterfragen wäre); zu ihren ungeteilten Gunsten spricht ihr Humor. Er scheint auf ewig die britische Welt zu beherrschen. Und ist doch nur ein Teil ihres Wesens. Der andere Teil, der ernsthafte, durchsetzungsfähige, aggressive, ist in Kapstadt umstritten und nicht nur dort. Er spielte beim Aufbau des britischen Weltreiches eine gefürchtete Rolle, weil er auch zu ungeheurer Brutalität fähig war. Das hat man in Afrika als Kolonialstaat, anders im weitgehend freien Europa, nicht vergessen. Doch ihre ebenfalls zu Festungen ausgebauten Villen-Grundstücke lassen schon auch Zweifel an Bestand ihrer Sicherheit in diesem Land erkennen. Ihre drei und mehr Meter hohen Mauern davor, Elektrozäune darüber und noch oberhalb dessen Kameras an allen vier Ecken sollten keineswegs nur als lockere, oder gar spleenige Zugaben interpretiert werden.

Auf meinen ersten, begeisterten Ausflügen in Gürtelhöhe des Tafelbergs fühlte ich mich sehr bald britischem Argwohn oder Misstrauen der tagsüber in ihren weißen Villen allein residierenden Ehefrauen ausgesetzt, ehe aus Argwohn bzw. Misstrauen Arroganz und offene Feindseligkeit wurde - was hatte ich getan? Mich einfach entlang der stillen, leeren Seitenstraßen den Villen dieser weißen Oberschicht gewidmet. Und zwar zwei Tage hintereinander, was mich offenbar ernsthaft verdächtig machte. Bei schönen Häusern bleibe ich gerne stehen; bei tollen etwas länger, weil ich dann mein Handy zücke. Das machte ich zweimal, dann fiel mir auf, dass es bei jedem „Schuss" hinter den Gardinen raschelte oder auch eine Frau auf den Balkon trat – nach Kleidung, Haltung und den weißen Gesichtszügen zu urteilen, die Dame des Hauses. Bereits die zweite sprach mich „von oben herab" scharf an: „Was machen Sie hier?" „Ich fotografiere." Eine andere fragte genervt: „Sind Sie Makler?" Ich schüttelte den Kopf und vergaß die Damen. Ich war inzwischen auf der Hauptstraße Richtung Downtown gelandet, als mich ein Anruf ereilte – mein Zahnarzt aus Hamburg. Es wurde ein lustiges Gespräch; er aus dem kalten Hamburg, ich aus einer der am Heißesten begehrten Gegenden einer auch ansonsten kochenden Metropole. Ich merkte, wie der Neid-Puls meines fernen Gegenüber in die Höhe schoss, und bemerkte gleichzeitig auf der anderen Straßenseite ein viel näheres Gegenüber, das mich schon länger im Auge hatte und nicht nur am Ohr wie ich meinen Freud von der Elbe. Der mir faktisch Näherstehende hatte mich schon hunderte Meter verfolgt und war jedes Mal stehen geblieben, sobald ich es auch getan hatte. Durch Kapstadts Ruf bereits leicht verdorben oder schon ruiniert, fragte ich mich, wann kommt der rüber und „bittet" mich um mein Portemonnaie. Wir waren meilenweit die einzigen. Und tatsächlich kam er nach Ende meines Telefonats zu mir herübergeschlenkert. Ein gut gekleideter, freundlicher und höflicher Herr um die 40. Die misstrauischen Augen der weißen (irgendwie eingesperrt wirkenden) Villenbesitzerinnen vor Augen war mir klar: Er ist der schwarze Aufpasser dieser rein weißen Gesellschaft (und Gegend)!

Ich machte es ihm leicht; ich sei hier als begeisterter Tourist und nicht als schäbiger Einbrecher – lediglich gefangen vom Luxus dieser Gegend. Ich hätte aber schon von den Balkonen herab Bekanntschaft gemacht mit den „White Ladys" dieser Häuser.

Der zu mir Herübergekommene lächelte wissend und gab sofort zu; er sei tatsächlich von den Weißen als Aufpasser angestellt. Natürlich hatten sich die Damen untereinander in der Art einer Telefonkette abgesprochen, woraufhin es hinter allen Gardinen zu rascheln begann, was mir ja nicht verborgen geblieben war. Dann wurde eine der Damen auserwählt, ihn, ihren „Mann für Grobe", anzurufen bzw. anzuweisen, er solle ´rauszufinden, wer ich sei. Alles in Ordnung, ich verstand! Wir unterhielten uns noch eine ganze Weile, und waren uns auch darin einig, dass es am besten sei, wie er meinte, so ein Problem wie mich zum Beispiel sofort zu klären. Klar, dachte ich, wenn ich weg wäre, wäre es zu spät gewesen. Es wurde ein gutes, ruhiges Gespräch unter uns beiden - nein, besser, ein richtig guter Gedankenaustausch. Der Mensch gefiel mir; er löste seinen Job gründlich, aber nicht grob. Und trotzdem fühlte ich mich beim Abschied befangen. Erst später begriff ich: „Hatte ich gerade meine erste Hollywood-Rolle als weißer Komparse gefunden – und zwar im Filmklassiker von 1939, „Vom Winde verweht?" Das war meine Frage im Jahr des Herrn 2019!

Heute, zweieinhalb Jahre später, da dieser Film – 1939 mit einem Dutzend Oskars ausgezeichnet – auf Rassismus untersucht wird (und entsprechend verändert werden soll), muss ich meine Frage von damals ändern: In welcher untergeordneten Variante dürfte ich heute auf eine weiße Komparsen-Rolle hoffen, falls überhaupt auf eine?

Mittlerweile ist es 2.45 hora Kapstädter Zeit geworden. Einen Satz aber doch noch! Was hat die überwältigende Zahl an Schwarzen eigentlich bis heute als einziges Weiße an sich? Die Zigarette in der Hand oder die Kippe im Mund … Schluss jetzt! Die Nacht ist fast vorbei! Doch - ein Satz noch! Die Angst der Weißen vor Raub und Einbruch ist berechtigt – kaum minder allerdings der Zorn der schwarzen Bürger über ihre weißen Landsleute: immer noch der gleiche Dünkel, fast noch der gleiche Abstand wie früher (wie gesagt, v o r der Corona-Plage) – und das nach 30 Jahren südafrikanischer, sogenannter Unabhängigkeit. Warten auf eine neue Generation? Sollte das alles sein?

ZWEITE WOCHE: 11.2. – 17.2.

Bis eben - 13 Uhr – gut vier Stunden geschrieben, korrigiert, recherchiert. Und was habe ich nun vor? 20 Minuten Fußmarsch bergauf mit zwei leeren Tüten unterm Arm: Shopping. Danach mit Taxi zurück. Dann mein Mountainbike ausführen (ich glaube, es findet mich ganz cozy). Weniger cozy wurde der Rückweg. Zwei schwere Tüten bei mir, aber kein Taxi. Wenigstens ging`s bergab.

CAPE-TOWN-STÜRME

Heute, 11.2., ist schon mein 2. Montag in South Africa und noch keine Minute bereut (bis auf die wegen des nicht funktionierenden Internets), wiewohl ich mir seit gestern bereits die dritte Schlappe im Kampf gegen die Natur eingehandelt habe – alles unwichtig. Bin begeistert von meinem Zimmer mit dem Roten Sessel. Diesen Stück Möbel im 14. Stock des einzigen Hochhauses in der Buitenkant Street im Internet gesehen und sich in das Rot zu verknallen, waren eins. Mein bayrischer Freund Alois hatte mich darauf aufmerksam gemacht und besser noch, ihn mir samt dazugehörigem Appartement auch besorgt. Dass er sich später (der Sessel, nicht Alois) zum Sitzen als völlig ungeeignet erwies (mit seinen viel zu hoch gezogenen und zu eng angebrachten Lehnen) hat mich nicht interessiert. Es gab andere Sitzgelegenheiten. Dass man ihn (immer noch den Sessel) jedoch von unten, von der Straße her an seinem Rot erkannte, war und blieb sein Markenzeichen. Er wird die Titelseite dieses Buches zieren.

Ich liebe Kapstadt, als europäisch wirkende Dependance die Schönste in Afrika. So kam sie mir immer vor. Ich war ja schon einige Male hier. Dass sich dieses schlichte Urteil nicht bis zum Ende dieser Reise aufrechterhalten ließ, wird der Verlauf dieser Reportagen zeigen, und hat es ja schon, an der Art der stilisierten Nichtbegegnungen.

Ich liebe Metropolen trotzdem – wegen ihrer zeitlosen Werte wie Unwerte. Auch wenn Kapstadt von beidem reichlich hat, gehört meine kleine Wohnung unbedingt zu der erfreulichen Sicht der Dinge wie auch der ungehinderte Blick aus meinem Hochhaus auf den gewaltigen, mich jeden Tag drohender dünkenden Tafelberg. Er ist ohne Zweifel die ganz große Besonderheit der Stadt; er überwältigt – auch weil er von jedem Punkt der Stadt aus zu sehen ist. Und wenn mal nicht, dann spätestens 20 Schritte weiter…

Mit dem ins nächtliche Schwarz gehüllten Giganten schlafe ich ein, mit dem unter strahlender Sonne liegenden Giganten wache ich auf. Und wieso „bedrohlich"? Weil ich wiederholt mit meinem Rad vergeblich versucht habe, einmal wenigstens in die Nähe des offiziellen Eingangs zu diesem Goliath von Berg vorzudringen. Das belastet! Bis zur Eingangspforte sollte man es mit dem Rad schon schaffen, auch wenn man der Einzige zu sein schien, der das vorhatte, während alle anderen das Taxi oder den Bus bevorzugten. Bereits auf diesem Weg wurden einem schonungslos die physischen Grenzen aufgezeigt. Und ich bin nicht der Schlechteste an den Bergen, wenn auch nur in den niedersächsisch/ nord-bayrischen, zu Besuch beispielsweise bei Armin Hary, dem überzeugten Bajuwaren aus Saarbrücken. Um es kurz zu machen: nicht mal bis zu den Füßen, zur Eingangspforte seiner Majestät, habe ich es geschafft. Ja, ich war nicht einmal einem ca. 25jährigen leichtfüßigen Strampler ein wahrer Gegner. Doch nun zu den Niederlagen im Einzelnen: Schlappen Nr.1, 2 und 3: Abbruch all` dieser Fahr– und Wanderziele. Noch nie so oft vom Rad gestiegen wie in Kapstadt. Teilweise mehr geschoben als getrampelt. Aufgabe beim Versuch, den Tafelberg bei erdrückender Mittagshitze zu erobern. Von „Erobern" keine Spur. Schnöde abgewehrt. Abbruch nach gut zwei Stunden. Keine Chance endlich mit und auf dem Rad gegen diese Stürme, sogenannte „Kapstadt-Winde", anzukommen. Immer wieder, „Vom Winde verweht!" Man hatte gar keine Chance, eine Steigung zu nehmen. Stand man wirklich noch – entscheidungslos - auf dem Rad in den Pedalen, tat man besser daran, schlicht abzusteigen, was schon nicht ganz einfach war.

Und doch reizen Sturmböen förmlich, sich bei etwa 120 - 140 Km/h immer wieder mit seinem Rad gegen diese Ohrfeigenorgien zu stemmen, querzustellen und beim Speichengesang des Sturms den Unbeugsamen zu mimen. Es macht Spaß, dieser Gewalt zu trotzen. Weil selbst diese Stärke keine reale Chance besaß, unsereinen von seinem Standort zu vertreiben. Freilich neben dem Rad stehend. Um mich im Stand umwerfen zu lassen, da muss schon mehr kommen: 250 km/h, wie beispielsweise auf dem Ätna 1980, freilich ohne Rad. Für das Abenteuer allerdings musste man schon ein ‵Rad abhaben‵. Das „überlebte" man tatsächlich nur „flach" auf der Erde liegend und auf dem Bauch Richtung Abstieg robbend. Und über dem Atlantik Richtung Nordamerika pumpen sich Stürme auf, die es auf mehr als 350 km/h bringen. I love them (Frage: auch vor Ort)?

Jetzt freilich kommt für das bisher überlegene Kapstadt die erste Relativierung: Der Leser ahnt es: Keine dieser Niederlagen hat mich fertig gemacht, hätte mich gar in Verzweiflung gestürzt. Beinahe höhnisch könnte ich dem Tafelberg zurufen: ‵Du hast nicht mal Muskelkater bei mir ausgelöst. Gut, ich war kraftlos, und Du hattest als Bundesgenossen noch die Windstille an Deiner Seite, und sie erst hat ja diese Mordshitze bewirkt‵. Ausgerechnet der Tag soll wohl einer der heißesten im ganzen Jahr gewesen sein. Kann man nichts machen. Andererseits muss ich zugeben, wer die Extreme der Natur liebt, kann sich dann nicht über sie beschweren. O.K., auch mit einem Sturm im Rücken hätte es für den Aufstieg zum Tafelberg nicht gereicht, wohl aber, alter Freund, möglicherweise in der Kühle eines Tagesanbruchs. Fraglich allerdings, ob der noch mal für unsereins vorbeikommt.

ES GEHT WEITER: VIER KLATSCHEN NACHEINANDER

Früher Nachmittag, nach wie vor verdammt stürmisch! Plötzlich „stand" man zu Beginn einer Abfahrt buchstäblich im Bann diverser Böen; für Schlaumeier ist ihr überraschendes Auftauchen selbstredend nichts als eine „Binse" – keineswegs für einen Erfolgs-hungrigen radelnden „Touri". Nie hätte er ausgerechnet in diesem Augenblick, da er sich zitternd auf seinem Rad hielt, eben noch ein Auto vorbeilassend, diese Klatsche erwartet, dann gleich noch eine, Pause, dann die dritte. Und doch hielt er seine senkrechte Position. Dann der Herzschlag der Entscheidung, die Ruhe vor dem Sturm, die Frage aller Fragen: jetzt in die Pedalen Treten und runter – oder intuitiv richtiger: zwar einfach runter, aber nur von den Pedalen? Es siegte die Intuition, bevor die vierte Klatsche zuschlug! Und wieder war ich der einzige Radfahrer auf der Straße. Und das an einem so schönen Nachmittag, da es die Mütter mit ihren Kleinen auch gerne ins Grüne zieht, wenngleich es sich bei dem trockenen Boden eher um ein weniger attraktives Grau-Grün handelt.

Aufgemacht ins Freie hatte sich dagegen eine Wagenladung der zum großen Teil verfetteten, weißen Jugend. Sie saß grinsend hinterm Steuer ihrer wenn auch nicht mehr ganz neuen, so doch gewaltigen, aus Amerika stammenden Fahrzeuge – offensichtlich, um Jagd auf den Radler zu machen. Sie bremsten neben ihm, grölten, hielten ihm eine leere Bierflasche hin, setzten sich mit ihrer Kiste vor ihn, bremsten ihn ein weiteres Mal aus, warfen unter brüllendem Gelächter aus dem hinteren Fenster eine Flasche auf die Straße und wunderten sich, dass ihr „Opfer" bald genug hatte, abstieg und sein Vèlo oder Bike über die Wiesen und damit, für die mordswitzigen „Jungs", ins Abseits lenkte. Das verstanden sie nicht; sie wurden wütend. Die Einzigen, die wohl meinen (meist vergeblichen) Ehrgeiz mit mir teilen würden, sind die Schwarzen – nicht die in sich gekehrten, in Müll gekleideten, eher die aus der beginnenden Mittelschicht, die gerne ein Rad hätten, tatsächlich aber noch keins besitzen. Sie blieben stehen und blickten einem irgendwie sehnsuchtsvoll hinterher. Ein Duell mit ihnen hätte mir gefallen.

Dieser Nachmittag wurde nicht meiner. Es war der, an dem ich wiederholt nicht wagte, dem Sturm auf dem Rad zu trotzen und abstieg. Als man später in den Tälern doch seinen rollenden Begleiter benutzen konnte, platzte mir bei lockerem Tempo der Hinterreifen. Die Folge: gut anderthalb Stunden hoch und runter bis nach Haus; das Rad – brüderlich, wenn auch unbrauchbar - an meiner Seite. Das wird morgen ein langes Palaver mit meinem Fahrrad-Händler, ehe ich dem begreiflich machen kann, dass wir uns in Germany ohne unplattbare Reifen schon lange nicht mehr auf einen Drahtesel setzen. Außer zum Milchholen vielleicht. Allein schon dem Englischen das Wort „unplattbar" abzuringen dürfte schwer werden. Was aber ganz und gar ohne Rad anfangen? Wahrscheinlich lebt man länger, auf alle Fälle sicherer. Aber will man das unter diesen Umständen überhaupt? PS.: Bekam neue Reifen, natürlich keine unplattbaren, die sind im Lande tatsächlich unbekannt. Doch die neuen waren gut, oder wagten es nicht, unter ihrem unbequemen Chef noch mal zu „patzen", das heißt, zu platzen; nicht mal dann, als ich auf einer ordentlich erscheinenden Straße auf ein Stück brüchigen Asphalts reinfiel. Verdeckte Straßenlöcher - die zweitgrößte Gefahrenquelle, wie ich nun in jedem Sinn des Wortes erfuhr, die die Südafrikanischen Chausseen Radlern und Bikern zumuten. Nachdem man sich einen Jägerblick für die Bruchzonen asphaltierter Strecken zugelegt hatte, verfestigte sich der Eindruck, dass mindestens ein Drittel aller Nebenstraßen in Cape Town unterminiert ist. Oberflächlich verdeckte Löcher bis zu einer Länge von 60 Zentimetern und 30 Zentimeter tief, sind lautlose Fallen. Den Krach produziert erst der Sturz.

Mit dem Sturm hatte ich es an diesem Tag. Endlich wieder zuhause war der Druck, der auf meiner Tür lag, fast zu vergleichen mit der Kraft des Sturms auf einer Fähre der Hurtig-Routen von Oslo nach Tromsö. Warum dieser Vergleich? Weil ich selbst an diesem Nachmittag, wie eigentlich immer, die Fenster offengelassen hatte und zu meiner Verwunderung die Tür kaum mehr öffnen konnte, was mich augenblicklich an die Schiffsreise erinnerte. Auf der Fähre war es mein Kampf („mein" bewusst, wenn auch vollkommen richtig, klein geschrieben) gegen die schwere Eisentür an Deck, die meinen Ehrgeiz herausgefordert hatte. Ich hatte dieses wuchtige Ding beinahe schon im Griff, hatte sie schon mehr als einen Spalt geöffnet, da – klatsch – schlug sie wieder zu! Diese Wucht hat mich nachhaltig beeindruckt. Hätte ich damals meinen rechten Fuß zwischen Tür und Angel platziert, wie es mir kurzfristig in den Sinn gekommen war, wäre ich mit diesem Fuß heute mit Sicherheit auf einen Schuh mit ganz hohem Spann angewiesen.

Endlich konnte ich meine Kapstädter Wohnungstür öffnen, wenn auch mit aller Gewalt nur. Da kam mir das Dutzend leerer Plastikflaschen, die schon längst hätten abgeholt werden sollen, lärmend entgegen, verteilten sich draußen im Flur in hellem Singsang und doch polternd in alle Richtungen -, wie die sechs Affen in Namibia 2010, die ich während ihres Einbruchs bei mir zu Hause in einem Feriencamp überraschte. Flüchteten die Flaschen an mir jetzt in Fußgelenkhöhe vorbei, taten es die Affen seinerzeit kreischend oberhalb meiner Knie. Auch das eine unvergessene Geschichte, zwar eine vom selben Kontinent, dennoch eine andere. Sie ging nämlich noch weiter, nur nicht in diesem Buch…

VON BANKEN UND WOLKENBÄNKEN

Montag-Vormittag: Während ich hier im 14. Sock meiner Wohnung sitze und auf mein Lastentaxi warte, das mein Rad zur Reifen-OP bringen soll, fällt mein Blick immer wieder, fast zwanghaft auf das Felsplateau, das sich diesmal einer feindlichen Belagerung zu erwehren hat: einer Invasion von Wolken, die sich langsam, in vielen Variationen Mimikry-artig, mal als Wolf verkleidet, dann wie eine Schlange, wie ein Löwe, der sich in den Rücken des Tafelbergs verbeißt, seiner Spitze nähert. Ich schwöre, einmal war auch das kantige Gesicht Konrad Adenauers darunter. Sich der Spitze nähern heißt…

Verdammt, Telefon, Handy, ach, was weiß ich – mein Smartphone läutet. Meine Vermieterin lädt mich zum Eis ein.

- Eine weiße Südafrikanerin. Ihre allererste Frage nach der Begrüßung an mich am 1. Februar war: „Sie müssen jüdisch sein". Weil sie es ist? Nun bin ich darauf schon häufiger angesprochen worden, das erste Mal 1965 an der Freien Universität Berlin bei der Essensausgabe: Die Frau, die uns jeden Tag mit kräftigem Schwung das Zusammengekochte auf den Teller schlug, warnte mich eines Tages, einem Freitag: „Du heute nix essen, heute Schweinefleisch…"

- Nun bin ich und war ich nie jüdisch, meine spätere Tätigkeit in der Deutsch-Israelischen Gesellschaft muss schon vorab abgefärbt haben.

- Stunden später: Einmal querbeet durch Kapstadt gekurvt auf der Suche nach einem extraordinären Schokoladeneis, das mir unbedingt geboten werden sollte. Dessen Wichtigkeit ist in dieser Stadt wohl mit der Wichtigkeit von Museen bei uns gleich zu setzen. Die aber sind heute, an einem Montag, wie überall in westlichen Gegenden geschlossen. Dass dazu, wie es scheint, auch die besten Eiscafès in der einzigen Metropole mit den zwei einmaligen Meeresanschlüssen gehören, wäre mir nie in den Sinn gekommen. Statt Eis mehr oder weniger also Essig, was uns glatt zwei Stunden gekostet hat. Und die Bank, die ich der „pecunia" wegen brauche, fanden wir auch nicht. Inzwischen wollte mein Fahrrad-Lastentaxi verabredungsgemäß schon lange bei mir in der Buitenkannt Str. vorbeigekommen sein: Versprochen war es für 11 Uhr; vorgefahren kam es um 16.30 hora – Gottlob, lange, nachdem ich zurück

war. „African Time"! African Time? Was soll daran spezifisch afri-
kanisch sein, man suche mal in Berlin von heute auf morgen nach
einem guten Handwerker, der den kaputten Gegenstand dazu
noch abholt und das noch pünktlich… Wenn das schon in Berlin
nicht klappt, wird man auch Kapstadt daraus keinen Vorwurf machen können. Außerdem war der Sturm ganz erheblich wieder auf-
gebriest. Derselbe, wie ich inzwischen vernahm, der am Tag zuvor
den „Internationalen Kapstadt Triathlon" zu Fall gebracht hatte.
Und ich bin gefahren an diesem Tag – jedenfalls bis zum Platten.

Nun sitze ich - Stunden später – hier wieder zuhause auf meiner
kleinen Bank mit dem grandiosen Blick nach draußen (das Eis, das
wir tatsächlich noch verspeist haben, war dem Preis angemessen).
Es ist 15 Uhr geworden. Ich sehe wieder dem allmählich 48-stün-
digen Kampf zwischen Erde und Himmel zu, beobachte, wie ein
gewaltiges Tier, jetzt ein Krokodil, seine nachwachsenden Zähne in den Rücken des Erdlings, namens Table Mountain, schlägt,
sich verwandelt, zurückzieht, sich neu auf den Kopf des Berges
besinnt, bis ihn der Aufwind zurückschlägt. Und alles geht wieder von vorne los. Allmählich begreife ich: Als Folge dieses uner-
bittlichen Anrennens gegen das Wahrzeichen Cape Towns ist ein
ausgewachsener Gegen-Sturm daraus geworden. Das kann ja hei-
ter werden, sieht doch auf Prospekten das Kapstädter Wahrzeichen tatsächlich nur selten ohne Kopfbedeckung. Und ich war
immer noch nicht oben.

Ganz außen, rechts von meinem meist unverschlossenen Fenster, liegt ein paar Kilometer entfernt, die von Wolken umkämpf-
te, himmelwärts ragende Nase des Tafelberges; es ist, als ob diese
ihre freie Position aus strategischen Gründen oder Angst vorm
Ertrinken (in den Wolken?) nicht eingenommen werden darf, als
verteidige sie sich mit aller und letzter Kraft. Immer wieder macht
sie sich frei, als wisse sie, warum sie das tut. Ganz einfach, jetzt
begreife ich auch das: Wenn sie, die Spitze – die Nase - besiegt
wird (ertrinkt sie vielleicht nicht – in Metaphern ertrinkt man so-

46

wieso nicht!), fällt jedoch in der Touristenstadt die gute Laune. Es sind jeden Tag Abertausende von Fremden, die unbedingt mit den Cable Cars dort hinaufwollen und vorher Stunde um Stunde des Wartens in Kauf genommen haben, nur, um dann zu hören, „heute nicht!"

Nachtrag: Habe gestern kurz vor meinem Fahrradtraining, das mit dem Platten endete, beim Verlassen meiner Wohnung, quasi aus Versehen einen neuen Sender entdeckt: Russian Today (RT) und der überraschte mit Sachen, die man nie bei Aljazeera gesehen oder gehört hatte. Dass nämlich die Hilfsbrücke zwischen Venezuela und seinem Nachbarland (über das die internationalen Hilfsgüter transportiert werden sollten) nie geöffnet gewesen sei, der linksgerichtete Staatspräsident Maduro also unschuldig sei an der bürgerkriegsähnlichen Lage in seinem Land, in der es um ihn und „das täglich` Brot" seiner Landsleute geht! Aha, also unschuldig, dieser Despot! Mal eine andere Meldung, die von Russian Today. Was das mit Kapstadt zu tun hat? Berechtigte Frage; auf Anhieb nichts! Aber man lebt ja auch hier nicht außerhalb des Globus und würde gerne wissen, wie es woanders weiter geht. Und die hin- und herwogende Auseinandersetzung um die Macht in Venezuela war für den internationalen Sender Aljazeera in Südafrika seinerzeit täglich der absolute Schlagzeilen-Lieferant. Im Gegensatz zu den immer gleichen Bildern von Theresa May, die jeden Tag denselben Raum verließ – bis der Raum sie verließ. Weil sie zurücktrat. Und noch eine letzte Beobachtung des Tages. Präsident Trump kommt in den Nachrichten von Aljazeera much more better weg als bei uns in Deutschland. Er ist heute im Kongress mit „standing Ovations" (nicht nur bei den Republikanern) gefeiert worden. Selbst Nancy Pelosi hat einmal gelächelt.

„DAS NICHTS NICHTET"

„Russian Today" als dauerhafter Komplize fürs sozialistische Lager hatte sich damit für mich von selbst erledigt; ab und zu habe ich ihn dann als politischen Kuriositäten-Lieferanten kurzfristig wieder mal eingeschaltet. Ich bevorzugte einfach den besser englischsprechenden Sender von Aljazeera, zumal er bei dem Versuch, den ungleichen Kampf um den Präsidentenposten in Venezuela zu verfolgen, die objektiveren Argumente zu halten schien. Das dieser Kampf, wie ich hörte, in Deutschlands Medien nur eine untergeordnete Rolle, halte ich inzwischen für eher typisch. In Wirklichkeit handelte es sich – lehrbuchmäßig – um den wahnsinnig spannenden, wenn auch unrealistischen Kampf „Demokratie versus Diktatur" – um die unerschrockene Herausforderung eines jungen, dynamischen, gutaussehendes Mannes an der Spitze einer wütenden, wenn auch unaufgeklärten Masse gegen einen alternden Hardliner, der sich auf „nichts" anderes stützte als gefälschte Wahlen, die Polizei und das Militär... Das „Nichts" gewann. Heute, im Jahr 2020, würde man sagen, ganz wie in Weißrussland, Hongkong oder sonst wo. Meine Sympathie gehört(e) eindeutig Juan Guaidó, dem mutigen Parlamentspräsidenten, der sich selber - aus der „Not seines Landes" heraus – zu Venezuelas Interimspräsidenten ernannt hatte, wozu er nach der Verfassung berechtigt war. Er gewann allerdings außerhalb seines Landes trotz mannigfaltigen Beifalls und echtem Händeschütteln vor klickenden Kameras mit allen demokratischen Größen dieser Welt für sein Land absolut - „nichts".

„Das Nichts nichtet", wie schon Heidegger in seiner aufregenden Vorlesung als erster Mensch 1929 prophezeit hatte, mit anderen Worten, aus Nichts wird Nichts! Das „Nichts" waren für Guaidò die leeren Hände, die er nach seiner Rundreise durch die Welt der westlichen Demokratien mit nach Hause brachte; während es für seinen Gegenspieler, den diktatorisch regierenden Maduro, zugleich alles bedeutete: den weiteren Erhalt seiner Macht nämlich! Doch auch Maduro entkommt dem logischen Gesetz des Heidelberger Professors nicht – eine geradezu schicksalhafte Wahrheit. Auch für ihn, Maduro, gilt: „Das Nichts nichtet!" Ganz einfach: Man setze den Wert seiner Regierung gleich mit einem Wert von „0"! Bei einem Politiker, der es als aktueller Präsident seines Landes verstand, aus Venezuela, dem ölreichsten Land der Welt, eine Öl- und Benzin-einführende Nation zu machen, scheint für die Beurteilung seiner Fähigkeiten eine Null nicht unangebracht zu sein. Nun multiplizieren wir diese „Null" mit sämtlichen Zahlen dieser Welt, selbst mit einer im Jahr 2020 inzwischen familiär gewordenen Billion, und die Summe bleibt – Null! Da helfen keine Pillen! „Das Nichts nichtet", Heidegger sei Dank, das erkannt zu haben!

Dass viele Bemühungen, gerade im politischen Bereich, zu nichts führen, gehört zur „Tragik des Lebens", wie schon der Spötter Ringelnatz vor langen Jahren erkannte. Der aktuelle Präsident und in persona Sieger des Nullsummenspiels bleibt im Amt. So lange die Gelder für die Bezahlung von Polizei und Militär reichen, reicht es auch für ihn und seine allumfassende Macht. Und nicht nur in Venezuela, jenem fernen, reichen armen Land...

MOUNTAINBIKE – SCHWERER FEHLER

Doch jetzt, ab sofort Fahrradzeit! Es ist 14.45 Uhr, südafrikanischer Zeit, bei uns 13.45. Nach den Niederlagen der Vortage, nun zweieinhalb Stunden später, ein erster Sieg, dem gleich zwei weitere folgten. Es ist Dienstag, der 12.2. – ein besonderer Tag. Insgesamt also kann ich heute über drei persönliche Bestleistungen berichten, die ich gestern mit meinem Ersatzfahrrad aufgestellt habe: bin an drei steilen Stellen, an denen ich bisher jedes Mal abgeblitzt bin, ohne abzusteigen oben angekommen. Das sind durchaus Strecken bis zu 500 Meter (ziemlich steil) oder das Vierfache, steil genug. Habe taktisch dazu gelernt und – unglaublich - noch drei ganz kleine Gänge gefunden, die sich mir wie verlorene Freunde urplötzlich zugesellt haben.

Warum ich das so betone? Weil das Radfahren mein zweiter Grund war für den zweimonatigen Abschied aus Deutschland. Der erste war die emotionale Flucht, mein Überdruss an dem kalten, üblicherweise miesen und windigen norddeutschen Winter – dann lieber ab ins Warme, in die Hitze Südafrikas. Mit dem Rad wollte ich dort meine Kondition auffrischen, wollte testen, ob sie nach sechsmonatiger Trainingspause noch einmal auf Vordermann zu bringen ist, was mir einige Menschen meines Alters (mehr wohl wegen ihres Alters) ganz gerne absprechen wollten.

Das Problem hier, schon andeutungsweise beschrieben: Es geht nur rauf oder runter. Plane, gerade Straßen oder Wege – Stellen jedenfalls, an denen man sich erholen könnte, ausrollen wie nach einem Ziel, gibt es nicht. Und da die „ups" und „downs" fast aller Straßen zusätzlich noch ganz ähnlich wie in New York im rechten Winkel zueinander angelegt worden sind, ist man in der Regel nicht in Lage, seine Gangschaltung schnell genug darauf einzustellen. Wird zum Beispiel eine Straße mit relativ hoher Geschwindigkeit, also auch hoher Gangschaltung abwärts geradelt, heißt es an der nahen Kreuzung im rechten Winkel aufwärts: Verkehr beachten, Gangschaltung im Wahnsinnstempo runterzuschalten, um beim Rauffahren gleich Tempo zu machen – ein Akt, der so gut wie nie gelingt. Und das mit einer Gangschaltung aus dem vorigen Jahrhundert und unter den Bedingungen des Linksverkehrs. Folge? Man steigt notgedrungen ab. Wie aber bergauf in den Sattel kommen, auf einer drei-, vierspurigen Autostrada ohne seitlichen Radweg? Man kommt einfach nicht auf Touren, oft genug nicht mal aufs Rad. Gänge viel zu hoch, die Gangschaltung kracht, man quält sich vergeblich, hat kein Tempo dafür; das Rad rollt nicht, schlimmer: Es bevorzugt eigentlich die Gegenrichtung, will mit einem abwärts, rückwärts, zurück in die Tiefe! Doch neben einem rollt`s wie doll – Kolonnen von Autos. Alles viel zu steil und dann noch die falsche Richtung, wie gesagt, aufwärts hoch! Versuch abbrechen, Ampelrot-Pause für den Gegenverkehr abwarten. Neuer Versuch, man scheitert wieder, wird wütend. Der Bordstein zur schnellen Flucht vor dem anrollenden Verkehr hilft ebenfalls nicht; er ist mindestens 30 Zentimeter hoch, eher eine zusätzliche gemeingefährliche Hürde; man rutsch ab, und das Rad rollt schon wieder woanders hin. Ein weiterer Fehlversuch. Nun schiebt man das schwere Rad drei-, viermal an – bist man so sauer ist, dass nun mit heiligem Zorn in die Pedalen getreten wird. Auch nicht richtig, wiewohl meistens irgendwie erfolgreich. Und doch mag ich, sobald ich wieder Tritt gefasst habe, selbst diese Tortur. Nur nicht mehr unbedingt mit einem derart schweren Mountainbike. Ein normales und leichteres Rennrad, wie ich es vorübergehend benutzte, wäre bei diesen Steigungen eindeutig das passendere Gerät gewesen. Wiedermal nach langer Überlegung, noch zu Hause in Deutschland, zwischen zwei Möglichkeiten die falsche gewählt; dafür bin ich prädestiniert.

Das alles mag dem geneigten Leser seltsam vorkommen, ist wahrscheinlich auch crazy, zumal wenn ich noch hinzufüge, Quälereien zu mögen, die mich bis zur Erschöpfung fordern. Weil ich damit ein Gefühl kennengelernt habe, das wahrscheinlich kaum einer der mir bekannten Spitzenathleten erlebt hat. Armin Hary, dem Olympiasieger 1960 in Rom, waren im Grunde schon die 200 Meter zu lang, eigentlich schon die 100 Meter. Die 60 Meter in der Halle, wenn es diese Strecke auch „draußen" gegeben hätte, würde er wohl heute noch laufen. Die Stars jubeln über ihre Erfolge, Siege, Goldmedaillen. Bei mir ist es – noch jedenfalls - das wiederkehrende Glücksgefühl einer schnellen Erholung nach totaler Erschöpfung. Du bist oben auf dem Berg angekommen, pfeifst aus dem letzten Loch, du atmest nicht, sondern hechelst höchst oberflächlich vor dich hin, bis einem Sekunden später nach diesem atmungstechnischen Stakkato plötzlich tiefe, erd-tiefe Atemzüge gelingen; es genügen vier, fünf davon - dann ist die Kraft wieder da: unfassbar schnell, jedes Mal (jedenfalls bis heute). Diesen bald wiederhergestellten, ungefähren Zustand von Normalität verstehe ich unter Kondition. Sie löst Empfindungen aus, die die meisten Menschen nie erleben, kaum eine Ahnung davon haben. Aber natürlich kennt jeder trainierte Sportler dieses Gefühl, oder sollte es zumindest.

KONDITION = MUTTER DES TALENTS

Das alles kommt nicht von selber, versteht sich, ist mühsam und hart erarbeitet. Je weniger Talent - umso härter das Training. Das aber macht Spaß, mir heute mehr als in jungen Jahren, als man das Verhältnis von Kondition zu Talent noch hochmütig verkannte, ehe man begriff, dass Talent ohne ausgewachsene Kondition nichts ist als ein leeres, manchmal sogar d a s vorgetäuschte Versprechen einer Klasseleistung, die dann nie kommt. Talent alleine mag zwar ein Gottesgeschenk sein, ist jedoch ohne intelligente und charakterliche Zutaten wie Kenntnis, Kondition und Kampfkraft verschwendet. Nicht selten ist der Anspruch auf eine Klasseleistung oder überhaupt eine Leistung im Endeffekt weniger dem Talent geschuldet, als vielmehr einer vorbildlichen Kondition; sie wäre es dann, die vor allem hinter so mancher Wunderleistung steckt (sollte es nicht das Doping sein).

Wohlgemerkt, die Rede ist von überheblichen Talenten, denen der Spirit für die ganz große Leistung fehlt. Und davon gibt es leider mehr als man denkt. Da werden gern vorab auf die Zukunft fixiert Orgien an Versprechungen gefeiert, ohne die Zukunft verstanden zu haben. Talent ist toll, steht oft aber beziehungslos herum, wie ein Kind ohne Eltern. Ohne die „Mutter der Kondition" reift keine

Klasseleistung heran. Genies, wie Armin Hary oder Martin Lauer wissen das und falls nicht, wissen sie es doch – Genies eben!

Meiner Kondition, deren Wert ich früher belächelt habe, verdanke ich heute eine gewisse Gelassenheit meinem Alter gegenüber, selbst wenn ich jetzt noch auf dem Rad an fast jeder steilen Stelle den kritischen Punkt meines sportlichen Ehrgeizes nach wie vor außer Acht lasse und überpace. Nachzugeben an steilen Pisten lässt mich kurzfristig sauer werden. Widerstehe ich dieser Schwäche dagegen, scheint es mir, als hole ich dadurch bald, fast zwangsläufig meine alten Energien zurück. Sobald der Schwung wieder da ist, verflüchtigt sich der Zorn wie Morgensonne im Oktobernebel. Und dann konzentriere ich mich auf das, was kommt, das wirklich dicke Ende am Schluss einer Steigung.

Was für ein Gefühl, wenn man da oben schnell wieder an Kraft gewinnt. Dieses einmalige feeling meines Lebens (na, ein paar andere gibt es schon noch) habe ich immer versucht, meinen Freunden nahe zu bringen. Doch Etliches fiel unter die Dornen und verdorrte. Eigentlich bei allen – bis auf Armin, den Sprint-Olympiasieger von Rom. Er fährt heute um die 40 Kilometer mit dem Rad, bis zu fünfmal die Woche, auch wenn es sich bei den Fahrrädern allmählich „nur" noch um E-Bikes handelt. Es bleibt eine Leistung. Den anderen Freunden bleibt meine Genugtuung über diesen Rausch in der Mehrheit böhmisch. Selbst den Klügsten unter den Klugen. Mit einer weiteren Ausnahme, einer früheren, eher unsportlichen Mitarbeiterin. Sie liebt inzwischen das Radfahren. Viel, Freunde, mag es auf den ersten Moment nicht erscheinen (für sie unbestritten schon und mit jedem Jahr mehr)!

Heute im Jahr 2019, mit fast 82, gibt mir Armin recht. Kondition im Alter ist erlernbar, tut aber weh. Am Anfang muss man sich durch einen Reisberg der Unlust fressen. Aber dann und wenn man darüber hinaus ein bisschen Talent hat, das man Armin wohl nachsagen darf, wird die Anstrengung zur Sucht. Wahrscheinlich die letzte positive.

Als Läufer für die Mittelstrecken, der ich nach Ansicht meines Trainers werden sollte, aber nie wurde, weil mir Weit- und Dreisprung besser gefielen, weil es leichter zu trainieren war, wurden mir meine wahren Fähigkeiten erst 1971 als 29-Jährigem bei der „Eroberung" des Grand Canyons zu Fuß runter wie rauf sonnenklar. Seither bin ich dem Ausdauernden verfallen. Leider funktioniert es mit dem Laufen nicht mehr – umso dankbarer bin ich, dass ich mir das Radfahren noch leisten kann trotz Gewichtserhöhung. Die Last trägt ja der Sattel - das arme Tier. Und mir verschafft das Radfahren längst ähnlich wertvolle Empfindungen wie früher der Rausch meiner Kilometer-langen-Läufe. Ich war eben immer Mittelstreckler. Was mein Trainer zu wissen schien, mich aber nicht zu überzeugen vermochte. Für dieses Ausdauergeschenk und dem permanenten Spaß am Sport danke ich dem lieben Gott heute und entschuldige mich bei Bruno Vogt, dem Sulinger Trainer, von damals.

GEHEIMNISSE EINER METROPOLE

Großstädte erobert man auf zweierlei Art: Entweder mit Bomben, die man von außen oder oben in sie hineinpfeffert, was als nicht mehr zeitgemäß gilt oder als friedlicher Tourist, dann aber per pedes, was mir erfreulicherweise ernsthaft liegt.

Und so feierte ich nach einer Woche einen ersten wichtigen Erfolg nach meiner Methode auch hier in Cape Town - einen Erfolg, der sich auf allen meiner Stadt-Eroberungen, mit jedem Tag, den ich mehr unterwegs bin, wiederholt: Ich stoße fast immer auf etwas Neues, Unerwartetes – auch und gerade in Gegenden, die mir schon bekannt zu sein schienen, wie zum Beispiel bei meiner ewigen Suche nach Ratten, eine atavistische Sucht seit meiner Kindheit – eigentlich eine unverständliche, seit ich zum ersten Mal im Alter von acht Jahren in kurzen Hosen einer panisch fliehenden Ratte im Weg stand, mindestens mit meinem linken Bein. Das war auf einem niedersächsischen Bauernhof in Groß Lessen bei Sulingen, als Knechte in einer Scheune mit ihren Teschings (völlig illegal) Jagd auf diese ungebetenen Gäste machten, indem sie sämtliche, ihnen bekannte Löcher verschmierten, zwei offen ließen, in eines der beiden kochendes Wasser kippten, um vor dem anderen mit ihren geladenen Gewehren zu warten. Leider waren zwei Löcher unentdeckt geblieben.

Seither bin ich – zunächst weniger - inzwischen überall in Groß-, hauptsächlich in Millionenstädten optisch auf der Jagd nach den quicklebendigen und überraschend sprungkräftigen Biestern, vor denen es mich schaudert. In welcher Metropole ich mich auch herumtreibe, ob zivilisiert oder ungehobelt, gehört ein diesbezüglicher Scharfblick zu meinem Standardprogramm.

Endlich, gestern Nachmittag auf dem langen und steilen Weg zur Waterfront bin ich diesem Rattenphänomen wieder auf der Spur, nachdem ich aus Versehen in einem der Hinterhöfe dieser eigentlich guten Gegend gelandet bin. Sofort steigt mein Puls. Die steile Straße endete vor einer Treppe, 96 Stufen hoch, die Stufe á 30 cm, macht knapp 27 Meter Höhenunterschied aus. Ich entschied mich gegen das Hochtragen meines schweren Rades, wähle einen anderen Weg: Räder sind zum Rollen da, nicht als Kiepe auf dem Rücken, steige aber doch aus Spaß erstmal etwa die Hälfte aller Stufen solo hoch und dann weiter aus einer Ahnung heraus: „Da, da, zwei" - die ersten beiden lebenden Exemplare, die weghuschten, nach zwei anderen, die allerdings schon plattgefahren worden waren. Treffer! Legt man den indischen Maßstab an, wonach auf jede gesichtete Ratte mit mindestens 10 000 ungesichteten Exemplaren gerechnet werden muss, dann dürfte es sich bereits hier um ein recht opulentes Rattengelände handeln und das in einer der besseren Wohngegenden. Frage nur: Gilt die indische Formel auch hier?

Ratten also faszinieren mich! In der reinen Natur ginge es ja noch;

zuhause wäre es mein Ende. Ganz ähnlich ergeht es mir mit Schlangen, wiewohl ich mal eine angefasst habe, die, was mich überraschte, aber zugleich auch als Laien entlarvte, nicht glitschig war. Wieso auch sollte sie, zumal als Wüstenschlange, glitschig sein?

Meine größte, verrückteste Tat auf diesem Gebiet leistete ich mir 1993 in Sydney bei Martin Lauers Zehnkampf-Freund John Cann, einem Krokodil- und Schlangenzüchter der Extraklasse. Während die anderen, darunter Martin, ihr Abendbrot zu sich nahmen, blieb ich draußen am Schlangenkäfig und beobachtete rund zwei Stunden lang, wie sich die beiden Schlangen nach und nach der fünf Mäuse bemächtigten, die John den Schlangen für ihr Abendbrot hineingereicht hatte und dann selber zum Abendbrot gegangen war. Nachdem die letzte Maus verschluckt worden war, die alle überhaupt nicht zu wissen schienen, was ihnen blühte, konnte ich nicht anders, als den Deckel anzuheben, obwohl mir Schauer des Grauens den Rücken hinunterliefen, und fuhr mit meiner Rechten hinein ins Glück. Einmal nur – aber das MUSSTE sein. John Cann hat es nie erfahren; der Rest der Welt auch nicht – wird ab heute natürlich anders!

RÜCKBLICK (1): ALLEIN UNTER RATTEN
12/13.11.1995: Dschenin (Westjordanland)

Hier habe ich das wohl größte Abenteuer meines Lebens erlebt und zurückgelegt. Es gehört nicht unmittelbar nach Kapstadt – wirklich nicht -, doch wenn ich von Ratten rede, an Ratten denke, wenn mir dann noch heute Schauder des Schreckens über den Rücken laufen, ist es mir unmöglich, nicht davon zu berichten. Eigentlich will diese Geschichte niemand hören; deswegen habe ich sie so gut wie nie erzählt, und es bleibt auch jetzt jedem Leser überlassen, ob er die nächsten Seiten konsumiert oder überschlägt. Mich hat diese Story negativ geprägt wie nur noch eine andere: das zerstörte New York, zweieinhalb Tage nach Nine Eleven 2001. Ich habe beide Schocks überlebt, und was New York betrifft, sogar das Geschwätz der Hamburger Bürgerschafts-Grünen – SIE weiß, wen ich meine! Die Dame glaubte, ihre tiefe Zufriedenheit über den Fall der kapitalistischen Penistürme im New Yorker Börsenviertel zum Ausdruck bringen zu müssen und zwar „subito"! Ich weiß, meine Assoziationen schießen gern weit über das ursprüngliche Ziel hinaus; nur hat das seinerzeit leider meinem Deutschlehrer, Dr. Joachim Hildebrand, gefallen. Ohne ihn und seine Zustimmung hätte ich vielleicht nie den Mut zu Ausschweifungen dieser Art gefunden. Jetzt ist es für eine Korrektur zu spät. Sorry, hier schreibe ich und kann nicht anders! Aber nun, back to he roots, der Heimat der meisten Ratten: Dschenin. Diese Stadt galt damals in Israel als gefürchteter Sitz, wenn nicht Hochburg für palästinensische Attentäter. Der pure Horror! Die schlimmsten, die härtesten Attentäter, so hieß es, stammten aus Dschenin, einem eher unscheinbaren Ort, doch einer mit Wirkung! Ausgerechnet aus diesem Zentrum des anti-israelischen Widerstands sollten eines Tages – es wurde nachts gegen 4 Uhr daraus – die ersten israelischen Besatzungstruppen abgezogen werden. Gerade aus Dschenin abzuziehen, war als Friedensangebot der israelischen Regierung an die Palästinenser gemeint.

Das Land stand seit der Ermordung von Jitzchak Rabin am 4. November 1995 unter Schock. Der Täter, ein Israeli, also kein palästinensischer Attentäter, hatte das Land derart durcheinander gebracht, dass Schimon Peres, der das Amt des Ministerpräsidenten gerade – auf Grund der Tragödie übrigens zum zweiten Mal - übernommen hatte, bei all der Unruhe unbedingt auf diese Friedensoffensive setzte. Mein Job als Reporter war es, über diesen Teilaspekt des leider nicht historisch gewordenen Friedensangebots zu berichten. Für mich einer meiner undankbarsten Aufträge; für die israelische Seite einer, der unbedingt geheim gehalten werden sollte. „Wir" von der WELT in Berlin, hatten dennoch einen diplomatischen Tipp bekommen, mehr aber auch nicht - kein Datum, keine Details. Und die israelische Seite in Jerusalem mauerte. Nichts, absolut nichts sollte vorher bekannt werden. Peinlich für einen Journalisten, wenn er nicht weiß, wohin; wenn er glaubt, sich nach seiner Recherche nach „A" aufmachen zu müssen, die Aktion indes in „B" abläuft. Das wäre beim 2. Mal beruflich schon kritisch geworden. Ich aber wollte so etwas schon das erste Mal vermeiden. Also wandte ich mich nach zweitägiger Abfuhr durch die israelische Politik ziemlich hoffnungslos an die angeblich anerkanntesten Spezialisten für neueste, israelische Nachrichten - an die palästinensischen Taxifahrer in Ostjerusalem, also an die Moslems. Sie schienen alle, gerade über diese geheime Aktion, bestens im Bilde zu sein. Als mir der dritte Fahrer hintereinander versicherte, der erste Ort, den die Israelis verlassen würden, werde Dschenin sein, stieg ich zu ihm ins Fahrzeug. Doch auch wenn alle vorgaben, Bescheid zu wissen, wem konnte man trauen? Was wenn sämtliche Fahrer Schwadroneure waren, die einem Naivling nur das Geld abknöpfen wollten, noch dazu einem westlich orientierten Naivling, einem deutschen Journalisten also? Die „Jungs" wussten doch alle, wer man war. Die eine Frage, wo in den Palästinensergebieten die Israelis zuerst ihre Soldaten abziehen würden, und man war unter den Taxifahrern stadtbekannt. Das war doch was für die flinken Burschen - ein einziger Spaß, diesen ahnungslosen Menschen an den falschen Ort zu lotsen und ihn obendrein noch abzukassieren. Die Fahrt wurde lang und länger; heute weiß man, die Strecke Jerusalem – Dschenin beläuft sich auf 163 Kilometer, den neuen Highway gab es noch nicht. Entsprechend wuchsen meine Bedenken. Allein, diese Burschen wussten Bescheid!

Exakt um null Uhr nachts liefen wir im abgedunkelten Dschenin ein. Es war nicht Angst vor israelischen Angriffen. Es war die katastrophale Energieversorgung vor Ort. Immerhin wurde der große Platz, an dessen Rand ich das Taxi verließ, von drei kümmerlichen Straßenlampen matt erhellt, was mich keineswegs beruhigte. Meine Angst war, sind die Israelis noch da, oder schon weg? Oder waren überhaupt je hier! Und last not least: Wo, zum Teufel, stecken sie? Das allerdings war bald zu hören am fernen Gejohle der Dscheniner Besetzer der israelischen Besatzer. Die kamen nicht aus ihren Kasernen heraus. Wer sich blicken ließ, wurde unter wüstem Jubel bepöbelt, bespuckt, mit Plastiktüten voller Exkremente beworfen. Offenbar eine sorgsam vorbereitete Aktion. Da ließ man sich in Dschenin nicht lumpen!

Um da auch hinzukommen, musste vorher ein geschätzter 400 Meter langer Marktplatz, der mir schon beim Vorbeifahren unheimlich vorkam, durchschritten werden. Er schien mir, dem Lärm nach, der direkte Weg ans Ziel zu sein. Aber: „Waren das da nicht Ratten", fragte ich meinen Fahrer? „Nein, du musst Dich irren; du bist übermüdet", hatte mich der auf meine ersten Mutmaßungen nach einem Blick aus dem Fenster meines klapprigen Taxis zu beruhigen versucht; doch der Mann war abgelenkt. Er hielt Ausschau nach einem Nachtlager für mich. Gegen 0.30 machte ich mich über den Marktplatz, immer dem Gejohle nach, auf zu den verhinderten israelischen „Auswanderern"! Nach fünf Metern eilenden Fußes, nein, nach vier, nein, drei – nach nur einem Meter auf der anderen Seite der Straße sah ich sie, war schon mitten drin: Ratten, Ratten - Ratten überall, ein Ozean voller wüst sich tummelnder Ratten: Hunderte, ach Quatsch Tausende; um Gottes willen, weit darüber hinaus. Sie überlagerten sich, überrannten die Tischplatten, die man unter ihnen kaum noch wahrnahm. Eine gespenstige, widerlich graue Masse, alles überflutend oder unter sich begrabend. Hässliche Viecher, sich in alle Richtungen ausdehnend wie ein uralter, Flusen bedeckter, zerfallener, stinkender Riesenteppich, der jede Dimension sprengte. Ein einziges zuckendes Ungeheuer, das Ganze. Das alles auf einem gewaltigen Areal, einem überdimensionierten Basar als nächtlichem Mittelpunkt und Zentrum dieser ohnehin schon reichlich verfallenen Gegend, die tags drauf bei Helligkeit ganz ordentlich wirkte.

MITTEN DRIN, OH GOTT!

Ratten, Zigtausende immer mehr, ohne Ende. Herrgott! Alles lümmelt sich fressend auf oder unter den lang runter laufenden Tischen. Dann wieder auf ihnen, bis ihre verdreckten Leiber-Gebäude unter der unruhigen Last zusammenbrachen. Mein Gott, was geschieht hier? Eine alttestamentarische Bestrafung – meine, eine für mich? Oder nichts als ein einziger gieriger Raubzug auf fette Beute, ein ganz natürlicher Vorgang also? Die Jagd nach dem Fressen! Nach allen Resten, Fisch, Fleisch, Wurst, Salate, Körner, Gemüse, alte Pappbecher, Papierfetzen, Coca Cola-Lachen, zerrissene Kleidung – alles was im dörflichen, arabischen Raum auf den Boden fallen gelassen wird und noch irgendwie zu sehen war; neben den Hemden, Socken, Zigarettenkippen, was der Mensch so braucht oder auch nicht: Reifenreste, altes Geschirr, Töpfe, Bananen, Wasserlachen aus umgekippten Schüsseln; manche Tische schon leer, andere, die gerade eingenommen wurden, ekelhaft überlaufen - Ratten in meiner Hüfthöhe!!! Und das mir, dem „Rattenfreund". Ich konnte Ratten schon auf den Schultern von Punks in den Berliner S- und U-Bahnen nicht leiden. Und jetzt musste ich aufpassen, höllisch aufpassen, dass ich nicht auf den Tieren ausrutschte und unter sie geriet. Als Abfall kam ich mir noch zu frisch dafür vor.

Wo kommt der ganze Unrat her? Das kann doch nicht von einem einzigen Markttag stammen. Und wenn doch, kommt es dann jeden Tag zu dieser Riesen-Rattenschwemme? Und das wird in der Stadt nicht bemerkt? Und wenn es der Dreck von einer Woche wäre, warum sind dann die Viecher ausgerechnet heute hier? Doch nicht um mich in Panik zu versetzen.

Ich habe inzwischen vielleicht 80 bis 100 Meter zurückgelegt und immer noch kein Ende in Sicht, immer neue Mengen an Ratten, die im fahlen Licht von zwei oder drei weiteren trüben Lampen kaum noch individualisiert werden konnten. Herrgott, was für eine widerlich graue, bewegliche Masse kreuz und quer. Alles jagt sich, balgt sich, frisst, kopuliert, fiept mit heiserer Stimme, vor, neben und hinter mir. Bloß nicht über mir, noch nicht, bloß nicht ausrutschen und hinfallen, den Viechern noch eine Chance gebend, auch wenn sie mich nicht zu beachten scheinen. Trotzdem halte ich mich von den hüfthohen, übervölkerten Tischen fern, so gut es geht. Wenn das kein alttestamentarisches Strafgericht ist, dann vielleicht doch eine dieser literarisch verklärten „Rattenhochzeiten" in fortgeschrittener Kopulations-Phase? So ein Schei…-Dreck. Gut, wie ich begreife, dass meine aufsteigende Wut dabei ist, meine Angst zu verdrängen. Das alles ist fest in mir verankert – bis heute. Noch habe ich nicht aufgegeben. Noch aber bin ich auch nicht angegriffen worden. Je tiefer ich in den Marktplatz eindringe – wohin sonst, ich muss hier durch -, desto unübersichtlicher wird die Gemengelage verknäulter Rattenleiber. Alles letztlich auf einer Fläche von geschätzten 400X100 Meter konzentriert, wie ich am nächsten Tag die Fläche von ca. 40 000 Quadratmeter oder etwa vier Hektar abschreite. Und alles auf einem Raum, der auch meiner war, den ich zu durchqueren hatte – noch dazu von der Panik beseelt, den Abmarsch der Israelis zu verpassen.

Und die Tiere, sie fraßen und fraßen und begatteten sich; fraßen, fraßen, fraßen oder wälzten sich, einem lebendigen Riesenball gleich, der beim Aufprall auf den Boden postwendend in seine Bestandteile zerfiel – und alles bei einem beißend scharfen Gestank. Ich lief stolpernd längst mit dem Taschentuch vor Mund und Nase, die andere Hand tief in meine Jackentasche gedrückt. Es nahm kein Ende – nichts, weder der Rattenteppich noch der Platz, nicht die Abscheu vor den Tieren noch die Angst vor den bereits abgezogenen israelischen Soldaten! Nur an den Krach ihrer Belagerer, dem ich ja ursprünglich gefolgt war, das fiel mir am Tag drauf erst ein, hatte bzw. habe ich keine Erinnerung mehr.

Plötzlich begann ich zu laufen. In einer Art Stechschritt, nur weniger elegant - bewusst stampfend (nur, das sei heute hinzugefügt: Den Stechschritt empfand ich schon mein Leben lang als albern, affektiert, lächerlich, blasiert, unorganisch, also keineswegs als elegant). Doch beim Loslaufen, mehr Lostrampeln, erinnerte ich mich passenderweise an eine Szene aus dem Film „Die Brücke am Kwai", oder umgekehrt, die Szene im Film erinnerte mich an einen Sergeanten der Britischen Krone, der, von seinem Kommandanten herangepfiffen, sich ihm in ungelenkem Laufschritt näherte. Und dem Unteroffizier wollte ich es nachmachen. Also stampfte oder stolperte ich los - in der Hoffnung, diese hässlichen Tiere zu erschrecken, wenigstens zu beeindrucken (der den Sergeanten herbeizitierende Kommandant war übrigens Sir Alec Guinness). Dankbar für diese, dem Film entlehnte Assoziation, folgte ich ihr postwendend, fühlte mich stärker. Ob die Ratten mir auswichen oder ich ihnen, weiß ich nicht mehr; meine festen Sportschuhe machten mich zu einem stampfenden Sprinter. Ich weiß nur noch, dass ich mich auch dabei krampfhaft bemühte, nicht in einen der glibberigen Rattenleiber zu treten – eben wegen der Gefahr auszurutschen … Sprint? Naja, ich war damals noch „jung" – 53 Jahre -, ich konnte noch einigermaßen sprinten, aber 400 Meter sind lang, und die Masse dieser ekelhaften Tiere wollte nicht enden, ebenso wenig wie ihr Geruch... Ich bin dennoch durchgelaufen.

Und auch heute, da ich das weit weg vom Ort des Geschehens zum ersten Mal in Kapstadt `runterschreibe, hoch oben in meiner Hochhaus-Burg sicher vor Ratten, während der Stille einer Cape Town-Night, schütteln mich die Gedanken wieder ganz schön durch: Mögen selbst Ratten noch so sehr ihre Berechtigung haben – Freunde werden wir nie!

„30-, 40- oder 100 000 Ratten?" fragte ich am nächsten Vormittag nach, als ich wieder über den, nunmehr von Menschen belebten, von Ratten indes scheinbar verlassenen Basar, ging – mit allerdings ein paar toten dieser Viecher unter den Tischen. Um Gottes Willen, wenn die Inder nun recht haben, belästigt mich plötzlich ein neuer Gedanke, wie viele Ratten wären dann noch unter den unsichtbaren geblieben – Millionen, die gestern Abend eben NICHT dabei,

NICHT zu sehen waren? Oder, kommt mir als Gegen-Argument in den Sinn, sie mögen ja grundsätzlich recht haben, diese „alles" wissenden Inder – nur, könnte es nicht sein, dass das Festfressen in der vergangenen Nacht als Ausnahme-Einladung an die gesamte Belegschaft dieser Ratten-Gegend gedacht war? Und könnte es nicht sein, dass sie alle zugesagt haben, also samt und sonders anwesend waren?

Also, meine Frage von vorhin: „Rats yesterday night - 30 000, 50 000?" Der eine hatte keine gesehen (ich ihn – yesterday night – aber auch nicht); der andere lachte, zustimmend, wie ich vermeinte; der dritte verstand nicht, oder wollte es nicht; dem vierten war es egal. Ich stand auf dem Basar inmitten einer kleinen Menschenmenge. Die paar Frauen – etwas abseitsstehend – schwiegen, vielsagend, wie ich fand, als schämten sie sich, oder wollten auch sie sich ihre Angst nur nicht eingestehen. Ein ziemlich fruchtloses Gespräch. Bald darauf wurde es lästig; allzu viele Kinder und Jugendliche hielten mir plötzlich ihre leeren Hände hin. Genug davon! Das Ganze zurück – zurück nach Südafrika. Leere Hände gibt es auch hier genug!

Ein Satz vielleicht doch noch: In dieser Rattennacht im November 1995 ging ich in voller Montur, inklusive meiner Sportschuhe ins Bett. Wie gerne wäre ich stattdessen in Israel über einen der mustergültig gesäuberten Märkte gegangen. Beim unbequemen Einschlafen in dieser Montur hörte ich noch meinen Driver sagen: „Rats? Nee, du irrst Dich, bist übermüdet." So? Warum schlief ich dann so schlecht?

Wenigstens zu meinem Job gekommen...

...nachdem ich meinen Bestimmungsort, das belagerte kasernierte Gelände der israelischen Truppen, noch rechtzeitig, wenn auch erst lange nach Mitternacht erreicht hatte, stieß ich dort erneut auf ein chaotisches Durcheinander, ein zwischenmenschliches! Mittendrin in dieser geballten Atmosphäre infernalischen Krachs und Hass` verschreckte, junge Männer in Uniform mit teilweise unglaublich jungen Gesichtern, die israelischen Soldaten – ein verstörender Anblick, wie sie sich unter den Kaskaden von Stein- und Kotgeschossen der entfesselten Demonstranten mehr wegduckten als vorwagten. Ein stundenlanges Wogen hin und her; immer wieder kleinere Ausfälle von Seiten der Israelis, die jedes Mal von den überwiegend jugendlichen Palästinensern zurückgeschlagen wurden, bis sich plötzlich gegen vier Uhr morgens die Tore öffneten und die gesamte motorisierte Truppe der Israelis den Ausbruch wagte, sich auf Gedeih und Verderb dem stellte, was kommen sollte. Das war widerlich genug. Was in dieser Anarchie der Gefühle jedermann – außer den Israelis – übersehen hatte, dass der Ausbruch sich erst vollzog, nachdem sämtliche Soldaten aus dem Chaos hinter die Mauern zurückgerufen worden waren. Nicht einer war zurückgelassen worden. Der hätte das nicht überlebt. Und man hat auch später nie etwas Derartiges gehört, nicht mal von Feindesseite. Sicherlich eine gekonnte militärische Leistung der Israelis, den Gegner verlustfrei vor dessen Augen zu düpieren.

Dann standen sie da, die überrumpelten, zurückgelassenen Männer der Tat, standen wie versteinert und blickten den irritierend roten Rücklichtern des verfluchten Feindes hinterher - mit nichts mehr „in den Händen" als ihrer ungeheuren Wut im Bauch.

Ich machte mich gegen 4.30 auf den „Heimweg", wieder über den Marktplatz (anders hätte ich zu meiner Unterkunft nicht zurückgefunden. Und den Weg hätte mir auch niemand gezeigt; ich kannte nicht einmal den Namen meiner Unterkunft). Zu meinem doppelten Erstaunen war ich weder von den Palästinensern angepöbelt worden noch später von Ratten angefallen; der Marktplatz war weitgehend leer. Die „Putzkolonnen" hatte ganze Arbeit geleistet. Noch ein paar Dutzend, aber kein Vergleich zur mitternächtlichen Stund`. Und noch ein Detail vom Tag drauf: Die Masse der Ratten muss sich dort nur dreimal pro Woche nachts zum Saubermachen treffen, denn die Menschen - und unter ihnen die Verschmutzer - kommen auch nicht häufiger. Dreimal würde mir in der Tat auch reichen…

Lange Geschichte, zurückzuführen die ersten beiden lebendigen Ratten von Cape Town.

Nach dem Abzug der Israelis im Morgengrauen und dem Verschwinden der Tiere bei Tagesanbruch wurde am selben Vormittag unter Bruderküssen, Umarmungen und Siegeseichen in Dschenin eine Polizeistation unter palästinensischer Leitung eröffnet – die erste, frei von israelischer Aufsicht. Der Artikel erschien am 14.11.1995 in der WELT (ohne die Rattenstory) unter der euphemistischen Überschrift: „Im Morgengrauen begann die neue Zeit".

Krokodile wären noch ein Thema. Ein andermal… Schluss jetzt, inzwischen ist der 16.2. 2019 angebrochen: Es ist exakt 3.08 h, Cape Town–Zeit! Draußen tobt der Sturm, fegt durchs ganze Hochhaus. Morgen (also heute), soll es wieder heiß werden und wurde es; das nenne ich Verlässlichkeit. Auch in dieser Nacht hatte ich einen Alptraum.

BESUCH BEI DEN BIG FIVE

Fünf Stunden Schlaf samt Horrortraum im Rattenland – die Nacht war kurz. Noch nie hatte ich über dieses Erlebnis der 3. Art geschrieben. Damals nicht, weil ich ja als politischer Reporter unterwegs war. Persönliches unterbleibt gewöhnlich. Und als ich am 1. Februar nach Kapstadt kam, hatte ich nicht die geringste Vorstellung, dass ich je über mein Rattenabenteuer schreiben würde; und an ein Buch hatte ich schon gar nicht gedacht. Ich wollte dort „unten" mit dem Rad mein Wintertraining machen und wenn schon, denn schon gleich im afrikanischen Voll-Sommer. Der Gedanke ans Schreiben kam allmählich. Ich fand alles viel zu aufregend, als es unkommentiert zu lassen. Und als zweckmäßiger Mensch kam mir nach dem x-ten-Brief nach Hause die Idee, doch etwas Kompletteres daraus zu machen, was einige Empfänger irritierte: „Warum keine Briefe mehr?" `Weil ihr es am Ende als Ganzes besser lesen könntet`, dachte ich mir, vielleicht ein bisschen überheblich! Mag sein, und doch entwickelte ich erst seit der Geburt dieser Idee den richtigen Spaß an einer seriösen Tagesgestaltung journalistischer Prägung. Morgens (nein, nicht bis gegen 12 Uhr im Bett liegen), sondern schreiben, redigieren, nachlesen, nachts bis gegen 23 Uhr das Gleiche tun, den Tag fixieren. Danach Augenzeuge der Spätnachrichten werden. Mittags dann 60 – 90 Minuten Radfahren, gegen 14 Uhr irgendwas zu sich nehmen, nachmittags bis zu fünf, sechs Stunden meine, beim Losgehen schwankenden Ziele ins Auge fassen – bewaffnet mit Handy, Kugelschreiber und Block. Habe mich nach zwei Tagen nie so wohl gefühlt wie in diesem System, kam mir zum ersten Mal wie ein richtiger Schriftsteller vor. Na, Schriftsteller bin ich nicht. Romane interessieren mich weniger. Den letzten, den ich vollständig gelesen habe, „Das Parfüm", fand ich stilistisch herausragend, allein der brachiale Schluss gefiel mir nicht – muss aber wohl sein, um die Gunst des Publikums zu reizen. In gewisser Weise haben es Journalisten schwerer.

Der neugewonnenen Vorstellung meiner künftigen Tagesabläufe folgte die Parodie auf dem Fuße: Natürlich saß ich an diesem Samstagmorgen des 16.2. 2019 nicht beim Schreiben, Redigieren, Streichen, Ärgern und Frohlocken, sondern war auf einem Trip nach draußen, außerhalb Cape Towns. Und wenn es der einzige Termin war, dann war es eben einer: Safari-Time aus Rücksicht auf eine Freundin – ein Termin, der unverrückbar auf diesen Samstagvormittag festgelegt worden war. Und dieser Samstag war dazu noch ein wundervoller, windstiller Sommertag. Ich betone das deswegen, weil es für mich als Radfahrer der letzte windstille Sonnabend während meines Aufenthalts werden sollte. Denn nur an den verkehrsleeren Wochenenden in der City – mit Ampeln, die fast alle auf Durchschalt-Gelb eingestellt sind, lohnt sich eine Radtour dorthin. Nur dann wird man zum Herrscher über alle Straßen- und Boulevards, doch nur – weitere Voraussetzung -, wenn der berüchtigte Kapstadt-Sturm nicht wütet. Von dieser pejorativen Entwicklung meiner Radfahrten an den Wochenenden hatte ich an diesem 16. Februar null Ahnung und so freute man sich arglos auf diesen Ausflug außerhalb der Stadtgrenzen Cape Towns, freute sich auf die Jagd nach den ganz Großen, Aug` in Aug` mit Nashorn, Löwe und Elefant: Mehr von den „Big Five" bekomme ich gerade nicht zusammen. Dessen ungeachtet erwischten wir alle „Fünfe", dabei auch die zwei (noch) namenlosen Vertreter. Alle nur liegend oder widerkäuend wie hingeklatscht, was natürlich Unsinn ist, aber so wirkte. Keiner wollte mit seiner Größe imponieren, keiner von uns Kenntnis nehmen: Und wenn ich es nicht besser wüsste, würde ich sagen, sie benahmen sich alle mehr oder weniger teilnahmslos wie pubertierende Schüler Montagsfrüh in der Schule bei der Interpretation eines der „empfindsamen" Gedichte von Klopstock (Gott, konnte ich den Kerl leiden). Von „freier Wildbahn" für die Tiere jedenfalls keine Spur; die „Fünf" lebten in einer Art Zoo, der zwar mit 10 000 Hektar nicht unbedingt klein war, für die Tiere aber doch. Sie wirkten nicht nur so hoffnungslos eingesperrt – sie waren es. Eine Art „Fake", statt des animalischen Wunders, für das „Afrika immer noch steht", wie eine junge, deutsche Touristin befand – und recht damit hatte. Am Witzigsten war noch der Elefant, der sich offenbar nützlich machen wollte, als er eine liegen gebliebene Schaufel, wahrscheinlich eine vergessene, zum Geräteschuppen zurücktragen wollte. Ich hielt es für ein Amuse Gueule, für die genüsslich-exquisite Vorspeise unserer Tour im offenen Bus. Erst hing ihm die Schaufel im Winkel von 90 Grad quer zum Maul im Rüssel. Das dauerte, bis er sie parallel mit seinem Greifschlauch auf direktem Wege seinem Fresseingang zuzuführen versuchte. Endlich schmiss er sie weg: zu hart zum Reinbeißen! Das war es dann aber auch. Zu einem vergleichbaren Hauptgang hat dieser

Ausflug nicht getaugt. Dafür blieben die königlichen „Big Five" zu weit unter Form. Ihnen bietet Namibia ein erhebliches Maß mehr an Freiheit. Entsprechend besser sahen die Tiere dort auch aus. Und um meine oder Ihre Wissenslücke noch zu füllen, handelt es sich bei den verloren gegangenen Exemplaren der „Big Five" um Büffel und Leopard; auch sie, ausgestreckt vor sich hindösend, verbreiteten wirklich keine Schreckensbilder.

DRITTE WOCHE: 18.2. -24.2. 2019
EIN TAG ZU FUSS

Es ist Montagmittag, 18.2. 14 Uhr - Zeit, sich wieder stadtfein zu machen. Kurze oder lange Hosen, das ist hier die Frage. Ich mag keine kurzen Hosen. Aber was, wenn es in die Berge geht – ein wenig Klettern? An der unterschiedlichen Länge meiner Hosen, das weiß ich, macht sich meine Planungslosigkeit bemerkbar. Hätte ich einen Fahrplan, dann wäre alles klar. Intuitiv wähle ich meine lange Hose, wenn auch die uralte. Sieht besser aus. Erfreulicherweise hatte ich in meinem Reisegepäck, so wenig es war, eine Kleiderbürste dabei. Und die leistet ihre Dienste. Also raus auf die Straßen - am besten dem schönsten Tag der vergangenen Woche hinterher, als ich anfing, die Stadt zu Fuß zu erobern. Wenn dieser noch mal so gut wird wie der eben vorgeschwärmte, dann wird es wieder einer werden, voll von neuen Überraschungen: zu Fuß natürlich, lediglich ausgerüstet mit meiner Bus-Monatskarte für zehn Dollar und alle Fälle. Dass ich eine Bus-Station gar nicht erst angestrebt habe, ließ mich bereits Großes erahnen. Es wurde sogar etwas ganz Großes!

Die Stadt zunächst, also ohne Rücksicht auf Buslinien, bis zum attraktiven Moslem-Viertel Bo-Kaap mit den bunten Häuschen inklusive Museum zu Fuß durchquert, dann rechts ab zur Moschee, plötzlich links eine ungeheuer steile, schlecht gepflasterte, geradeaus bis an den Horizont führende Seitenstraße. Die Herausforderung schlechthin, na, nicht ganz. Der Tafelberg war auch nicht „ohne". Aber hier, Vorteil natürlich, ohne „Touri"-Begleitung: „Wollen wir da hoch, Schatz?" „NEIN, um Gottes Willen. Sieh Dir mal das Pflaster an! Da breche ich mir ja die Beine." „Gut, ich mach schnell `n Foto, Schatz!" „O.K., Schatz, danke." Also ohne (fremde) Begleitung!

Kurze Wiedergabe: 1052 Schritte bis ans Ende dieses knüppelharten Weges. Autos im 1. Gang hoch und im 1.Gang runter. Die Sonne von oben, Downtown dagegen immer tiefer gerückt, nur der Tafelberg, der Eherne er blieb wie er war: verlässlich für die Stadt wie ein altes Sofa – oder Geborgenheit bietend wie die Rückwände der Western-Saloons, die John Wayne besuchte.

Nach 1052 Schritten strikt weiter bergauf, jetzt oberhalb des Hanges auf Sandwegen, damit oberhalb des letzten Hauses von Kapstadt. Ende der Zivilisation. Der Blick nach unten mit der Metropole inklusive des WM-Fußballstadions von 2010: ein Blick auf die Zivilisation? Auf den ersten Blick durchaus, auch wenn man auf der Suche nach ihr nicht zu tief graben sollte. Man weiß nicht, wie es mit der sogenannten Zivilisation unter ihrer Tünche aussieht! Oft genug nur dünnster Firnis. Auf welchen Blick kommt es denn nun an, der freie nach oben, oder der vielfältige nach unten?

Ab jetzt nur noch grauer Fels, Stacheldraht und magerer, verstaubter Baumbestand! Ausgedörrt das Ganze. Aber es geht weiter. Der Stacheldraht links bedeutet hier gar nichts. Niemand in Cape Town fühlt sich von ihm aufgehalten. Also weiter. Immer weiter. Gottlob habe ich meine rutschfesten Schuhe an. Eigentlich, hatte ich gedacht, wollte ich in die Innenstadt, nicht in die Natur; mein Instinkt verhieß mich anderes. Verführte mich zum „Signal Hill" mit festem Schuhwerk (und langer Hose)!

DIE SELTSAME GESCHICHTE DER LIONS BATTERY

Dann plötzlich, Kanonen vor mir – acht, pedantisch aufgereihte, die Rohre geradeaus auf den Atlantischen Ozean gerichtet. Ich stehe auf einer Festungsanlage, nehme innerlich Haltung an; die beiden Kanonen in Grün stammen aus dem Jahr 1806, die militärische Umgebung sieht nach dem 1. Weltkrieg aus: tiefer gelegte Unterkünfte, schmale Gänge und breitere Gräben wie in Flandern. Hier nur 350 Meter höher. Alles verrostet, abgeblättert; die Kanonen aber sauber in Reih und Glied! Bis hierher sind es 1201 Schritte bergauf, wird sofort notiert! Wenn ich nur wüsste, wo ich bin. Irgendwo auf dem Rückweg lese ich „Lions Battery".

Tage später stoße ich im Zentrum Kapstadts, in der Adderly-Street, eine der großen Durchgangsstraßen, auf eine Gedenktafel aus dem Jahr 2007. Auf ihr wird der Toten und Überlebenden des 1.

Strammstehen für die Touristen: die Kanonen von „Signal Hill"

Weltkriegs gedacht sowie zu einem zweiminütigen Schweigen an jedem Jahrestag des 14. Mai 1919 aufgerufen. Dieses Angebot soll inzwischen weltweiten Nachhall gefunden haben. Dazu gibt eine der „Grünen Kanonen" seit 1806 täglich (!) um 12 Uhr mittags einen Schuss ab; früher um die Schiffe zu begrüßen, oder ihnen bei Sturm und Nebel den Weg zu weisen. Eine gewisse politische Bedeutung steht den Kanonen aber auch jenseits ihrer freundlichen Gesinnung zu: als Verkünder des Endes der holländischen wie britischen Besatzungszeit 1919. „Früher" – das müsste dann ja auch noch „heute" gelten, die Sache mit dem täglichen Schuss nämlich. Den habe ich, wie ich jetzt feststelle, nie gehört. Klingt nicht gut für mich - oder? Einer, der den Schuss nicht (mehr) hört…

Enthüllt wurde diese Tafel 88 Jahre später am 11. November 2007 durch den „Amtierenden Bürgermeister" von Kapstadt, einer gewissen Hellen Zille – tatsächlich jemand aus der großen Familie des berühmten Berliner Malers Heinrich Z. Der hätte keinen Mangel, seine bevorzugten typisch „Berliner Motive" auch hier und heute noch zu finden.

Interessanter die Geschichte dieses Stützpunktes – es ist die Story einer ungewöhnlichen, politischen Weitsicht der Briten: Sie plädierten bereits 1888 für den Bau dieses hochgelegenen Kapstädter Forts und zwar auf Grund eines russischen Vorstoßes vier Jahre zuvor auf Nordafghanistan. Das war 1884. Seither bangten die Briten um ihre Seeherrschaft im Indischen Ozean (immerhin einige Tausend Seemeilen weg vom Ort des afghanischen Geschehens). Sie fürchteten um die Stabilität ihres Empires, waren sich nicht sicher, ob Russland bei einem Erfolg seines Überfalls nicht weitere Expansionsgelüste Richtung Süden, vielleicht sogar bis Indien hegen würde und dann dementsprechend schwimmende Basen im gleichnamigen Ozean anlegen könnte. Deshalb sollte dem etwaigen Expansionsdrang der Russen nach britischer Vorstellung durch diese Basis im Werden ein massiver Riegel vorgeschoben werden. Und zwar geographisch vor dem Kap der Guten Hoffnung, in Kapstadt schon. Spätestens hier sollte es zum Ende aller denkbaren russischen Dienstfahrtengelüste kommen - dank der Reichweite dieser ihrer damals neuesten Kanonen auf dem Signal Hill.

Diese ebenso grünen wie ehernen Verteidigungsstrategen, 1890 fertiggestellt, kamen indes nicht zum Einsatz. Weil die Russen nicht kamen; sie verloren den Krieg wie alle anderen Mächte – Ausnahme vorübergehend Alexander der Große -, die ebenfalls auf eine Eroberung dieses Schluchten-Staates gesetzt hatten und nicht nur einmal. So mussten die Kanonen vom Signal Hill noch eine Weile geputzt werden, bis sie zum ersten Mal ernsthaft 1914 eingesetzt wurden und ab 1940 zum zweiten und bisher letzten Mal. Seither beschränkt sich ihre Aufgabe, hoch über Kapstadt gelegen, blitzsauber und strammstehend, den Touristen zu imponieren; hauptsächlich wohl aber zur Freude guttrainierter, männlicher Hobby-Infanteristen, die an diesem Tag allerdings bis, auf einen einzigen, Mangelware blieben.

`MAN MÖCHTE DABEI SEIN`

Stille hier oben, die Sonne und ich! Wir genießen sprachlos zwei ungeheure Gegensätze, um genau und fair zu sein, drei - drei Riesen: das Meer, die Stadt und im Rücken der Stadt den Tafelberg. Unter uns am Meer gelegen, beinahe wie verspielt ausgebreitet, die glitzernde Millionenmetropole. Das Ufer elegant geschwungen, ungeheuer belebt, aus 350 Meter Höhe filigran gezeichnet, und doch ist diese Gesamtheit für immer vor den beiden Ozeanen zurückgewichen. Hinter uns der Tafelberg, genauer: das langgezogene Tafelberg-Gebirge, scheinbar genauso quergelegt wie einst Helmut Kohl als bizarre Schlagzeile in der BILD. Im Mittelpunkt dieses zu Unrecht völlig unbeachteten Gebirgskomplexes steht seit Urzeiten der angebetete Tafelberg, der mit seinen 1086 Metern zwar den höchsten Punkt dieses Gebirges markiert, verglichen aber mit dem riesig ausgebreiteten Rest, nur als Däumling dasteht. Doch ein höchster Punkt wird überall seit Menschengedenken angebetet, und der Tourist, verführt durch jede Form der Bequemlichkeit, lässt ja alles mit sich machen. Also per Cable Car `rauf zu Tafelbergs Spitze!

Mich fasziniert ungleich mehr dieser ungeheuer klobige, breitschultrige Gebirgs-Typ, wie er sich aus einer unscheinbaren Ebene erhebt, in sich ruht, sich durch nichts anfechten lässt, sich mit 40 Prozent der unter ihm gelegenen Stadt zufrieden gibt – ein an seiner Selbstsicherheit nicht zweifelnder Hüne, der das flimmernde Meer „Meer" sein lässt, der seinen Platz und seine Bedeutung kennt, mit andern Worten: der sich um Grund und Inhalt seines wuchtigen Wesens oder Seins absolut im Klaren ist.

Und doch: Gerade diese scheinbar ungezähmte Urgewalt, auf deren Plateau Tausende trampelnder Menschen nichts denn hüpfende Pünktchen abgeben - eine Urgewalt, die den Eindruck verbreitet, ihr Dasein trotzig bis in alle Ewigkeit zu führen, lässt in mir immer wieder den einen Gedanken hochkommen, den, was geschieht mit ihm, diesem finalen Brocken, am „Tag des Jüngsten Gerichts", dem Tag der Abrechnung: Was wird seine Aufgabe sein, darf er „The Rock" bleiben, oder taumelt er auf Anweisung einer höheren Macht nur noch wirkungslos als tote Materie durch den Kosmos, oder gebietet ihm ein Rachegott eine letzte, allerletzte Aufgabe: als geschmolzene Steinwoge alles dahinraffend, soweit ihr brennender Riesenkörper reicht? `Man möchte dabei sein`.

Ich trotte weiter den Berg hoch. Eine Antwort auf das endgültige Schicksal meines „Freundes" habe ich nicht gefunden. Erst mal die Tagesprobleme lösen. Weitergehen oder kehrt machen? Es ist knapp 17 Uhr. Noch zweieinhalb Stunden Licht demnach, dann überfällt einen die Dunkelheit im Sprinttempo. Wir sind nicht in Europa, wir leben „hier unten" kosmisch-meteorologisch in der

Gegenwelt. Hier wird es Winter, bei uns zuhause geht es allmählich, spürbar heller werdend, dem Frühling zu.

Ich drehe bei. Die Straße, die mir vorhin beim Steigen noch Spaß gemacht hat, missfällt mir jetzt vom ersten Meter an: zu steil, zu uneben, belastend für die Knie. So suche ich die erst beste Gelegenheit, mich querab in die Büsche zu schlagen. Dort, rechts, der erste Abzweig! Unterhalb des letzten Hauses beginnt die neue Phase. Schon bin ich für ein paar hundert Meter tatsächlich unter Büschen, frei in der afrikanischen Wildnis – mit allem, was in Kapstadt dazu gehört: Müllberge, rechts, Müllberge links, dazwischen ein schmaler Pfad…

DIE SEUCHE „PLASTIK"

Es ist die reine Müllorgie, in die ich hineingeraten bin, eine aus Plastik vermüllte Landschaft. Einerseits, das muss eigeräumt werden, laufen in der City unendlich viele Putzkommandos mit Besen, Schaufel und den blauen Müllsäcken (auch Plastik) durch die Straßen und bemühen sich, die von Mülltonnen übersäten Bürgersteige abzuräumen – andererseits lieben Kapstadts Bürger offenbar noch mehr als die Sauberkeit auch ihre Plastik-verschweißten Waren heiß und innig: Brote zwei-, dreifach verplastifiziert, kaum ohne eine Art Küchensäge zu öffnen. Und Tüten! Was da auf freien Flächen außerhalb der Stadt herumwirbelt – ein Spielball der Stürme, gerade dieser Tage. Man weiß es von den verdreckten Meeren, ich weiß es von Wüsten aus aller Herren Länder. Habe gesehen, wie sich Lawinen von Tüten auf den einzigen Baum auf 50 Quadratkilometer Einsamkeit fokussiert haben und sich mit unangenehm lautem Flüstern an ihm festkrallen - ein abstoßender Anblick schon dieser, der sich zu kurzfristiger Dämmerung verdichtet, bis sich die ungebetenen Gäste bei auffrischendem Wind wieder los reißen, sich frei wie Dschingis Khans Horden über die offene Landschaft ergießen, und ihre widerlichen Reste jedem der im Weg stehenden Bäume würdelos aufdrängen.

Nächstes Hindernis = neuer Kurs. Ein Albtraum, schon ohne an die Folgen zu denken! In den arabischen Zonen, soweit ich das beobachten konnte, noch dazu mit den übergroßen, schweren, schwarzen Tüten, die man dort offenbar besonders schätzt - eine Seuche, der Rattenschwemme (Teil I), was die Masse betrifft, nicht unähnlich. Ein einziges Geschäft habe ich in Kapstadt entdeckt, das auf die Plastiktüten an der Kasse verzichtet und sie gegen braune Papiertüten eintauscht: der Supermarkt in der Nähe meiner Wohnung – in schwarzer Hand!

Ein Wüstling kam geflogen

Dazu gegen Mitternacht am selben Abend eine Episode, deren Augenzeuge ich von meinem 14. Stock aus wurde. Passt irgendwie zum Plastikthema. Ich stand am geöffneten Fenster, atmete die warme Luft ein, als plötzlich, verwegen und unheimlich, eine gewaltige Plane mit Bewegungen eines übergroßen Rochens an mir vorbei auf die tief unter mir liegende Kreuzung zu segelte. Sekunden später hatte sie einen Wagen unter sich begraben, oder förmlich eingewickelt. Der Wagen stoppte, blieb durch den Druck und die Zwangs-Blendung von oben einfach stehen. Aus den anderen beiden Fahrzeugen, die sich kurz vor Mitternacht ebenfalls auf der Kreuzung Buitenkant/ Roeland Street befanden, sprangen zwei Männer heraus, einer kreischte, der andere versuchte sofort den verblüfften Eingewickelten aus seiner Lage zu befreien. Gar nicht so einfach, mit dieser ungestümen Masse bei diesem Sturm fertig zu werden. Am nächsten Morgen wird erkennbar, woher der um sich schlagende Wüstling stammte. Von einer Werbung an einem der großen Nachbarhäuser. Eine dieser fensterlosen Fronten warb in üppiger Größe für das hiesige Theater, das berühmte „The Fugard Theatre" nahe dem berüchtigten „Distrikt 6". Zwei Tage zuvor hatten schon vier Arbeiter in ihren fliegenden Kisten in rund 30 Metern Höhe an der Zähmung dieser „Widerspenstigen" gewerkelt. Bis aus dem böigen Wind Sturm wurde.

MOSLEMS IN KAPSTADT

Zeitlich zurück, zum Nachmittag zuvor auf dem Marsch von Signal Hill bis nach Hause – speziell auf dem Irrweg durch Kriechpflanzen und stinkende „Kunst"-Stoffprodukte. Unvorhergesehen betrete ich mohammedanisches Gebiet. Überrascht mich völlig. Habe ich hier nicht erwartet. Die erste kleine Moschee vor meiner Nase auf der Voetboog Street, noch im Schatten von Signal Hill, übersehe ich; die gewaltige, Kilometer weit entfernte, größte Moschee der Stadt hingegen nicht. Die mit den fünf leuchtend grünen, himmelhohen Türmen in der Church-Street am andern Ende der Stadt, einmal Kapstadt querbeet, die fällt mir ins Auge. Ich entdeckte sie ein paar Tagen zuvor kurz vor der Dunkelheit zufällig auf einer abendlichen Radtour. Und angelockt vom magischen Grün ihrer unglaublich großen und angestrahlten Türme, glaubte ich mich in Mekka. Ich kann mich immer noch nicht entscheiden, ob ich fasziniert oder geschockt war von der Gewalt dieser Moschee in irisierendem Grün – das grünste Grün von ganz Kapstadt. Steckt hinter diesem moslemischen Riesenbau ein Versprechen und wenn, was für eins, oder verbirgt sich dahinter in diesem Schwarz-Weiß-Land das Grün einer puren Drohung?

Genau in dem Moment, in dem mir jetzt der „Ramadaan"-Shop neben der Mini-Moschee ins Auge fällt, was mir beides sagt, wo ich bin, höre ich wie ein Wunder den blechernen Klang des Muezzin von weit weg, eben aus der Church-Street gleichsam als Gruß aus dem Jenseits, zumindest einer anderen Welt. Es ist 16.30 hora (gar nicht Gebetszeit), als in diesem einzigartigen Moment auch noch eine Armada an Möwen so tut, als wollten sie über mich – mutmaßlich den einzigen Christen – kreischend herfallen.

Der kleine Mohammedaner neben mir vergisst jedenfalls sein Lachen, läuft seiner Mutter hinterher, die nun auch mit ihren breiten Hüften wedelnd, das Weite sucht. Mit zusammengekniffenen Augen, die Hände abwehrbereit, stoße ich die Biester zur Seite. Einen bekomme ich an seinen Krähenfüßen zu packen. Nun ist es an ihm, einen Schrecken zu bekommen. Er flattert empört weiter; alle anderen landen um mich herum, scheinen hier die Herren zu spielen. Ich bin wohl auf einem ihrer üblichen Truppenübungs- oder -Futterplätzen völlig fehl am Platze.

Das Viertel ist einfach, ja, auch ärmlich, dennoch weit vom Ruinösen der Townships entfernt. Hier beginnt, allmählich unübersehbar, mit jeder abschüssigen Biegung Richtung Downtown ein eher unauffälliges Schild, seinen Respekt auszustrahlen: „Armed Response". „Bewaffnete Antwort" klingt wie eine Drohung auf die wachsende Zahl von Einbrüchen und soll auch eine sein, ist deshalb an nahezu jeder Haustür zu finden und markiert zugleich für die mehrheitlich weiße Bevölkerung - über den generellen Respekt vor einer unruhigen Umwelt hinaus – deren Angst vor dem allmählichen Ende all ihrer Freiheiten. Und die enden mit dem Beginn serienweiser Einbrüche, gegen die kein Kraut gewachsen ist (und auch das Schild nicht wirklich hilft). Die komplette „Bestäubung" aller Häuser mit diesem Warnhinweis zeugt vom Grad der allgemeinen Unruhe. Und doch lässt sich an dieser eigentümlich zwielichtigen Tafel andererseits auch ein gewisser Fortschritt ablesen: Wer nichts zu verbergen, nichts zu verlieren hat, wer arm ist wie eine Kirchenmaus, brauchte dieses Schild nicht. Doch hier, an dieser Stelle wird noch um den Aufstieg gekämpft, lebt trotz aller Furcht vor Dieben, Gaunern, Einbrechern noch immer eine gewisse Hoffnung.

Ein Schild, das auf Hoffnung setzt

Für die wirklich Reichen unter den Weißen geht es bereits jetzt in ganz Südafrika höchstpersönlich um die Zukunft. Circa dreieinhalb Millionen Weiße gegen die wachsende Zahl von bisher 54 Millionen Schwarze und Asiaten und das bei einem spürbaren Machtverlust – das wird nicht ohne Konsequenzen für die Reichen abgehen. Nicht nur für die, für mehr oder weniger alle Weißen! Bei der Besetzung freier Posten, das hört man immer wieder, auch von meiner Vermieterin, wird ein Weißer nicht mehr als gleichwertig betrachtet. Sogar mein schwarzer Designer-Freund bestreitet das nicht. Kein Wunder, dass kaum eine der wohlhabenden Familien darauf verzichtet, mindestens eines ihrer Kinder möglichst in den USA studieren zu lassen; darin ganz ähnlich wie immer noch in Israel.

EIN SCHILD MACHT ÄRGER

Umso mehr steht alles, was und mit welchen Methoden es die weiße Oberschicht versucht, ihren Standard zu bewahren oder zu mehren, unter argwöhnischer Beobachtung speziell der einfachen Bevölkerung – sie ist strenger als die politische Kaste, die es freilich auch nicht so nötig hat darauf zu achten. Ihre Pfründe sind ja nicht gefährdet. Die regierende ANC scheint deshalb (noch) nicht der ganz große Gegner der Weißen zu sein, dazu lebt die Partei offensichtlich noch zu wohlgefällig von Südafrikas dauerhaftester Seuche, der Korruption, deren Opfer nolens volens auch die wohlhabenden Weißen werden. Und auch dieses Geld will ja von ihnen erstmal erarbeitet sein.

Und doch steht im Blickfeld der Reichen ihr Verlangen nach Erwerb weiterer Grundstücke ungebrochen an der Spitze ihrer hiesigen Wünsche und das gerade an den Rändern der Stadt, was immanent zur Verkleinerung des freien, unabhängigen Geländes führt. „Privat" heißen die Schilder auf unbehauenem Land beim Aufstieg zum Signal Hill, diesmal von einer anderen Seite. Das irritiert die Mehrheit der Schwarzen. Mag der reiche, irgendwann aus Europa stammende Weiße mit jedem Zugriff auf nichts als felsigen Boden, unberührter Natur also, seinen Wohlstand absichern, erweitern, ja ihn optimieren – es wird sich rächen. Schon seit einiger Zeit werden diese Käufe von den „Havenots" dokumentiert, registriert und angeblich sogar veröffentlicht. Deren Stunde wird kommen. Ob es dem Lande nützt, ist die andere Frage.

Jeder neue Zaun, der dem „Private"-Schild absichtsvoll folgt - wie behelfsmäßig der Beginn der „Urbanisierung" dieser brach liegenden Flächen auch wirken mag -, jedes Handeln wie dieses schränkt nicht nur die Freiheit der jetzt schon ummauerten Wildnis ein – sie wird ihr peu á peu sogar genommen –, jedes neue Stück Zaun entzieht auf Dauer auch dem neidischen und meist armen Nachbarn den Lebensraum. Und so wundert es nicht, warum das für sich harmlos wirkende Schild „private" in Kapstadt allmählich zum Symbol des Hasses aufsteigt.

Der Wandel scheint dennoch mit jedem Schritt zu wachsen. Aus Hütten werden Häuser, durchaus ansehnliche, wenn auch weit entfernt von den Villen an den Hängen des Table Mountain; aus koreanischen Kleinwagen vor der Tür werden japanische Flitzer. Noch aber teilt sich der Fortschritt dieses Terrain mit dem Überholten oder Abgehalftertem dieselbe Gegend. 20 Meter unterhalb des ansehnlichen I.L. Rosenberg-Hauses zehrt ein aufgegebener Bau vor sich hin. Interessant die Warnung, auch wenn sie niemanden interessiert: „Gewaar! Privaat Eiendom. Betree op jou Eie Risiko" Hollands Ende. Seine ehemalige Machtstellung auf vier unansehnliche Zeilen reduziert. Wie alles vergeht.

Zum Schluss dieses Spaziergangs, ehe ich einer noch größeren städtischen Sensation buchstäblich in die Arme laufe, eine höchst private Überraschung: Ich denk,, ich seh`, nicht richtig: die Milner Street mit einem in Weiß gehalten, vornehmen Hotel am Eingang der Straße, erweist sich unversehens als weit steiler als alles, was ich an diesem Nachmittag schon erklommen hatte. Ein verdammtes Teufelsding. Will es mich aus den Latschen kippen? Wie sät de Kölsche, „dat kann doch „nit woar sin"! Unterwerfe ich mich nun auch dieser Herausforderung noch, einer richtigen Fron, oder habe ich doch noch den Rest meines freien Willens zur Umkehr behalten? Ich weiß es nicht, ob der es war, oder nicht doch die Weigerung meiner Oberschenkel, nach einem weiteren halben Kilometer aufwärts weiterzulaufen, ohne das Ende der Straße auch nur erkannt zu haben… Es ist auch hier wie beim Tafelberg beim Versuch geblieben. Als riefe mir Kapstadt noch einmal nach: „Junge, komm bald wieder…"

Zurück auf alter Strecke, zuhause bin ich ja noch lange nicht. Einige Kilometer weiter erreiche ich mit schlurfendem Gang und ohne Erwartung die Gegend um „de Kloof" (ein weiteres Holland-Relikt, allerdings mit einer phänomenalen Entwicklung). Aus dem altbackenem Käsekuchen wurde eines der quirligsten, chromblitzenden Distrikte im lebendigen Kapstadt, wenn auch ohne eingeborene Holländer, dafür mit kleiner Prachtstraße, Cafès ohne Speiseeis, Cafés mit Speiseeis, mit Modeläden und Bars, heitersten Schaufenstern und einladenden Stühlen auf dem Trottoir. Lebhaftes junges Publikum, ein bisschen wie in Blankenese an einem warmen Wochenende, freilich ohne Elbe (was schon fehlt)! Aber genauso begeisternde Schönheiten, hier allerdings mehr dunkelhäutige als weiße, versteht sich – Kapstadts Jeunesse doree unter sich! Endlich ein wohlhabendes Areal ohne Rassenschranken; so wirkt es wenigstens. Ein Areal des Wohlstands, der gegenseitigen, erholsamen Akzeptanz. Das war nur noch einmal, am ganz anderen Ende der Stadt, im Künstlerviertel Woodstock zu erleben. Auf den Straßen, an den Verkaufsständen oder in den Kneipen bei rockiger Musik war es völlig egal, ob man schwarz oder weiß ist. Es muss nur der gleiche Geist herrschen. Nur herrscht er nicht überall.

So begeistert ich auf und von der Avenue „de Kloof" bin, fange ich doch an, mir Sorgen über mich zu machen. Seit gut fünf Stunden auf den Läufen und immer noch ohne Hunger und Durstverlangen: Trifft sich einerseits gut, ich hätte auch für beides zum Mitnehmen nichts dabei gehabt, wundere mich andererseits aber doch, als ich auch die Cafès links liegen lasse und erhalte einen Schlag, als mir das Gleiche mit den beiden sichtbaren Eisständen geschieht, die ich regungslos wie ein Blinder passiere. Und auch keinen Platz an der Bar im Freien? Alleine?

Großstädte, begeisternde Metropolen, stelle ich immer aufs Neue fest, lassen sich nur per Pedes erobern (oder im Wagen, dann aber bitte zu zweit)! Nie hatte ich für eine Stadt so viel Zeit wie in diesen acht Wochen. Ich konnte meiner Leidenschaft (im wahrsten Sinne des Wortes) nach-gehen. Nur der Schritt eines Menschen bietet, zivil betrachtet, das richtige Tempo für die ernsthafte Eroberung einer fremden Stadt. Selbst das Fahrrad, dem ich mich durchaus freundschaftlich verbunden fühle, stört hier ganz klar. Ein Rad will getreten werden, um vorwärts zu kommen: Der Fußgänger will auch vorwärtskommen, doch auch um stehen zu bleiben, sich umzusehen, hoch- und zurückzublicken. Der Radler blickt allenfalls zur Seite. Zu wenig! Zurück in meiner Wohnung nach sechs Stunden und 17 Minuten. Was für ein Tag, Montag, der 18.2. 2019!

VIEREINHALB STUNDEN DOWNTOWN

Dienstag, 19.2. Ein weiterer Tag hinein in die Stadt. Es beginnt ein Marsch durch Kapstadts Geschichte, die nicht sehr alt ist. Logischerweise ist sie in der Hochhaus-City am jüngsten. Als Skyscaper-Fan zieht es mich zuerst dahin, ins Banken- und Versicherungsviertel. Doch es ist wie in den meisten Metropolen das eher tote Viertel, am Wochenende zumal. Kaum etwas los außer übermotorisiertem PS-Verkehr, leere Trottoirs, wenig Publikum, wenn dann, überwiegend ein gut gekleidetes. Und dann geschieht, wenn auch im kleinsten Rahmen, so etwas wie eine Umkehrung der Verhältnisse. Einmal wenigstens in meiner Zeit.

Ein Mann kommt von hinten, ich bemerke seinen langen Schatten, er überholt mich, ein Weißer, großgewachsen, leptosom bis zu Dürre, aber rauchend. Armut raucht - in Kapstadt ein Axiom: Es rauchen die Halbstarken, fast noch Kindern, selbst die vom Sportplatz gleich neben der jüdischen Gemeinde – Jugendliche, vielleicht 14 Jahre alt, höchstens 35 Kilo schwer, etwa 1,50 Meter groß, aber mit brennender Zigarette in der Hand, und für die Schwarzen scheint das Rauchen einen besonderen sozialen Hintergrund zu besitzen. Die gebildete Schicht raucht kaum, doch die völlig Resignierten, die, die sich den ganzen Tag kaum mehr von ihren schäbigen Lagern erheben, verstreuen um sich herum einen Kranz von Kippen. Und irgendwie passend lebt auch der schwarze Kapstädter Riese jeden Arbeitstag morgens auf dem Nachbardach meiner

Wohnung mit der Zigarette in der Hand seine Vormachtstellung aus. An sich ein bewegungsarmer Fettklotz, unrasiert, seit sechs Wochen identisch gekleidet mit immer der gleichen schweren, schwarzen Regenjacke(!), ob bei 30 oder 40 Grad C und dunkler Kapuze über dem Kopf. Ein Möchtegern-Typ, die Zigarette als sein persönlicher Marschall-Stab in der Hand. Aber auf dem Dach nebenan ist er der Chef!

EIN SPRINT UMS ESSEN

Der Leptosome, der mich am Straßenrand, jetzt, auf seine Art und Weise überholt – garantiert keiner, der in diesem, eher noblen Viertel wohnt -, beginnt plötzlich zu sprinten; nicht wegen der grünen Ampel, die im Begriff war, auf Rot umzuschwenken, wie gesagt, darauf reagiert hier niemand - nein, weil er bemerkt hat, wie sich auf der anderen Seite die Tür einer großräumigen, dunklen Limousine öffnet und im hohen Bogen etwas eingepacktes Essbares herausfliegt. Der Sprinter fängt das Päckchen tatsächlich, reißt die Tüte auf und stürzt sich im Weitergehen auf den Inhalt, offensichtlich übriggelassene Speisereste. Mich wundert zwar seine Geistesgegenwart, mehr aber interessiert mich, was eigentlich dahintersteckt und nähere mich der Luxuskarosse von achtern. Ich beobachte, wie vier schwarze, um die fünf oder sechs Jahre alten Kinder sich im Wagen kringeln und kreischen über den Fänger ihres kleinen, aber keineswegs mehr arglosen Spiels; sie ahmen ihn mit ausgestreckten Armen nach, bis sie mich bemerken. Sofort lassen sie die Scheibe runterfahren und halten mir ein fast geleertes Geschirr aus Plastik entgegen – erkennbar, nicht ohne Hohn: beachtlich für die gerade dem Kleinkindalter entwachsenen Burschen in sauberer, dunkelblauer, britischer Schuluniform.

Um genau zu sein: Diese Geschichte einer kindlichen Arroganz, nur jetzt andersherum – Hochmut von Schwarz zu Weiß - habe ich in Kapstadt sonst nie erlebt. Immer nur die andere Reihenfolge. Und da immer noch die gleiche Machart beim Aufeinandertreffen der beiden farblich unterschiedlichen Gesellschaften herrscht, ob beim sturen aneinander Vorbeigehen, Vorbeisehen, Übersehen, wiederholt sich das Schema der Weißen, sobald sich ihnen bei Ampelrot oder im Stau jemand seinem Auto nähert: kein Hinsehen! In Straßencafés in lockerer Runde wird es ausgesprochen peinlich, wenn ein Schwarzer die eben noch geführte Unterhaltung durch sein pures Hinzutreten unterbricht. Das hat etwas von tödlicher Stimmung an sich. Schweigt dann noch der gesamte Laden, verrinnen die Sekunden unglaublich schmerzhaft. Wer dann den Mut hat, gegen die geschlossene weiße Opposition sein Portemonnaie zu ziehen, entpuppt sich meist als belächelter Tourist. Und selbst der lässt es eines Tages sein; auch er kann nicht jedem Obdachlosen seinen Obolus hinreichen. Das Ganze ähnelt einer Sackgasse auf fatale Weise. „Soll ich meines Bruders Hüter sein", fragte in den späteren 1980er Jahren schon Hamburgs damaliger Erster Bürgermeister Klaus von Dohnanyi in einem Vortrag seine Genossen? Um dann zu antworten, grundsätzlich ja, aber man solle sich hüten, zu glauben, das gelte für die ganze Welt. Nicht jedermann könne jedermanns Bruder sein. Sicherlich eine Haltung, die von vielen Menschen geteilt wird. Sie ist verständlich, praktisch und lebensnah. Doch inwieweit ist sie auch solidarisch? Oder anders gefragt, was kann, sollte, muss der Staat an sozialer Hilfe leisten an Stelle seiner Bürger, die sich dazu weder in der Lage sehen noch verpflichtet fühlen?

Wie oder ob sich dieser Schwarz-Weiß-Gegensatz oder umgekehrt im Leben, auf Straßen, Bürgersteigen oder Sitzbänken je regelt, soll hier nicht prognostiziert werden. Zementiert sich allerdings die auf den ersten Blick scheinbar immer noch herrschende Überlegenheit der Weißen, bleiben sie weiter davon überzeugt, dass die „Blackys" - jedenfalls in ihrer übergroßen Mehrheit - im letzten Moment (doch) zur Seite springen, dürfte das auf eine veritable

Fehlannahme hinauslaufen. Was, wenn sich die einheimischen Bürger eines Tages verweigern, es satthaben, endgültig satthaben? Die Spannung darüber ist körperlich jetzt schon zu spüren. Aus all dem kann kaum ein anderer Schluss gezogen werden, als der, das geht schief. Und das obwohl die Weißen trotz ihrer Minderheit immerhin das Maximum für das jährliche Bruttosozialprodukt leisten und jedem klar ist, dass es ohne die wirtschaftliche Kompetenz der weißen Oberschicht im Lande bestimmt nicht besser liefe. Man könnte sich trotzdem vorstellen, dass wesentliche Teile des ANC mit Erleichterung auf den Abzug der Weißen reagierten. Wie dann allerdings die überwiegend leerstehenden Bürotürme in der City von Kapstadt oder sonstwo im Lande mit adäquatem, wirtschaftlichem Sachverstand gefüllt werden, dürfte unklar sein und eine für das Land vernünftige Lösung vorerst in den Sternen stehen.

DEMOKATIEN ZWEITER KLASSE

Man stelle sich mal vor, was geschehen könnte, falls Südafrika sich irgendwann von den weißen Mitbürgern trennen würde. Vielleicht hätte es sogar den Vorteil, dass Südafrika wenigstens auf dem Gebiet der „schwarzen Gleichberechtigung" Fortschritte machen würde; eventuell könnte daraus ein allgemeiner Gewinn gezogen werden. Gewinn wohl weniger in pekuniärer Erwartung. So vernünftig diese Entwicklung auch erscheint (bei aller Fragwürdigkeit, sich überhaupt von den Weißen zu trennen), die Hoffnung einer positiven Entwicklung im Lande bleibt vermutlich eine Wunsch- oder pessimistischer, eine Wahnvorstellung. Ein „Fortschritt" wie dieser würde nichts weniger als eine Revision bzw. eine schwere moralische Besinnung vor allem der sogenannten politischen Eliten dieses Landes voraussetzen, in diesem Fall der schwarzen Elite - eine Entwicklung, die gleich einer Metamorphose zu einer grundlegenden Änderung ihres bisherig üppigen Lebensstils führen müsste. Immer den Erfolg voraussetzend, dürfte es dann nicht länger möglich sein, dass sich die oberste Kaste wie selbstverständlich weiter aus Steuergeldern bedient, als seien die Steuern für sie, die Oberschicht, da. Internationale Wirtschafts-Experten gehen davon aus, dass seit Mandelas Verzicht auf eine zweite Amtszeit im Jahr 2004 annähernd 130 Milliarden Dollar (rund 100 Milliarden Euro) durch die „Elite" dieses Landes veruntreut wurden – nicht schlecht für einen Zeitraum von gerade 14 Jahren (das Frühjahr 2019 zählte erkennbar noch nicht dazu). Und genau damit charakterisiert sich eine Demokratie zweiter Klasse.

Neben der globalen Bevölkerungsexplosion dürfte die Korruption die zweite, ganz große Geißel dieses Globus` sein. Beileibe nicht nur in Südafrika. Ohne Eindämmung dieser Seuche, eine unter der Decke gehaltene, werden sich die Zustände in den betroffenen Ländern nicht ändern. Gelänge irgendwo, also auch in Südafrika dieser Versuch einer Eindämmung, könnten die dadurch erzielten Gewinne einiges zum Wohl aller erreichen – keine Frage! Wer aber glaubt (außer Gutmenschen und sonstigen Ideologen) an eine derart tiefgreifende Umwandlung einer ganzen, halben Gesellschaft? Wer glaubt, dass sich die herrschende Schicht plötzlich freiwillig um ihre schwarzen Landsleute – die mit den wirklich leeren Händen, darunter große Teile der Jugend – kümmert? Wer glaubt, dass diese Menschen im übertragenen Sinn nicht länger im Regen stehen sollen, der, nebenbei bemerkt, im realen Leben Kapstadts tatsächlich viel zu wenig fällt?

Die Schlange der Armen und Zerlumpten, die ich jeden Freitag in meiner Nachbarstraße zur Suppenausgabe beobachte, mag an diesem Ort nicht größer sein als die Kilometer-lange, die in den Zehnerjahren dieses neuen Jahrhunderts jeden Montagmorgen vor Berlins größtem Arbeitsamt zu besichtigen war. Doch wie stehen die Zahlen zueinander im Verhältnis? Wie viel Prozent der Armen werden in Kapstadt von staatlicher Unterstützung satt im Vergleich zu den Berliner Sozialhilfeempfängern? Wenn in Afrikas Süden die Arbeitslosenzahlen um 40 Prozent geistern, ist die Höhe arbeitsloser Jugendlichen dabei nicht erfasst. Sie gehören dieser Kategorie nicht an, zählen extra. Nur keiner zählt sie. Sie sollen auf Grund der miserablen Schulbildung in den südafrikanischen Slums bei geschätzten 50 Prozent liegen. Und der ANC kann sich diese asoziale Haltung immer noch leisten? Solange ihr die Macht ungebrochen zur Seite steht - ohne Zweifel! Nur auch da: wie lange noch? (20.2.2019)

ELITEN UND PSEUDO-ELITEN

Eines der ins Auge springenden Hauptprobleme für die ganze verquere Situation Südafrikas wie überhaupt der meisten Staaten auf diesem Globus ist zuvörderst ein semantisches. Wer immer noch davon ausgeht, dass es sich bei den herrschenden Schichten, bei denen „da oben" um die „Elite" ihres Landes handelt, macht – bewusst oder naiv – den ersten schweren (Denk)-Fehler. „Elite" ist ein positiver Begriff, was weltweit in Vergessenheit geraten sein muss, angesichts der inflationären Verwendung dieses Wortes. Und wer diesen, höchste Anforderungen stellenden Ausdruck auf die Amtsträger an der jeweiligen Spitze etlicher Länder überträgt, wenn nicht der meisten, billigt diesen hochgestellten Vertretern der menschlichen Gattung einen moralischen Rabatt zu, den die wenigsten von ihnen in ihrem Land bzw. ihrem Leben verdienen. Das zu glauben, wäre der 2. schwere Denkfehler! Es handelt sich bei der „echten" Elite in der positiven Bedeutung dieses Terminus´ um eine Auslese von Menschen mit besonderen Qualitäten, intellektuell wie charakterlich, ohne gleich Genies sein zu müssen. Dazu gehören Despoten oder Machtmenschen, inklusive ihrer gesamten, überwiegend opportunistischen Entourage, unter keinen Umständen. In dieser Atmosphäre von Neid, Gier, Arroganz, Hoffart, Infamie, Lügen, Verrat und Intrigen gedeiht jede Art von Verbrechen; vor allem Korruption, Betrug und Untreue. Seltsam, dass sogar stadtbekannte Tatverdächtige, sobald sie zum „Inner Circle" der Macht gehören, so gut wie nie abgeurteilt werden. Mögen Figuren wie diese sich noch so weit hoch oben in den Hierarchien ihrer Länder räkelnd eingerichtet haben. Sie sind Abschaum, der sich auf Kosten der Bevölkerung durchfrisst und nicht Elite.

Und auch das gängige Argument genervter Despoten, der Westen solle endlich davon Abstand nehmen, seine speziellen Demokratie-Vorstellungen auf Länder mit anderer Kultur aufzudrängen, schlägt fehl. Welche andere, ernstzunehmende „Kultur" – bei Diktaturen oder B-Demokratien – könnte denn gemeint sein? Die ungestörte Dreiteilung der Gewalten wohl kaum; diese wäre sicher für jedes Land ein Segen – nur nicht für die jeweilige Mischpoche an der Spitze kriminell geführter Staaten. Dass diese Spezies allenfalls die Judikative liebt – eine Einrichtung, die ohne das Zusammenspiel mit den beiden anderen demokratischen Errungenschaften den Bürgern kaum durchgreifende Rechte beschert -, dient doch lediglich ihrer eigenen Sicherheit. Machthaber lieben daran nur die Freiheit, ihre angeblich (rechts) staatliche Verpflichtung nämlich, Straftaten nach ihrem Gusto zu ahnden. In diesem Punkt scheinen sich sämtliche 193 Mitgliedsstaaten der Uno einig zu sein.

Doch selbst da, oder gerade da gibt es klaffende, enthüllende Unterschiede. Erstens verfügen die meisten der zweitklassigen Regimes längst nicht mehr über eine unabhängige Gerichtsbarkeit – und bestimmt nicht die von ihren Religionen abhängigen Länder, die, die die übliche Trennung von Staat und Kirche von vornherein ablehnen. Dort richten Geistliche, statt Objektivität und Tatsachen verpflichtete Juristen. Was bis in die Gegenwart zu mittelalterlichen Handhabungen uralter Strafen wie „Hand ab" für einen Dieb führt – das Gegenteil von abgewogenen Urteilen. Es gibt keinen klareren Beweis für die bewusste Ablehnung fundamentaler Kenntnisse der „Aufklärung" wie in diesen Ländern. Fazit: Die Rechtspflege kann ohne Zusammenarbeit mit den beiden weiteren staatlichen Elementen wie Legislative und Exekutive unmöglich sauber und objektiv arbeiten. Es fehlt jegliche Überprüfbarkeit!

VON DEMOKRATEN UND MACHTMENSCHEN

Schein-Eliten, wie sie eben beschrieben wurden, wählen denn auch ihr wahres Zuhause politisch gern in unmittelbarer Nachtbarschaft zu Diktaturen und werden entsprechend von Machtmenschen geführt. Machtmenschen sind deshalb so gefährlich, weil sie es zunächst verstehen, sich in beiden Formen, in die sich Demokratien zerlegen lassen, anzutreten: ob in der Champions-League, die sich im Wesentlichen auf die Erkenntnisse der französischen Aufklärung stützt, oder in der Liga der zweiten Klasse, die meint, ohne diese aufklärerisch-philosophisch-christliche Basis auszukommen. Diese Form der zweiten Liga bildet (in den Augen von amtierenden „Machtinhabern" erfreulicherweise) weltweit die Mehrheit aller „Demokratien".

Dass Machtmenschen zunächst in beiden Ligen reüssieren können, verwundert nicht. Ihr oft schillerndes Wesen übt auf Menschen wie Medien eine ungeheure Anziehungskraft aus und wird entsprechend verkannt, bis sich irgendwann ihr wahres Wesen zeigt. In echten Demokratien lässt sich dieses „Irgendwann" grundsätzlich exakt definieren. Doch „Durchsetzen" müssen sich auf dem Weg nach oben erstmal alle, ob brave Demokraten oder schillerndste Figuren: Sie alle kämpfen um die Macht im Staate. Konkurrenz herrscht überall, ist normal und ohne Ehrgeiz unmöglich! Ein Unterschied besteht jedoch schon. In den „wahren" Demokratien sollten die Bewerber für die Spitzenpositionen von anderen Motiven geleitet sein als die eines egomanen Machtmenschen. Leider ist dieser Unterschied in der Praxis schwer auszumachen. Die Unterscheidung, ob aufstrebender Machtzyniker oder ehrgeiziger Demokratievertreter fällt bei jedem Aufstieg zunächst nahezu komplett weg. Alles bleibt unentschieden. Bekannt ist nun mal die Tatsache, dass Ehrgeiz generell auf öffentliches Misstrauen stößt. Politiker haben eben nicht den besten Ruf; je kraftvoller sie auftreten, desto skeptischer steht ihnen oft eine Mehrheit der Wähler entgegen (außer in Notzeiten, was allerdings schon für das gesamte demokratische Wesen eine zusätzliche Gefahr bedeuten kann). Die meisten der sich zur Show stellenden Politiker werden je nach Sicht (im Allgemeinen jedoch auch bei uns ohne jede christliche Nachsicht) à priori kritisch betrachtet (könnte ja alles auch nur „Masche" sein). Es ist tatsächlich schwer, ehrgeizige Opportunisten von wendigen oder auch brillanten Taktikern/ Strategen zu unterscheiden. Das jedoch für sich zu beurteilen bleibt das Recht eines jeden Bürgers.

Worin unterscheidet sich nun der Machtmensch vom energischen, durchaus ebenfalls vollambitionierten Konkurrenten? In seinen Zielen! Er, der Machtmensch, „Master of the Universe", hat allein sich im Blick (der Demokrat sein Volk); der Rest entpuppt sich gern als reines Dekor für sein übertriebenes Ego, das gern bis in den Diktatorenwahn anschwillt. Das allerdings muss von der Öffentlichkeit erst durchschaut werden. Und auf der anderen Seite muss der ehrbare, scheinbar ebenso, irgendwie schillernde Konkurrent seine Ziele ebenfalls erst beweisen! Um überhaupt kenntlich zu machen, dass es ihm mehr auf altruistische, von sich als Person abgewandte Ziele ankommt, bedarf es einer ungeheuren Ausdauer plus der Kraft, Niederlagen zu überstehen und dennoch am Ball seiner Überzeugungen zu bleiben. Das Wohl seiner Schutzbefohlenen sowie das seines Landes im Auge zu behalten und diesen Prinzipien unübersehbar zu dienen, das ist es, was ihn auszeichnet, aber, wie beschrieben, auch erst allgemein sichtbar gemacht werden muss! Das dauert und ist kein Sprint in die Herzen seiner Wähler, kann „draußen", auf der Straße perfider Weise sogar missverstanden werden, während umgekehrt das geschickte, populistische Verhalten eines Machtmenschen beim Volk besonders gut ankommt; er ist es, der wahrscheinlich sogar in Momenten wie diesen beim Aufschlag = Aufstieg vorne liegt. Das ist zwar Hohn in Reinkultur, aber diesen Hohn lässt jede Demokratie zu. Es ist das Spiel auf der Rasierklinge und Faktum selbst in Rechtsstaaten. Und wer als überzeugter Demokrat diese härteste, ihn oft (über)-fordernde Episode seines Lebens nicht aushält, wird tragisch scheitern. Andererseits - und das gilt für jeden echten Demokraten als Genugtuung: Sind nicht aus vielen, zunächst begeistert empfangenen Volkstribunen schlussendlich erkennbar verhasste Despoten geworden? Und spricht es nicht für die westlichen Demokratien, dass ihre Vertreter schon grundsätzlich unfähig waren, ihr Volk Jahrzehnte zu tyrannisieren, wie Machtmenschen es mehr als einmal bewiesen haben? Typisch dafür das Fazit von Göring 1945: „Wenigstens zwölf Jahre bon gelebt!"

Die Vorteile der westlichen Demokratien, auch wenn ihre Strahlkraft abzunehmen scheint, sind aber noch lange nicht ausgespielt! Ihnen stehen in diesen besonderen Fällen – bei der Enttarnung von Machtmenschen - sämtliche Möglichkeiten zur Seite, sich gegen den Absturz in die Niederungen einer B-Demokratie zur Wehr zu setzen. Dazu gehören ihre Mittel zur psychologischen und faktischen Demaskierung pathologischer „Welteroberer" – weniger theoretisch, wohl aber praktisch. An ihren Taten sollt ihr sie erkennen, in der „wahren" Demokratie an der Anwendung und Beibehaltung der wirksamen Dreiteilung der Gewalten sowie den sauber funktionierenden Wahlen.

Dazu taugt nur die 1. Liga, die Champions League – nur sie, als eine ebenso wahrhaftige wie wehrhafte Demokratie, eine auf Ausgleich wie Balance bedachte Staatsform mit einer vernünftigen, auf den Machtwechsel eingestellten Opposition und wirklich freien Wahlen unter echten Konkurrenten. Nur dank dieser durchdachten, hochentwickelten, auf der individuellen Freiheit beruhenden

Staatsform ist eine Demokratie in der Lage, sich und die Gesellschaft vor Gefahren wie die von Machtmenschen ausgehenden, zu schützen: Die Zusammenarbeit sämtlicher demokratischen Gremien (wie unterschiedlich ihre Aufgaben auch sind) garantieren, ausrastende Typen im Lot zu halten, ihnen die Maske vom Gesicht zu reißen beziehungsweise sie nach der nächsten Wahl abzusetzen, was gleichbedeutend ist mit dem Verlust ihrer Macht. Das mag idealisiert klingen, die (Koalitions)-Praxis oder -bildung sieht nicht immer danach aus, das Grundsätzliche daran gilt jedoch nach wie vor. Und am Ende entscheidet immer noch die 3. Gewalt in der Politik, bevor diese aus dem Ruder läuft – wohlgemerkt aber nur in der Demokratie mit unabhängigem Champions-League-Charakter!

Die „demokratischen" Vertreter der B-Liga, die unsere Welt überwiegend bevölkern, demaskieren sich mehrheitlich bereits durch ihr Ein-Parteien-System. Wo oder wenn nur e i n e Partei das Sagen hat (die in der DDR bekanntlich „immer Recht" hatte), haben alle anderen mehr oder weniger Sprechverbot. Auf Grund angeblich „fairer" (wiewohl meist getürkter) Wahlen benimmt sich der selbstsichere Wahlsieger in aller Regel kühl und weiterhin von sich überzeugt; er braucht ja bei Abstimmungen den Verlust seiner Position nicht zu fürchten. Eindrucksvollstes Beispiel der Gegenwart neben Erdogan, u.a. in Venezuela der Machtmensch Maduro, in Weißrussland der wenn auch schon zitternde Lukaschenko und in Moskau eben Wladimir Putin. Als es Letzterem vor Kurzem behagte, seine eigentlich ablaufende Amtszeit als Präsident per Knopfdruck zu verlängern, benötigte er dafür zwar (nach außen hin) eine Verfassungsänderung. Kein Problem, reichte ihm doch eine kurze Bitte an seine Spielball-Gesetzgebung, und die Abgeordneten-Satrapen (seiner EINZIG-artigen Partei „Geeintes Russland") nickten diesen Wunsch geflissentlich ab. Eine demokratische Lachnummer bleibt eine demokratische Lachnummer, selbst wenn es scheinbar (Verfassung, Diskussion, Abstimmung, Wahlen, angebliche Mehrheiten) noch so parlamentarisch zugeht.

Und die B-Liga - könnte sie unter Umständen nicht doch wenigstens etwas auszeichnen? Übrigens gilt die Frage auch für Diktaturen (könnte nicht auch sie etwas leisten…?). Beide Lager besitzen ja die anhaltende Fähigkeit des Durchregierens und damit den Druck, z.B. wenigstens eine Verbesserung der wirtschaftlichen Lage zu erreichen! Lange, innerlich zerrissene Diskussionen um den Wert oder Unwert bestimmter Bauten oder sonstiger Schwerpunkte, die wir ja bei uns schon zunehmend als belastend empfinden, wird es da nicht geben. Dazu zwei kurzfristig positiv wirkende Beispiele – aus lupenreinen Diktaturen: Hitlers Leistung, sechs Millionen Arbeitslose innerhalb von Monaten Jobs beim Bau von Autobahnen und Zubringerindustrien zu vermitteln, freilich ohne ein Wort über den wahren Grund verlauten zu lassen: diese Verkehrsadern nämlich als etwaige Vorbereitung auf einen Krieg zu nutzen, der dann alles ruinierte: nicht nur die Jobs der Arbeiter, nahezu ganz Deutschland. Ähnlich steht es um Chinas scheinbar geniale Fähigkeiten, Flughäfen und ganze Millionenstädte in Windeseile (mit entsprechend vielen Kameras) zu errichten. Auch hier wurden oder werden keinerlei Rücksichten auf die Rechte von Betroffenen genommen. Und deshalb lautet die Antwort letztlich „nein", auch zu wirtschaftlicher Prosperität nicht fähig, jedenfalls nicht zugunsten der Bürger! In diesem Sinn bildet auch das angeblich wirtschaftlich so prosperierende Reich der Mitte keine Ausnahme.

Länder, die sich nicht erwähnenswert um ihre Bürger zu kümmern brauchen, werden es nicht zu einer aufrichtigen Demokratie bringen. Sobald deren individuellen Rechte nicht mehr zum Zuge kommen, erübrigen sich die ökonomischen Chancen wie von selbst. Schon weil sich die Korruption als Dauergast hartnäckiger und unausrottbarer als jede Pandemie erweist. An der Bestechlichkeit scheitern nach und nach sämtliche Basiselemente (in Diktaturen längst geschehen), verglüht zunächst unmerklich die Dreiteilung der Gewalten. Diese hat trotz aller Selbständigkeit - untereinander - doch eine Einheit zu bilden. Das Eine ohne das Andere läuft nicht, verfehlt jede demokratische Wirkung. Das bedeutet den Untergang aller bürgerlichen Freiheiten inklusive überprüfbarer Wahlen. Was dem französischen Philosophen Montesquieu, dem Vater der „Gewaltenteilung," schon im 18. Jahrhundert als das Wichtigste einer Demokratie aufgefallen ist, wird bis heute von den meisten dieser Länder geleugnet, missachtet, niedergeprügelt. Dem Franzosen jedoch war die Bedeutung des Begriffs „Freiheit" sonnenklar. Diese könne nur durch die „Ausdifferenzierung der Staatsgewalt gesichert werden." Das heißt schon mal: keine grenzenlose Freiheit; sie würde Anarchie bedeuten. Andererseits existiert in den westlichen Demokratien bis heute (und hoffentlich darüber hinaus) eine unantastbare Freiheit, die nicht nach Gutdünken eines „Menschen mit Macht", die überhaupt nicht angetastet werden darf – es sei denn, es handelt sich um eine Staat und Bürger bedrohende Notsituation, die aber auch (bis auf eine explodierende Atombombe über unseren Häuptern) Regeln, also Notstandsgesetzen, unterliegt.

Unter Freiheit im demokratischen Sinn ist die Akzeptanz der parlamentarisch verabschiedeten Gesetze zu verstehen, die – und das ist das Entscheidende – von der öffentlichen Meinung, der Opposition und den Medien offen kritisiert und von einer unabhängigen Justiz überprüft werden kann. Diese wiederum hat sich bei uns am Grundgesetz zu orientieren. Natürlich muss auch in einer echten Demokratie um alles gekämpft werden; nichts ist selbstverständlich, alles kann aus dem Ruder laufen. Also auch die beste aller Demokratien. Es existiert keine perfekte Staatsform, es gibt auf unserem Globus überhaupt nichts Perfektes. Alles Positive birgt zugleich den Nachteil in sich und hat sich damit auseinanderzusetzen. Nicht anders unsere Demokratie! Sie muss deshalb, um ihrer Funktionalität willen, Schwerpunkte setzen, die logisch erscheinen, gleichzeitig auf wenig Gegenliebe stoßen (können), weil es in noch so geölten Staaten weder absolute Gleichheit oder Freiheit noch absolute Gerechtigkeit gibt. Sogar im Verhältnis von Mehrheit zu Minderheit, was völlig selbstverständlich erscheint (wie soll man sonst regieren), dennoch aber Ungerechtigkeiten nach sich zieht. Darüber ging man bei uns lange Zeit hinweg, bis diese völlig selbstverständliche Regierungsform in der heutigen Zeit von um Aufmerksamkeit buhlenden Minderheiten lautstark in Zweifel gezogen wird – und die Lösung? Minderheitenschutz! Doch diese, unsere Demokratie besitzt noch die Fähigkeit, sich zu wehren. So garantiert die Meinungsfreiheit (Art. 5 des Grundgesetzes) nicht nur das Recht des zufriedenen Bürgers, sich zu äußern, sondern sie ist auch noch dazu da, sich und ihre Grenzen in der Praxis von den Medien austesten zu lassen. Den Widerstand der Bürger regelt das Demonstrationsrecht, die individuelle Äußerung zur Politik das freie Wahlrecht. Über allem schwebt die Justiz, der sich bis zum Bundespräsidenten inklusive, alle Bürger zu unterwerfen haben, wobei sich irrende Richter der nächsthöheren Instanz stellen! (21.2.2019)

Soweit zum bisherigen Glanz der 1.-Klasse-Demokratien. Dass selbst der abnimmt, hängt offenbar mit der nachlassenden Qualität demokratischer Politik zusammen bzw. ihren Entscheidungen oder Nicht-Entscheidungen: jedenfalls wird ihrer Politik vorgeworfen, zu langsam zu sein, aus Bequemlichkeit oder Disharmonien die Ströme der Zeit zu missachten, die Parlamentarier zu sehr zu pampern und den Blick aufs Ganze - fürs Volk - zu verlieren. Dennoch bleibt es dabei, dass es bei aller Schwäche keine bessere Regierungsform als diese gibt, wie schon Churchill erkannte.

Und von daher sind „Semi-Demokratien", verglichen mit regulären Staaten, bestenfalls abdriftende Volksvertretungen. Hier setzen die Machthaber in erster Linie auf den Aufbau ihrer Position, indem sie logischerweise zeitgleich mit dem Abbau der allgemeinen staatlichen Kontrollen beginnen. Was subjektiv von vielen Bürgern zunächst unbemerkt zur Kenntnis genommen wird (und kein Widerspruch ist), objektiv aber schon zu ersten Freiheitsverlusten führt. Ohne Freiheit kein oder kaum Fortschritt spürbar, statt Aktivität und Optimismus, Stillstand oder das rasante Gegenteil, extreme Experimente zur Veränderung der Gesellschaft, was meistens bedeutet, ab in Richtung Chaos, danach in Richtung Friedhofsruhe. Folgen? Auf unabsehbare Zeiten so gut wie keine Chance für eine wohltemperierte Zukunft. Eine solche, dem Siechtum geweihte Demokratie verlangt (frustbedingt) irgendwann nach Änderungen, aus denen sich Demonstrationen entwickeln (können): eine mutige wie erfreuliche Entwicklung einerseits – andererseits eine verdammt gefährliche für die Menschen, die dafür auf die Straßen gehen. Wie vor zehn Jahren die Demonstranten in den arabischen Ländern (im gleichnamigen „Frühling"). Dass diese Demokratie-Versuche zum Scheitern verurteilt waren, war allen klar, die wussten, dass es in diesen Ländern für Freiheits-Demonstrationen nicht das geringste Verständnis gab und damit keinerlei Voraussetzungen für öffentlich verlangte Veränderungen. Es fehlte den Obrigkeiten (teilweise auch dem Volk selbst) an sämtlichen Voraussetzungen einer westlich-orientierten Regierungsform oder an Kenntnissen – zum Beispiel zur Dreiteilung der Gewalten, zur Meinungsfreiheit, freien Wahlen und unabhängigen Gerichten… Das von außen zu ändern, ist problematisch, kann auf jeden Fall bis zur Unmöglichkeit dauern, wie Amerika schon oft mit seinen üppigen Versuchen, der Dritten Welt die amerikanische Demokratie beizubringen, gescheitert ist. Das klappt eben so wenig in Afghanistan wie in Syrien, wo Amerika allerdings nicht beteiligt ist. Dennoch beweist dieser Aufstand des „Arabischen Frühlings" das dem Menschen innewohnende Freiheitsbestreben.

Die umgekehrte Frage lautet nun: Kann das westlichen Ländern auch passieren? Kann der Ruf nach dem „starken Mann", der die Demokratie zu einer absolutistisch geführten Regierung umfunktionieren will, auch unsere Demokratien verführen?

Schwerlich, doch absolut auszuschließen ist auch das nicht. Einmal – im Nationalsozialismus – „gelang" es ja schon! Sollte überwunden sein!

1. funktionieren bei uns plus in den artverwandten Ländern die herkömmlichen Systeme noch. 2. ist bisher m. E. keine dieser westlichen Aufklärungs-Demokratien so tief gefallen, auf Demagogie-Versuche unterwürfig zu reagieren – außer Deutschland in seiner unbegreiflichsten Phase -, dazu ist den meisten Bürgern heutzutage die Meinungsfreiheit doch noch zu wichtig und 3.: Solange sich Demokratien soliden Bündnissen (EU, Nato etc...) anvertrauen, die sich nach westlichen Werten richten, sind sogar schwächelnde Demokratien erstmal immun gegen jede Art politischer Verführung. Es sei denn, sie verlassen diese Zweckbündnisse (anderer Ansicht vermutlich Erdogan. Er bleibt Bündnispartner, erkennt sich allerdings auch nicht als Halbdiktator).

Der Ruf nach dem „starken Mann" hat nur eine Chance in den bereits so gut wie entdemokratisierten B-Veranstaltungen – mit den immer gleichen Folgen: Zuerst werden die Regeln peu á peu aus den Angeln gehoben; vor allem die Judikative, schon um dem „starken Mann" nicht als Bedrohung auf die Nerven zu fallen. Notwendigerweise folgt die Beschneidung der freien Meinung sowie die Behinderung der unabhängigen Medien. Parallel dazu beginnen individuelle Drangsalierungen à la carte mit Einschüchterungen, Mobbing, Drohungen, Ultimaten, Folter und Verhaftungen und enden mit Kündigungen, Ruf- oder echten Morden!

Diese politisch vergifteten Methoden halten sich umso sicherer, je skrupelloser ein Land von einer einzigen Partei dominiert wird. Also dauert es, bis der Untertan, das Volk (wenn überhaupt) eine Chance zum Wandel der Verhältnisse erhält, oder sich erkämpft. Bis dahin vergehen in der Regel Jahrzehnte. Und dann stellt sich die Frage, welcher Wandel eigentlich: Bürgerkrieg mit unsicherem Ausgang oder endlich demokratische Wahlen? Nicht jeder Wechsel geht so glimpflich aus wie der in der DDR.

Zur Selbsteinschätzung solcher vergeudeten Jahre hat der Aphoristiker Georg Christoph Lichtenberg, ebenfalls ein Kind des 18. Jahrhunderts, dem Jahrhundert der unaufhaltsamen „Aufklärung",

Einleuchtendes zu Protokoll gegeben. Er fand es vordergründig in Ordnung, wenn es nach 30 Jahren Krieg zu einem Friedensschluss kommt, nur dürfe man darüber die 30 verlorenen Jahre nicht übersehen!

Die wesentlichen Gründe für die Entstehung von Demokratien 2. Klasse folgen einigen Stereotypen: Sie entstammen ihrer Herkunft nach einer Diktatur, rappeln sich nach ihrer Abkehr wirtschaftlich nicht genügend hoch, oder schaffen es nicht, sich als Ausgeburt einer rabiaten Kolonialherrschaft von einer kleinen, von Beginn an fest eingesessenen, feisten, selbstgerechten Oberschicht zu lösen, in deren Hände die Kolonialherren, rechtzeitig vor ihrem Abmarsch nach Hause, ihre Macht gelegt haben. Das überwiegend in Abhängigkeit gehaltene Volk ist stante pede nicht in der Lage, sich selber zu organisieren – mit fatalen Konsequenzen: Es überlässt seine Stimme oft der Einfachheit halber (ein anderes Wort für Unkenntnis) mehrheitlich dem neuen Staatsgründer, ob in Simbabwe dem Freiheitshelden Mugabe oder Fidel Castro, dem Großrevolutionär auf Kuba, um nur zwei von x-Beispielen aufzuzeigen. Jeder dieser beiden unterschiedlichen Staatsgründer bringt seine Anhängerschaft mit, die schnell zu einer Groß-Partei formiert wird, und sehr oft von Beginn an durch Wahlen (beziehungsweise deren Fälschungen) die absolute Mehrheit erhält und damit die Macht, die danach (objektiv durch Nichts mehr) zu kontrollieren ist.

Diese, auf solche oder ähnliche Art und Weise neu gegründeten Demokratien, haben kaum oder gar keine Chancen zu einer vernünftigen Entwicklung. Ihr nahezu perfektes Ein-Parteien-System, das – wie in Kuba - aus der Revolution hervorgegangen ist, behindert schon wegen seiner damit verbundenen politischen Wahnvorstellungen, besser unter dem Begriff „Ideologie" bekannt, jeglichen Fortschritt, sobald der ins oktroyierte Polit-Programm nicht passt. Und dazu gehören demokratische Regeln bestimmt nicht. Wer mit 70, 80 Prozent oder mehr seine Wahlen „gewinnt" (die DDR mit 98, Komma soundso viel Prozent) bleibt auf lange

Zeit an den Wahlurnen unschlagbar. (Allein der Begriff „Urne" im Zusammenhang mit pseudo-demokratischen Abstimmungen verführt leichtfertig zu sarkastischen, in Diktaturen unter Umständen tödlichen Wortspielen. Sie könnten für den Spötter statt an einer Wahlurne im wahrsten Sinn des Wortes in einer echten enden…)! Pseudo-Demokratien mit ihren Staatsparteien haben es nicht nötig, sich um die restlichen Parteien zu kümmern, die im Strom ihrer Allmacht mitschwimmen wollen. Sie werden von oben, aus den „Adlerhorsten der wahren Macht", kaum mehr als Eunuchen-Parteien betrachtet. Sie haben lediglich aus Gründen des demokratischen Scheins „da" zu sein – mehr wirklich nicht.

Die Folgen dieser scheinbar eindeutigen wie einseitigen Wahlergebnisse der B-Demokratien ebnen Machtmenschen fast schon freiwillig, wenigstens ohne hohe Hürden, zunächst verstohlen den Weg zu den Pfründen, was ihren Einfluss erweitert. Ob es sich in diesem Stadium noch um letzte demokratische Formalien, Feinheiten oder Zuckungen handelt oder schon um erste diktatorische Befehlsformen, spielt, was die Effektivität solcher Länder betrifft, kaum noch eine Rolle. Allenfalls noch als Nato-Partner die Türkei, doch auch sie – trotz ihrer geografisch bevorzugten Lage - nur noch im Status sinkender Akzeptanz.

Demgemäß verhalten sich Globus-weit die Führer der meisten B-Staaten zu Diktatoren mehr wie Brüder im Geiste denn als Partner mit den „wahren" Demokratien plus deren Organisationen. Ihnen gehören sie allenfalls aus wirtschaftlichen Gründen an! Allein das kommunistische China hat eine interessante neue, brandgefährliche Variante entwickelt: politisch im Umgang mit Dissidenten und Andersgläubigen nach wie vor von unnachgiebiger, grausamer Härte, wie es kommunistische Länder nicht anders kennen, marktwirtschaftlich dagegen cool, von souveräner Effizienz und außenpolitisch mehr und mehr auf dem Weg zum (noch geleugneten) realen Machtzuwachs! Der „Neue Weg" zur Weltherrschaft, den die Sowjetunion nie geschafft hat? Jedenfalls alles andere als ein hochpolitischer Treppenwitz, als der die Kombination „Kommunismus plus Marktwirtschaft", ach was, plus reinem Kapitalismus betrachtet werden könnte! Entschieden ist da noch lange nichts. Chinas Kampf gegen die westliche Welt wird weitergehen. B-Demokratien spielen darin allenfalls wie einst im klassischen Griechenland die Rolle von Heloten. Sie dürfen schuften, besitzen aber keinerlei Rechte!

VOM SINN DER „AUFKLÄRUNG"

Man kann es sich beim Überblick, welches Land zur Champions-League der Demokratien gehört, welches zur 2. Liga, bedauerlicherweise einfach machen. Es sind nahezu ausschließlich westlich orientierte Demokratien. Ausnahmen wie Japan, Taiwan und Südkorea wurden (wie speziell Deutschland nach dem 2. Weltkrieg) maßgeblich von den Vereinigten Staaten demokratisch und damit auch wirtschaftlich auf den Weg der Effizienz geführt. Die westlichen Länder profitieren von der „Aufklärung" mit ihrer bewussten „Hinwendung" zu Freiheit, Gleichheit, Brüderlichkeit, zu Individualität, Toleranz und – ganz wichtig – zur Trennung von Staat und Kirche (wobei „Gleichheit" anders als in der Sowjetunion) nicht durch Unterdrückung hergestellt wird und die „Brüderlichkeit" sich nach christlicher Vorstellung im öffentlichen Leben noch immer nicht richtig durchgesetzt hat. Dennoch, wer sich mit diesen humanitären Werten beschäftigt, für sie Verständnis aufbringt, kann der Gedankenwelt und den Vorstellungen der Aufklärung folgen und wird versuchen, sie weiter und effektiver in die Tat umzusetzen. Die umfassenden Vorstellungen der Aufklärung bilden nach wie vor die wesentliche Grundlage für die Definition einer bewusst Regel-unterworfenen Freiheit, wie Demokratien sie brauchen, um jedem Bürger (so wenig fremdbestimmt wie möglich) Raum für seine ureigene Entwicklung zu lassen, ihm mindestens die Chance dafür eröffnen. Nur so entsteht eine selbstbewusste (vom Prinzip her klassenlose) Gesellschaft – mit all ihren Fähigkeiten, ihrer Leistungsbereitschaft und Geniestreichen. Es sind bis heute, großzügig gerechnet, kaum zwei Dutzend Länder, die sich daranhalten, wie gut es ihnen auch gelingt.

Die Schwächen dieser an sich bedeutsamen Regierungsform liegen heutzutage, da wir uns im Umbruch befinden, im Formalen, im Aufgreifen, Entstehen und Durchsetzen neuer Gesetze beziehungsweise Korrektur alter und überholter sowie in der kritisierten mangelnden Risikobereitschaft auf allen Gebieten des Lebens, innen- wie außenpolitisch! So breiten sich durch das globale, wirtschaftliche Wachstum in fast allen Ländern ungeheure soziale Probleme aus. Was auf den ersten Blick wegen des Wachstums paradox erscheint, wird auf den zweiten klar: totale Ungleich-Verteilung der wirtschaftlichen Zuwächse. Hinzu kommt schon innerhalb der EU (außerhalb eh…) mindestens ein halbes Dutzend steuerbetrügender Länder. Das allerdings hat weniger mit der Aufklärung zu tun, mehr mit brutalem Ausnutzen politisch geförderter Steuer-Schlupflöcher! Ob die sich nach den jüngsten EU-Plänen vom Juni 2021 zur Bereinigung dieser Machenschaften abschaffen lassen, bleibt die Frage.

Zu diesen, von der Aufklärung bestimmten Ländern gehört Putins Russland auf keinen Fall! Das Land ist vielmehr geradezu ein Paradebeispiel für eine „Behelfs-Demokratie" - aus den unterschiedlichsten Gründen. Schon aus der Sicht der Aufklärung hat das Land ein Kardinal-Problem mit seiner Kirche: Vom Glauben her strengstens orthodox geprägt hat diese christlich-fundamentale Richtung die Aufklärung von Beginn an unterdrückt beziehungsweise ihr bis zum heutigen Tag die Unterstützung versagt. Das liegt an ihrem rechthaberischen, patriarchalischen Führungsstil. Von diesem daraus hervorgegangenen gläubigen Untertanen-Geist hat sich die Mehrheit der (Land)-Bevölkerung, anders als beim Kommunismus, bis heute nicht freigemacht. Mit sämtlichen gebotenen Nachteilen, u.a. mangelnder Selbständigkeit.

DIE ANTIKEN DEMOKRATIEN

Sie bildeten sich interessanter Weise auch nur in Europa aus, sind allerdings, verglichen mit den heutigen Demokratien bestenfalls Vorläufer dessen, was wir darunter verstehen. Gemeint sind die beiden Volksvertretungen in Athen und Rom. Auch wenn damals „alles" - die Ursprünge wenigstens - vom Volke ausging, als Reaktion und Gegenwehr auf zu viel Machtfülle in zu wenig Händen (unverrückbares Problem der Menschheit), wegen zu geringer Kontrollmöglichkeiten der Oberschicht, dazu mit dem Ziel einer besseren Verteilung des Vermögens – eine Forderung, die sich ebenfalls bis heute in den Augen vieler nicht erfüllt hat –, so blieb doch vieles trotz Unterstützung genialer Geister (wie Philosophen) unerreicht: Für die Menschen keine allgemeine Gleichheit, schon gar keine vor dem Gesetz (es gab lange überhaupt keins, bis Drakon 600 v. Chr. seine „drakonischen Gesetze" einführte, an denen er selber scheiterte); unbekannt blieb auch die Dreiteilung der Gewalten. Montesquieu wandelte ja noch nicht auf Erden. Drakon schon. Und er war trotz allem mehr als nur ein politisch Gescheiterter. Es war im Wesentlichen ER, der die Polis, den „Gemeindestaat", zur Trägerin des Rechts erhoben hatte. Zwar blieb die Rechtsprechung noch in den Händen der höchsten Beamten, also des Adels, doch die „Polis" überwachte seit ihrem Bestehen die „Durchführung des Rechtes". Und das ist grundsätzlich bis heute so! Immerhin durften bestimmte Kreise schon abstimmen, andere wiederum nicht: die Unterschicht, Frauen und Sklaven. Wer in Athen auf dem Marktplatz jedoch das Recht besaß, über Krieg und Frieden mitzuentscheiden, tat es auch bei der Frage, missliebige Politiker oder Philosophen in die Verbannung zu schicken. Schon Sokrates fürchtete sich davor. Ein Anfang, das Ganze, dem freilich kein fröhliches Ende beschert war. Und doch lieferten die griechischen Philosophen, „peripatetisch einherschreitend", mit ihrem erworbenen Freiheitsbild des Menschen einen ersten, den vielleicht wichtigsten Schritt zu einer demokratischen Entwicklung – ein „aliud" zu sämtlichen bisherigen Regierungsformen. Und das alles trotz permanenter Unzufriedenheit und Unruhen im Volk, dem die Reformen nicht schnell genug über die Bühne gingen. Zeitweise wurde es dennoch ein Riesenerfolg: außenpolitisch, weil Athen zusammen mit dem komplett anders orientierten Sparta die Kontinentalmacht Persien besiegte. Innenpolitisch, weil sich Volk und Führung eine Weile an vernünftige Regeln hielten - eine Weile, auch wenn diese nicht anhielt.

Nach dem Ende dieser und der römischen „Volksherrschaft" dauerte es an die 1500 bis 2000 Jahre, ehe sich die Menschen (wieder in Europa) ihres natürlichen Freiheitsdrangs und der damit verbundenen Möglichkeiten entsannen.

Zum entscheidenden Anstoß für das neue Denken wurde eine Naturkatastrophe, die das Fassungsvermögen der meisten Menschen sprengte: das Erdbeben von Lissabon an „Allerheiligen", Sonntag, 1. November 1755. Mit einer Stärke auf der nach oben offenen Richter-Skala zwischen 8,9 und 9,1 gehört das Beben, von mehreren Tsunami begleitet, zu den stärksten Beben weltweit und in Europa seither als „Mutter aller Katastrophen". Die Zahl der Opfer entlang der Küste bis Nordafrika im Süden und England im Norden wird zwischen 100 000 und 275 000 geschätzt. Lissabon wurde zu 85 Prozent zerstört, die Monarchie des Landes dankte ab, und das bisherige Weltbild der Menschen wurde gleichsam aus den Angeln gehoben.

Das unwirkliche Ausmaß der Zerstörung veranlasste vor allem die Intellektuellen Frankreichs zu neuen Ideen. Erschüttert auch sie, nahmen sie dann doch - überlegt und distanziert - Abstand von bisherigen Gedankengängen: buschstäblich die über Gott und die bisherige Welt hinaus. An Hand dieser Katastrophe glaubten sie, Fragen zur Gerechtigkeit Gottes stellen zu dürfen. Warum ließ der HERR es zu, dass ausgerechnet beim Gottesdienst an „Allerheiligen" seine Anhänger, mindestens 1500 Christen, allein unter den Trümmern der Lissaboner Kathedrale Santa Maria den Tod fanden? Ein Rachegott, unser HERR oder jemand, der doch nicht die Macht besitzt, wie sie ihm seinerzeit von den meisten Menschen zugesprochen wurde? Geboren war der Zweifel... Von diesem Zeitpunkt an begann die Aufklärung rasant an Breiten-wirkung zuzulegen. Zunächst in philosophischen Kreisen, mehr und mehr auch in der französischen Bevölkerung, langsam, aber unabwendbar nach oder trotz der Französischen Revolution auch über die Grenzen hinaus – u.a. bis nach Deutschland, wo sie allerdings auf heftigen Widerstand des Adels stieß. Weltweit durchgesetzt hat sich diese Richtung freilich bis heut` noch nicht…

Wer diese Form der „Aufklärung", seit Beginn der Neuzeit, besser noch seit der griechischen Blütezeit beim Aufbau einer wahren „Volksherrschaft" nicht verstanden und verinnerlicht oder zumindest akzeptiert hat, wird zu einer freiheitlichen Demokratie nach unseren Vorstellungen kein Verhältnis gewinnen. Das galt damals – das gilt weiter!

DER KOMPROMISS ALS KOMPASS

Vor allem der Toleranzgedanke, der in Deutschland grundsätzlich Schwierigkeiten hatte, sich durchzusetzen und gerade wieder im Begriff ist, an Terrain zu verlieren, gehört zum Essenziellen einer vernünftigen Demokratie. Insofern leben auch wir in unserem Land auf schwankendem Boden. Spielt der juristische Gedanke des

„Audiatur et altera pars" keine Rolle mehr, geht eine Demokratie vor die Hunde. Oder präziser, nicht ganz so dramatisch, weil die meisten Veränderungen ihre Zeit brauchen, wird an dieser Stelle umformuliert: In dem Maß, wie wir aufhören, der anderen Seite zuzuhören, verliert die Toleranz ihre Bedeutung, damit wankt ein demokratisches Ur-Verständnis. Zuzuhören ist das A und O, die Basis jeglicher friedlichen Lösung – vom Familien- bis zum Weltfrieden! Dem Zuhören freilich muss das Wort folgen, dem Wort die Tat. Das Wort indes, das freie Wort als Entscheidungsträger und Antipode zur ideologischen Einseitigkeit und Besserwisserei, ist die Grundlage dafür. Dass Ideologen immer Recht haben, wissen wir ja, die wir uns ideologisch nicht an die Kette legen lassen. Das Fatale an Ideologien, dass die Vertreter der absoluten „Richtigkeit" weder Zweifel noch Skrupel kennen und damit schon gar nicht die Folgen ihrer Einseitigkeit abzusehen vermögen. Angewandte Ideologien sind ein himmelschreiender Verstoß wider alle Vernunft – auch gegen die Bedeutung von Kompromissen! Ohne Kompromisse, von den „faulen" abgesehen, gibt es keine Friedfertigkeit auf Erden (sofern diese jemals zustande kommt. Ein anderes Thema)! Die „faulen" Kompromisse, wiewohl diese täglich massenhaft angestrebt wie durchgesetzt werden, gehören nicht hierher. Sie sind keine Kompromisse und beruhen auf nichts als betrügerische Absichten.

Was deshalb unter keinen Umständen damit verwechselt werden darf, sind die Grenzen einer Kompromissbereitschaft. Gerade diese setzen klare Entscheidungen voraus. Bei der schon täglich unüberschaubaren Masse an privaten wie weltweiten Lösungs-Notwendigkeiten, das kann gar nicht anders sein, werden aus Entscheidungsnot schnellere Lösungen (auch bei Kompromissen) – bevorzugt, oft genug allerdings zu Lasten sorgfältigerer Entschlüsse. Dennoch ist der Kompromiss keine Lösung zweiter Wahl. Er verlangt von den Verhandlern Mut, Entscheidungskraft und Weitsicht und sollte vielmehr als Kompass auf den Weg zu vernünftigen Entscheidungen verstanden werden. Er ist ja auch

nicht die einzige Form einer Entscheidung; es gibt notwendigerweise, aus der Not geboren auch andere, schnellere Entscheidungen – bis hin zur Ultima Ratio, die der Gewalt. Sie hat ihre Berechtigung, wenn es „um alles" geht und möglichst „alles" andere
schon ausgetestet wurde, selbst ein Kompromiss!

WO NUN STEHT SÜDAFRIKA?

Unter all` diesen Aspekten betrachtet, hat es auch die „Demokra-
tie" Südafrikas nicht leicht und dabei wird es nicht bleiben. An
sich ein reich beschenktes Land leidet es unter der weiterhin domi-
nanten ANC-Partei und steht mit seiner angeblich demokratischen
Regierungsform am unteren Ende des Erlaubten. Um es noch einmal deutlich zu machen: Eine Regierung, die „ewig" ihre Wahlen mit absoluten oder Zweidrittel-Mehrheiten gewinnt, hat zwar
eine „normale" Abwahl auf absehbare Zeiten nicht zu befürchten.
Sie stürzt ihren Präsidenten allenfalls im kleinen Kreis, nicht aber
öffentlich mittels allgemeiner, gleicher Wahlen. Eine positive Zukunft hat das nicht, es bleiben ja die alten Ganoven am Ruder! Die
„Neue Züricher Zeitung" zitiert am 20.6. 2019 den damals 83jäh-
rigen letzten weißen Präsidenten Südafrikas, Frederik Willem de
Klerk, mit dem Satz: „Wenn Südafrika scheitert, scheitert ganz Afrika." Der gegenwärtige Präsident, Cyril Ramaphosa, hält mit seinem Wort vom „Kap der letzten Hoffnung" dagegen. Besonders
entschlossen wirkt das nicht.

DEMOKRATIEN – FOREVER...?

... sicherlich nicht! Selbst die besten sind nicht gegen alles gefeit; untergehen könnten sie alle, sogar die geordneten A-Länder: diese u.a. trotz oder wegen ihrer freiheitsliebenden wie freiheitsspendenden Auffassungen, wohinter sich eine besondere Liberalität widerspiegelt, wenn nicht gar eine gewollte Großzügigkeit – eine, die sich freilich auch von Gegnern gefährlich ausnutzen lässt. Sogar die Parteien könnten sich in einer Demokratie beim vergeblichen Bemühen, sich den immer weiter ausufernden Individualinteressen ihrer Wähler anzupassen, zersplittern und nur noch dabei zusehen, wie sich der Gemeinschaftsgeist eines Volkes (samt der seiner Parteien) verflüchtigt. Ihre Existenz ist also ebenfalls nicht in Stein gemeißelt wie kaum etwas in einem Staatsgefüge, wie überhaupt in der Welt. Es fragt sich nur, wie lange der Wandel - zurück oder vorwärts - zu bürgerlich angemessenen Formen dauert, falls das Bürgerliche überhaupt überdauert. Was zu uferlosen Konsequenzen führen würde. Es gibt keine perfekte Welt, keine, die nach demokratischen Erwartungen oder Hoffnungen einheitlichen Vorstellungen folgte und sei die Not noch so groß! Es ist unmöglich, acht, neun, zehn oder mehr Milliarden Individuen, also Menschen zu einigen, selbst wenn das von vielen aus tiefster Seele gewünscht, erwartet und angestrebt wird. Bei ihnen handelt es sich um die Gutwilligen unter uns Erdenbürgern. Von der Masse der Böswilligen, die von ihrem Wesen her das Gegenteil will – Zerstörung inbegriffen -, muss demnach auch gesprochen werden. Dies soll dennoch nicht als Plädoyer pro Resignation oder Nichtstun verstanden werden. Man weiß ja, dass der Mensch grundsätzlich will, dass er nicht aufgibt, im Gegenteil etwas erreichen möchte. Aber es gibt auch die andere Seite des Menschen, die dunkle, ebenso berechnend wie triebhaft. Dieser Kampf wird ewig währen. Schicksal eben!

Demokratie contra „Tyrannis"

Die antike Athener Demokratie – eine gute Weile ein Wunder an Intelligenz und Vernunft ihrer Vordenker, an Pragmatismus und Fortschritt ihrer Bürger - musste sich immer wieder diktatorischen Bestrebungen von innen wie außen zur Wehr setzen, auch nachdem dem letzten Diktator, dem Tyrannen, für lange Zeit die Macht aus den Händen entwunden worden war. Das geschah 510 vor Christus mit dem Tod des Tyrannen Peisistratos, der Ermordung seines älteren Sohnes und der Vertreibung des jüngeren; im gleichen Jahr verlor das sich ausdehnende Römische Reich mit dem Etrusker Tarquinius Superbus den letzten seiner sieben absolutistisch herrschenden Könige. Ein historischer Zufall, diese Zeitgleichheit? Das zu klären und auf Parallelen zur Gegenwart hinzuweisen, müsste doch einen modernen Geschichtsprofessor reizen, waren doch schon die damaligen Ereignisse ein doppelt formidables Ereignis für den halben Mittelmeerraum, auch wenn es seinerzeit kaum jemand erkannt haben dürfte. Kein Lehrstück für heute?

Dass die beiden, im Entstehen begriffenen Demokratien, nachdem jede für sich, sich des letzten Gewaltherrschers entledigt hatte, einige Jahrhunderte später trotz optimistischen Beginns untergingen und die Bürger dieser Länder daraufhin über viele Jahrhunderte ein jämmerliches, im Wesentlichen rechtloses Dasein führten, beweist nur die Vergänglichkeit selbst brillanter Ideen und Aufbauleistungen. Warum sollte das nicht auch mit der deutschen Demokratie, strukturell eine der besten ihrer Zunft, eines Tages der Fall sein?

Scheiterte die Marktplatz- oder Areopag-Demokratie der Athener auf Dauer trotz ihrer Wahnsinnserfolge gegen die Perser an ihrer mangelnden politischen Größe oder anders: politischen Ohnmacht und zum Schluss am Größenwahn des (noch in meinem Gymnasium heftig verehrten) Staatsmanns Perikles (449 – 431 v. Chr. an dessen missglückten Expansionsgelüsten in Kleinasien, so verspielte das römische Reich seine Herrschaft auf Grund seiner Genusssucht und der damit verbundenen inneren Spannungslosigkeit - ein Zustand, der in der Periode der Völkerwanderung nicht unbemerkt bleiben konnte. Kein Vakuum, nicht nur in der Politik, bleibt unbemerkt, ob das Vakuum heute vor den Toren der deutschen Fußball-Nationalmannschaft 2021 lauert, oder damals vor den Toren Roms, ist buchstäblich einerlei. Es ist ein Axiom, (fast) ein Naturgesetz, dass Vakua nicht bleiben, sondern gefüllt werden. Dass Rom seine Lage – seine Leere - derart verkannt hat, beweist den wahren Verfall seines Reiches. Die deutsche Demokratie wiederum leidet einerseits an mangelnder Ausstrahlung und wird gleichzeitig vom Volk als zu selbstverständlich hingenommen, als dass man sich Gedanken um sie machen müsste. Wer so denkt, irrt! Die Demokratie ist und bleibt die einzige Staatsform, die sich die Freiheit auf die Fahnen geschrieben hat, doch nur solange sie von ihren Bürgern gepflegt, geachtet und verteidigt wird. Sie lebt nicht allein aus sich heraus; ohne diesen Rückhalt wird sie zur Demokratur!

Die größte Gefahr für die Unantastbarkeit der Freiheit dürfte weltweit von der nicht endenden, mehr oder weniger alles umfassenden, wenn nicht verschlingenden, digitalen Revolution ausgehen. Künftige Gefahren effektiv und (f)rechtzeitig, das heißt, wehrhaft, zu erkennen oder bereits in Angriff zu nehmen, gehört nicht zu den demokratischen Stärken. Die Regierenden in einer Demokratie sind froh, wenn sie die Gegenwart einigermaßen beherrschen. Für den prophylaktischen Angang der Zukunft reicht in aller Regel ihr Glaube nicht. Und was in einer laufenden Legislaturperiode von „denen da oben" nicht als Erfolg bei Wahlen oder Volksbefragungen verbucht werden kann, findet öffentlich so gut wie nicht statt, siehe den jahrzehntelangen, erfolglosen, dafür überteuerten Afghanistan-Einsatz der Bundeswehr, um nur ein fatales Beispiel zu nennen. Denken Regierungen schon normalerweise schlicht vordergründig, auf Effekte ausgerichtet, so packt sie angesichts komplizierter Wahlen meist sogar die nackte Angst, was kaum eine vernünftige Politik zulässt – aber eben Wahlen umso wichtiger macht. Wahlen sitzen den Politikern unerbittlich im Nacken und beflügeln gleichzeitig die Opposition. Doch, Achtung, nur echte, reelle Abstimmungen! (23.2.2019)

EINSCHUB: Die Angst der Demokratien vor künftigen Gefahren geht ja noch viel weiter: Nehmen wir den Kampf gegen den Klimawandel. Bisher kaum mehr als Worte, Versprechungen und hinausgezögerte Zeiten (abgesehen von etlichen Ländern, die gar nicht die Absicht haben, ernsthaft mitzumachen). Bisher herrscht keine irgendwie gewonnene weltweite Einheitlichkeit, nach der sich unser Globus in seiner Gänze richtet.

Wonach sollen sich Demokratien in diesen Zeiten richten, wenn nicht klar ist, wer mitzieht an der Rettung der Welt? Und wenn`s dann ernst wird in 10, 15 Jahren (vielleicht auch schon in 5 oder 10) und die Menschen mit dem wachsenden Konsumverzicht bei weiter wachsender Welt-Bevölkerung unzufriedener und unzufriedener werden, wenn sie sich sperren gegen strenger und strenger werdende Aktionen ihrer (demokratischen) Regierungen, weil aus dem Klimawandel noch immer nicht überall spürbar die Klimakatastrophe geworden ist, und die Demokratie dann mit diktatorischer Strenge, mit Anweisungen, Befehlen, Untersuchungen, Steuererhöhungen und Strafen weitere schmerzhafte Verzichte anstrebt bzw. ihr Hilfsprogramm durchsetzen will oder muss - besteht dann nicht die Gefahr einer unaufhaltsamen innenpolitischen Zerrissenheit? Zwischen Volk, Regierungen und Kontinenten? Vor allen Dingen, wenn es wirtschaftlich nicht läuft, wie die Grünen es sich erhoffen, und große Unternehmen wegen des permanenten Drucks das Weite suchen! Da ist vieles noch im Unklaren!

Und nun zu Wahlen in unruhigen Zeiten! Auf der einen Seite stellen freie Wahlen das Optimum einer intakten Demokratie dar, auf der anderen können sie ebenso den Beweis von Dummheit, Verfall, Hysterie oder Verführung ihrer Wähler anzeigen. Auf jeden Fall zeigen freie Wahlen die gefährdetste Seite dieser Staatsform auf, was unter keinen Umständen gegen diese Art Wahlen spricht; nur ist keine Regierungsform ohne Schwächen. Und sofern diese überwiegen oder von einer Mehrheit verkannt wird, naht die Katastrophe. Die Stunde der reinen, vernunftbegabten Demokratie kommt im Fall des Scheiterns frühestens wieder, wenn die Katastrophe „da" ist und an der Wiederherstellung vernünftiger Zustände zielgerichtet gearbeitet werden muss. Nur aus diesem Grund hat Konrad Adenauer die absolute Mehrheit im Bundestag erhalten: einmal, 1957, als seine Westbindung und Ludwig Erhards („Ludwig, wer?") Wirtschafts- bzw. Aufbauwunder zu wirken begannen!

GEFAHREN DER DIGITALEN REVOLUTION...

... ergeben sich schon aus dieser, auf uns zurollenden, rein technologischen Revolution, allein für die Frage, wann, wie viele Menschen einfach nicht mehr in der täglichen Arbeitswelt gebraucht werden. Und dann, wohin mit ihnen und ihrer Freizeit? Das sind schon die Folgen der schwindelerregenden technischen Entwicklung des 19. Jahrhunderts gewesen, auch wenn sich diese – selbst auf Kosten der arbeitenden Bevölkerung – noch lösen ließen: Die kommende technologische Revolution könnte tiefere Gräben ausheben. Doch was ist darüber hinaus mit der gedanklichen Revolution, die die Menschen allmählich vereinnamt und sie irgendwann durch die sozialen (?) Netzwerke nahezu vollzählig gesteuert werden? Bringt dieser „Fortschritt" nicht unlösbare Probleme ins Haus? Diese „Netzwerke", werden, wie es scheint, von vielen noch als der Wahnsinnsgewinn für die Menschheit gewertet. Und sie sind ja tatsächlich, wie der Name verrät, als Job zum Einfangen von Gedanken, Ideen, Fakten und Vorschlägen aller

Art zunächst anerkannt und mittlerweile auch als Einkaufsbörse scheinbar vonnöten.

Doch wozu? Zur Erhellung der Weltgeschichte, zur Machteroberung, als Entertainment für die User oder nicht doch mehr für die Handelsgiganten auf dem Weg zu steinreichen Unternehmern, wenn nicht Monopolisten? Wem kommt diese Masse an Daten, Fakten und Verkaufsgütern in erster Linie zu Gute, wenn nicht den Unternehmen, Eigentümern und Anteilsinhabern. Etwa auch der Demokratie? Möglicherweise! Der Mensch und Wähler, der moderne Zeitgenosse bekommt die Chance zum Lesen, Lernen, zum Mitdenken sowie zu billigeren Einkäufen, allerdings mit allen Nachteilen für den Einzelhandel und nicht zuletzt deshalb heute schon verschrien wegen allzu dunkler Machenschaften dieser Netzwerke wie „Fake News" oder Auskundschaften ihrer Nutzer.

Wächst hier also – parallel zum Guten dieser neuen Entwicklung - nicht bereits doch eine neue, unheimliche und unkontrollierbare Informations- wie Wissens-Macht heran? Und wird das Sammelsurium an Wissen wirklich nach den Kriterien der reinen Vernunft und Wahrheit verarbeitet und dann angeboten, oder nicht doch mehr nach eigenem Bedarf und Interesse? Was sollen die Unternehmen in ihrem Business denn sonst mit ihrem apokalyptischen Wissensvorsprung anfangen, als diesen auszunutzen? Könnte man mit dieser Macht nicht ganze Völker verführen, unliebsame Persönlichkeiten bedeutungslos klein halten, wenn nicht vollends ausschließen? Wenn man heute schon den amerikanischen Ex-Präsidenten Donald Trump mundtot machen kann, was passiert dann morgen? Wer glaubt denn, dass es beim Ausstoß dieser „Ware" bei den reinen Fakten bleibt? Und wer hat dann noch die Macht dazu, das alles zu kontrollieren? Der Staat, die Regierung? Handelt es sich bei den multinationalen Netzwerken nicht um weltweit orientierte, deshalb nahezu unkontrollierbare Unternehmen, denen es trotz gegenteiliger Bekundungen in erster Linie um Geld und Macht, ums Ansehen geht? Handelt es sich unter anderem nicht auch schon um das Ausnutzen steuerbegünstigter, staatlich-legaler (?) Oasen, die den Teufel tun, ihren besten Steuerzahlern auf die Pfoten zu schauen? Geht es nicht mit anderen Worten auch dort um die Ausnutzung einer negativen Machtfülle, um Unterschlagung, Korruption, Bestechung und Monopolisierung? Worum wohl sonst - etwa um altruistisches Verhalten? Wohl kaum! Im Gegenteil, könnte es nicht noch um ungeheuer viel mehr gehen? Warum sollte diese globale Unternehmerschicht beim Nachdenken über Vermehrung von Macht und Ansehen nicht auf Grund ihrer immensen Möglichkeiten irgendwann auf den Trichter kommen, sich vom Konkurrenten zum Partner oder Teilhaber von Staaten vorzuschlagen, aufzuschwingen, aufzudrängen? Dafür brauchten sie sich doch „nur" mit einzelnen Staaten zu arrangieren, oder anderes herum, die Staaten sich zwangsweise mit ihnen. Dass alles an solchermaßen, neuen Konstruktionen falsch wäre, sollte jedermann klar sein. Doch wie viele Staaten existieren bereits, die eine entsprechende pekuniäre Kooperation längst bitter nötig hätten. In südafrikanischen Politkreisen verschweigt man gern den Namen des schwerreichen indischen Geschäftsmanns und Freundes der Mächtigen, Shankar K. Gupta.

Wenn diese neuen ökonomischen Politehen geschlossen würden, was würde dann aus den Menschen und ihrer Individualität? Na, was wohl? Die Masse Mensch! Und dann noch das: Je weniger diese Massen den Meinungswust durchschauen, desto leichter werden sie durchschaut – also gefügig gemacht. Wenn das nicht für Demokratien der endgültige Weg aufs Abstellgleis bedeutet!

Außer dem Abstieg selbst ernstzunehmender Volksvertretungen stehen weitere objektive Gründe bereit: der künftige Energiebedarf und die Überforderungen der Länder durch die kaum zu stoppende Bevölkerungsexplosion - mindestens, solange wir uns den Orbit für die Ausgliederung (oder Abschiebung) von Menschen nicht untertan gemacht haben. Und ob die Demokratien beim Kampf um den potenzierten Energiebedarf auf Grund ihrer gut gemeinten „Goodwill"-Regelungen nicht irgendwann schlicht überfordert sein werden, steht auch dahin. Der Kampf darum wird hart werden. Was sich intern zu diesem Thema in China und Indien abspielt, dringt doch gar nicht bis zu uns vor – und Vorsicht auch bei allem Trommelwirbel um die unübersehbaren, ökonomischen Fortschritte der beiden Länder. Ob es reicht, das Niveau dieser Riesenländer mit zusammen an die drei Milliarden Bewohner entscheidend zu verbessern, weiß auch niemand. Die überwiegend positiven Meldungen aus dem Reich der Mitte sollen uns doch beeindrucken und die negativen Schlagzeilen aus der Politik möglichst überdecken. Man weiß doch in Peking, dass ihr rigoroser Politstil, die Verachtung für Andersdenkende, in Europa, speziell in der EU, kaum von Interesse ist, ausgehend vom allgemeinen Interesse, sich an billigen Waren vom anderen Ende der Welt bedienen zu können. Doch wie viele der Milliarden Menschen „am anderen Ende der Welt" profitieren wirklich vom viel beschworenem Profit Pekings? Auch wenn China eines offenbar wirklich geschafft hat, dass in seinem Land (immerhin nach Ansicht eines ranghohen deutschen Diplomaten) schon seit etlichen Jahren kein Mensch mehr verhungert - anders als in Indien -, so sagt das zwar einiges aus, aber über den Rest dieses Halb-Kontinents weiterhin zu wenig. Wer in China ein bisschen herumgekommen ist – außerhalb behördlich beaufsichtigter Informationstouren – weiß, dass das wahre, das karge Leben ab etwa 50 Km „hinter" den Metropolen beginnt. Und dann soll der Gewinn reichen für den gewaltigen Rest der Nicht-Profiteure?

Zurück zum wesentlichen Kampf um Energien: Um sie werden bei anhaltenden Defiziten, die so sicher kommen, wie das „Amen in der Kirche" abnimmt, Kriege entstehen. Einzige Hoffnung, die Wissenschaft. Gelingt es ihr, fundamental neue, durchschlagene Erkenntnisse, wie z.B. auf dem Gebiet der Energiegewinnung (Stichwort: "Sonnenenergie"), in die Tat umzusetzen, wäre das ein Novum, das schon dem 22. Jahrhundert angemessen wäre. Diese Energie müsste dann freilich so billig auf den Markt geworfen werden, dass die Menschheit insgesamt etwas davon hätte – wie einst in Deutschland der Kunde beim Kauf eines „Käfers" von VW! Wir wollen ja den Wert der „Freien Marktwirtschaft", die vom Wirtschaftsprofessor und früherem Bundeskanzler Ludwig Erhard noch dazu als „sozial" verstanden wurde, nicht vergessen. Frage nur: Ist sie nicht bereits vergessen, hat sie sich nicht längst in weiten Teilen der Erde einem modernen Kapitalismus unterworfen, oder genauer: wurde nicht einfach durch ihn abgelöst? Alles klar – doch wer bestimmt oder diktiert die Preise? Wer regelt oder zügelt die mit der Umwandlung der Sonnen- in Alltagsenergie befasste Großindustrie? Profitieren davon auch Länder, die es nötig hätten, Energien billig zu tanken, wie Bangladesch, Nigeria, Sambia oder Botswana und, und, und? Wer`s glaubt... Da ist sie wieder, die Skepsis, die unausrottbare! Schon über die Frage, ob die uns bekannte Marktwirtschaft in baldiger Zukunft überhaupt noch gewollt ist. Wäre es nach Ansicht, möglicherweise sogar der Mehrheit auf unserem Globus, nicht viel schöner, wenn wir der Marktwirtschaft, die ja immer mehr Menschen mit purem Kapitalismus gleichsetzen, endlich das Maul stopften? Wenn wir alle endlich das Gleiche verdienten, die Reichen freiwillig auf alles verzichteten, was über ein vernünftiges Ausgaben-Portfolio hinausliefe, die Autos endlich von Fahrrädern abgelöst würden, damit die Welt überlebe? Auf diese Weise? (24.2.2019/ Juni 2021)

Doch sind Demokratien so einfach abzuschalten?

Ließe sich also – die nächste Frage – die Demokratie eines Tages tatsächlich einfach abschalten wie die Straßenlaterne nach 23 Uhr? Einfach sicherlich nicht, doch grundsätzlich schon! Warum sollten künftige Politmanager, versehen mit der innovativsten Technik, verbrüdert mit den Milliarden-schweren Wirtschaftsgrößen für ihre Macht noch Volksabstimmungen nötig haben? Sie werden versuchen, die Massen von ihren Schaltpulten aus zu lenken. Ob die Menschen das wollen - werden sie danach noch gefragt? Viele von ihnen werden durch geschickte Propaganda überhaupt nicht mehr merken, dass sie nicht mehr gefragt werden – krasser, schon nicht mehr gefragt sind. Anderen wird das technisch oder sonst wie Neu-Gebotene wiederum reichen, sofern sie sich dieser Vorteile zu bedienen wissen, und Erleichterungen für ihr privates Leben wird man aus entsprechenden Entwicklungen ziehen können. Dass darunter ihre sonstigen Rechte und Ansprüche leiden, wird etlichen Bürgern relativ gleichgültig sein (so lange sie noch ihr Ein-Familien-Häuschen behalten dürfen)! Für mehr Menschen als man denkt, gilt doch: `Sicherheit vor Freiheit`, was nicht ausschließt, dass ihnen irgendwann die Freiheit dann doch wieder wichtiger wird, als eine obskure Sicherheit. Hängt nicht beides zusammen? Frage auch hier: Wird es dann noch möglich sein?

EINSCHUB: Dieser Text will ja nicht absolute Endpositionen beschreiben, höchstens mögliche Durchgangsstationen. Ich habe mich immer in Ehrfurcht vor dem einzigartigen, aus dem Griechischen stammenden Wort „pantarei", „Alles fließt", begeistert und verbeugt. Kürzer kann eine grandiose Wahrheit nicht formuliert werden, wie ein anderer Satz aus der Bibel auch - vermutlich für uns Journalisten verfasst: „Am Anfang war das Wort!" (Apostel Johannes, Kap. 1 Vers 1) oder Galileis Verzweiflungssatz: „Und sie bewegt sich doch." Die Sonne nämlich. Die Welt wird nicht untergehen. Die Frage interessiert nur, unter welchen Bedingungen, Konditionen der Mensch eines Tages aufwacht und zu sich kommt! Beglückt von den Fortschritten, auch denen einer neuen, beschwingten Freiheit? Oder negativ überrascht, wie am 8. Mai 1945, als sich die Hälfte der deutschen Trümmer-Bevölkerung plötzlich fragte: „Was war das denn? Wo bleiben denn die `Wunderwaffen` des Führers, wo der ewig versprochene Endsieg?"

Untergehen wird die Welt nicht! (Juni 2020, auch danach nicht!) Doch wie steht es denn derzeit mit unserem Demokratie-Verständnis? Wahrscheinlich würde ja heute schon ein knappes Ergebnis herauskommen, fragte man nach, was uns wichtiger wäre, Einschränkung der Pressefreiheit oder Reduzierung des Fußballs im Fernsehen. Vor die Wahl gestellt, würden die Medien noch gewinnen. Aber was, wenn in einer zweiten Abstimmung dem Fußball im Fernsehen mit Aplomb und veröffentlichter Vorfreude doppelte Sendezeiten versprochen werden, eindeutig zulasten politischer Talkshows? Sicherlich wäre das immer noch ein lösbares Problem in unserem Sinne. Doch ahnt man, wie viele Millionen Bürger sich jetzt schon „klammheimlich" darüber freuten? Und was ist in 30 Jahren, davon 20 mit Corona und Mutationen? Man sollte diese Frage schon heute nicht stellen! Hinter ausreichend guten, privaten Lebensbedingungen lässt sich die schwindende Freiheit einige Zeit verbergen – am besten natürlich bei guter wirtschaftlicher Gesamtlage und hinter hermetischen Grenzen. Nur – wird es so kommen?

Doch es muss gar nicht so dramatisch sein. Die Zukunft wird nicht Demokratie-freundlicher. Im Gegenteil, sie wird Demokratie-schwieriger. Es werden scheinbare Beiläufigkeiten sein, die die Demokratie verengen – Aktionen, die gar nicht darauf gerichtet sind, die Freiheit der Menschen bewusst einzuengen, die vielmehr nötig sind, um das Land noch einigermaßen in Ordnung zu halten. Das hängt mit der Zunahme der Probleme zusammen: Die Bevölkerung wird wachsen (nicht die deutsche), aber die im wahrsten Sinn des Wortes, „kommende"; von außen nämlich. Diese Menschen sind teuer. Die Bildung wird dadurch noch mehr abnehmen, als es in den vergangenen Jahrzehnten schon der Fall war. Die Maßnahmen der Behörden werden die Freiheit des Einzelnen, wie jetzt durch die Pandemie, beschränken. Die Organisation des täglichen Lebens wird Manches abwürgen und nur deswegen noch halbwegs akzeptiert, weil es ohne Ordnung noch viel schlimmer würde.

Warten wir mal ab, wenn Brüssel erst die Macht in Berlin übernommen hat (wie der Europäische Gerichtshof in Luxemburg teilweise schon die des Bundesverfassungsgerichtes in Karlsruhe) und wir alles mit den Ärmsten der Armen am selben Tisch teilen, mehr oder weniger ohne eigene Ansprüche geltend machen zu dürfen. Dann werden deutsche Bürgschaften über Hunderte von Milliarden Euro für Europa erst der Anfang sein.

BÖSES BEISPIEL BELFAST

Von George Orwells Roman „1984" abgesehen, den ich im Alter von 16 Jahren mit Hochspannung gelesen habe, ist mir in den 80er Jahren im umkämpften Belfast an einem konkreten Beispiel zum ersten Mal bildlich eine bedrohliche Zukunftsvision erschienen. Es war die Art, wie die Polizei damals während des nordirischen Religionskrieges glaubte, mit einem ebenso simplen wie raffinierten Trick die Terrororganisation IRA zu Fall zu bringen – und zwar durch Straßenpoller, die nach jedem Anschlag blitzschnell aus dem Asphalt hervorbrachen und ganze Straßenzüge per Knopfdruck lahmlegten, vermutlich generalstabsmäßig im Polizeipräsidium ausgetüftelt. Wiewohl das eindeutig zum Schutz der Bürger vor diesen mörderischen Überfällen geschah und anfangs auch zu schnelleren Festnahmen der Täter führte (deren Nachfolger allerdings bald auf Zweiräder umgestiegen waren), entwickelte sich doch daraus jedes Mal auch ein ungeheures Verkehrschaos! Der Beifall für diese überraschende Ingenieursleistung legte sich bald, nachdem sich herausgestellt hatte, dass sich dank dieser Methode doch nicht ganz so viele IRA-Mitglieder fangen ließen und legte sich ganz, als die Polizei die Poller später auch hochjagte, um auf diese Weise (harmlosere) Autorowdys dingfest zu machen. In Nord-Irland trinkt man halt gerne. Sinnvoll auf den ersten Blick bleibt die gute Absicht auf den zweiten schon mehrdeutig und verkehrt sich nach dritter Überlegung vielleicht schon ins krasse

Gegenteil. Man braucht nicht nur Orwells Fiktion nachzuschlagen, man lege diesen Maßstab der Zweischneidigkeit auch mal bei der Londoner „Verkehrserziehung" an. Dort wechseln sich täglich im morgentlichen Berufsverkehr die Fahrzeuge mit geraden oder ungeraden Kennzeichen ab. Das wird Schule machen, belastet aber auch jetzt schon den Einzelnen mit erheblichen Konsequenzen. Was wenn eines Tages auch die Wochenenden unter diese Regelung fallen, und ein Mann mit ungeradem Nummernschild an einem „falschen" Tag seine schwangere Frau ins nächste Krankenhaus fahren muss?

`Na, das wird alles noch dauern`, wiegt sich die Masse der Selbstgefälligen gegenwärtig noch in den Schlaf. Richtig: Fast alles dauert länger, als man denkt; und doch ist Vieles inzwischen weiter, als man ahnt: (24.2.2019) Zum Beispiel dieser Fall (der zugegeben, nichts mit Kapstadt zu tun hat, wenngleich es dort auch jeden Tag passieren könnte und bei uns in Deutschland gerade passiert ist): Ein Mann wurde des Mordes an seiner Ehefrau angeklagt und durch die Hilfestellung einer gewissen „Alexa" auch überführt. Sie, eine moderne und als hilfreich angesehene Einrichtung, die eigentlich nichts als Freude in den jeweiligen Haushalten verbreiten sollte, hatte die Todesschreie der armen Ehefrau und das Gebrüll ihres mehr als übellaunigen und dann zuschlagenden Ehegatten aufgenommen. Der Rest ist schnell erzählt: Die digitale Aufnahme wurde als Beweisstück vom Gericht akzeptiert – es reichte zur Verurteilung des Mannes wegen Mordes. Wer von uns hätte das bis dahin nicht für einen Witz gehalten? Alexa online, mordsgefährlich! (21.3.2021)

VIERTE WOCHE: 25.2. – 3.3. 2019
WAS BLEIBT VON MANDELA?

Nach so viel Skepsis: Hat Südafrika nun gar keine Chance? Sie hatte vermutlich eine unter Mandela, die zu wenig genutzt wurde. Die selbst ihn überfordert hätte, wenn „diese Zukunft" schon sein Ziel gewesen wäre. Er hatte damals beim Aufbau der

Mandela vorm Kapstädter Rathaus - als einsame Skulptur

Gegenwart noch andere Ziele im Auge – Ziele der humanitären Gleichstellung... Und der neue Mann als Zumas Nachfolger und Nachnachfolger Mandelas? Cyril Ramaphosa gilt als gemäßigter Politiker und Wirtschafts-affin und hat mit Sicherheit ein anderes Format als der korrupte Vorgänger, Jacob Gedleyihlekisa Zuma, ein sex- und machthungriger Primitivling! Doch Mandelas Ausstrahlung erreicht auch Ramaphosa nicht. Dazu fehlt es ihm schon in allen Konsequenzen an der freiheitlich-abenteuerlichen Vita des jahrzehntelang eingesperrten Nelson Mandela.

Verglichen mit Ramaphosa hatte sogar der heftig kritisierte Zuma als einst engster Mitarbeiter Mandelas ein ganz erstaunliches „standing" – eines das er sich in Abwesenheit seines Mentors in seiner Zeit als Staatschef vollkommen ruinierte (seine lächerliche Bestrafung 2021 von 15 Monaten für einen Teil seiner Taten beweist nebenbei, wie „unabhängig" die südafrikanische Justiz immer noch ist). Umso befremdlicher, wie abwesend Mandela einem heute in der Öffentlichkeit vorkommt, beziehungsweise eben nicht. Bis auf ein Standbild, äußerlich sichtbar auf einem Balkon am Kapstädter Rathaus, erinnert kaum noch etwas an den ersten schwarzen Präsidenten dieser Republik; sogar auf „seiner" Gefängnisinsel Robben Island hat ihm ein lokaler Widerstandskämpfer visuell den Rang abgelaufen. Noch im Jahr 2009 konnte sich dort kein Besucher Mandelas Fotos in allen Formaten entziehen und jeder, der kam, kam dabei auf seine Kosten; jeder konnte und wollte unbedingt einen Blick in seine Zelle werfen, und war bereit, dafür in seiner Schlange lange zu warten.

2019 wurde diese Zelle nicht mal mehr als die Mandelas ausgewiesen. Ein merkwürdiger Substanzverlust dieses einst unübersehbaren, 1,95 Meter großen Menschen – ein Verlust, der sich mir nicht erklärte. Er, der die Welt eine Weile verklärte, war sicherlich kein bedeutender (Partei)-Politiker, wohl aber sofort Südafrikas größter Staatsmann; ihm verdanken seine schwarzen Brüder ihre gewonnene Freiheit, die sie nicht richtig zu nutzen verstehen.

Ihm, dessen Lächeln ein Geschenk Gottes zu sein schien, verdankt das Land sein internationales Renommee, das es allmählich verspielt. Laut und offen dankt es ihm kaum noch jemand; unter den Schwarzen die Jugend so gut wie gar nicht mehr. Sie wirft ihm vor, sich nicht genug gegen seine korrupten Mitstreiter und deren Ränkespiele durchgesetzt zu haben; und viele der älteren, weißen Bürger, die in ihm nach wie vor den kriminellen Widerstandskämpfer sehen, dessen Anschläge weiße Polizisten getötet haben, akzeptieren seine Wandlung vom radikalen Anwalt und Kämpfer gegen das Apartheit-Regime zu einem geläuterten, humanen Menschen schlicht nicht. Vordergründig hat es Mandela seinen Anklägern in seinem Prozess von 1963 leicht gemacht, als er offen zu seiner politischen Radikalität stand. Was im Ausland, nahezu weltweit bewundert wurde, hat das Apartheid-System seinerzeit in den Grundfesten erschüttert (ohne dass es die Regierung in Pretoria für nötig hielt, Konsequenzen daraus zu ziehen). Heute wiederum gerät Mandelas offenes Geständnis beim ungeduldigen, jugendlichen Nachwuchs, sofern sie davon überhaupt noch wissen, mehr und mehr zur Schmach. In seinem vierstündigen Schlussplädoyer vor Gericht und den Augen der Welt hatte er ihr und seinem Richter in aller Deutlichkeit erklärt: „Ich habe gegen weiße Vorherrschaft gekämpft und ich habe gegen schwarze Vorherrschaft gekämpft. Ich habe das Ideal der Demokratie und der freien Gesellschaft hochgehalten. ... Das ist ein Ideal, für das ich zu leben und das ich zu verwirklichen hoffe. Doch, Euer Ehren, wenn es sein soll, bin ich auch bereit, für dieses Ideal zu sterben." Dieser Richter hörte sich alles mit unbeweglichem Gesichtsausdruck an und verurteilte ihn danach postwendend zu lebenslanger Haft. Mandela wurde 1990 nach 27 Jahren (unter dem Druck nicht nur der schwarzen Bevölkerung) freigelassen. 1993 bekam er zusammen mit seinem weißen Vorgänger de Klerk in Oslo den Friedensnobelpreis. 1994 wurde er zum ersten schwarzen Präsidenten Südafrikas gewählt und, wie es hieß, in den ersten freien Wahlen Südafrikas überhaupt. Auf eine zweite Legislaturperiode hat er es nicht mehr ankommen lassen. Auch das wird ihm heute verübelt. 2013 verstarb Nelson Mandela im Alter von 95 Jahren.

Auch sein Sturz post mortem - weitestgehend - in die Nichtbeachtung kann heute kaum als eine positive Entwicklung Südafrikas bewertet werden...

ZUFALLSTREFFEN MIT EINEM KONGOLESEN

Auf meinen Erkundungen durch Kapstadt lernte ich Jahre nach Mandela - dem ich 1994 als Mitglied einer Journalisten-Delegation nach einem Konzert in Kirstenbosch, Kapstadts schönstem Park, vorgestellt worden war - nun, 25 Jahre später, wieder einen tollen Menschen kennen, einen tiefschwarzen aus dem Kongo, ein Bild von einem Mann, der erst jüngst ein kleines Modeunternehmen gestartet hat. Er fasste unsere erste Unterhaltung über die Zukunft zunächst der afrikanischen Demokratien, dann über die dieses Landes, unter spezieller Berücksichtigung des Schwarz/ Weiß-Konflikts, so zusammen: „Either we work together or we create this ugly system, that nobody wants." Einer wie er setzt auf Cyril Ramaphosa. Von ihm, der sich verpflichtet hätte, für jeden seiner politischen Schritte Rechenschaft vor dem demokratisch gewählten Parlament abzulegen, erwarte er, dass er als der neue Präsident sein Wort hielte. Das hätte schon was! Noch dazu unterstellt, dass das Parlament rechtmäßig gewählt worden sei, was in persönlichen Gesprächen in mehr oder weniger allen Regionen Kapstadts regelmäßig verneint wurde. Andererseits will die internationale Wahlbeobachter-Truppe bei den jüngsten Wahlen nichts Gesetzes-widriges festgestellt haben. Immerhin setzen manche Beobachter, darunter tatsächlich auch weiße, auf Ramaphosa. Andere halten ihn diesbezüglich für zu wenig charismatisch und sind der Überzeugung, dass er als Hoffnungsträger gegen das korrupte Establishment nicht durchsetzungsfähig genug sei! Bleibt nur die ewige Frage, ist Charisma wirklich die ausschlaggebende Fähigkeit für die Qualität eines Politikers? Der frühere Bundestagspräsident Prof. Dr. Norbert Lammert hält von „Charisma" als eines der entscheidenden Qualitätsmerkmale in der Demokratie, wie es bei "falschen" Fragen seiner Art entspricht, kurz und bündig, „nichts!" Er, dessen geschliffene Reden in der Öffentlichkeit fehlen, zieht in jedem Fall die Normalität vor.

KAPSTADTS WEISSE CITY

Ich bin bald raus aus dem Viertel der Banken und Versicherungen. Die neuen Hochhäuser mögen zwar durch ihre nackte Größe imponieren, entsprechen aber in ihrer rein funktionalen Höhenabsicht niemals klassischem oder modernem Standard, also weder dem New Yorker noch stilistisch den Glanzbauten von Chicago, Shanghai oder Dubai.

Die alte Kapitale mit ihren barocken, hingeklotzten Bauten aus der britischen Kolonialzeit um 1900 imponiert mehr, bildet eine Erinnerung an die Zeit der Briten, als deren Herrschaft zwar noch unumstößlich weiß war, aber man doch einiges mehr von Prunkbauten-Ästhetik verstand, als die Relation von Höhe und Breite noch galt und der Stein das Maß der Stabilität bestimmte. So die gewichtige, in dunklen Tönen gehaltene, durchaus nicht niedrige Assurance Society in der Darling Street mit einer glorios-pompösen Eingangshalle, deren Decke den Himmel zu berühren scheint und in seinem stufenartigen Aufbau ein wenig vom New Yorker Empire State Building hat, oder die im Neoklassizismus Säulen behaftete, helle, in Gelb gehaltene First National Bank, die im Alleingang eine ganze Kreuzung bestimmt; fast möchte man assoziieren, hingegossen im Churchill-Stil - breiter als hoch -, aber auf verdammt

Stolzer Kleinstunternehmer im üppigen Postgebäude

selbstsicherer Basis, als präsentiere sich das Britische Empire noch in vollster Blüte. Aufsehen erregt auch das staatlich-stattliche General Postoffice in Sichtweite, heute noch in Diensten, wenn auch gleichzeitig Unterkunft für zahlreiche Kleinstunternehmer. Das waren – und sind in South Africa wohl heute noch stolze Zeiten, da öffentliche Gebäude weiterhin was gelten – Zeiten, die wir in Deutschland auch kannten, als auch wir noch über stolze Postgebäude verfügten, und die Post noch nicht als kleiner, wenn auch börsennotierter Untermieter in der hinteren Ecke eines Sulinger Supermarkts sein Dasein fristet, während draußen in der Stadt das einst üppig-repräsentative Haupt-Gebäude dem Verfall ausgeliefert ist. Aber wieso jetzt Kapstadts „weiße" City? Weil Aktivitäten, Geld, Einfluss und Erfolg hier wohl immer noch wesentlich in weißer Hand liegen, wiewohl die Straßen von Schwarzen übervölkert werden – allerdings nur auf halbem Weg bis zum Touristen-Mekka „Waterfront". Dort, wo sich die Berge steil erheben, die, die die City, den Stadtkern als reines Tal ausweisen, schwindet der Anteil der schwarzen Bevölkerung rapide. Es ist, als hätte sich die weiße Bevölkerung auf Hügel und Berghänge stilvoll zurückgezogen. Nur, was früher schlicht auf Einfluss und Erfolg deutete, bekommt heute im Angesicht harter Bollwerke zum Schutz anspruchsvoller Villen einen bitteren Beigeschmack. Zurück, auf das tiefer gelegene Schwarz-Weiß Durcheinander in den Straßen der City, residiert in der „Strandstreet", die von Namen und Aussehen her schon gute Laune verspricht, in den Chefetagen das weiße Kapital, und dann wäscht sich im Parterre, im Schatten des pompösen Hochhaus-Eingangs mit nichts als einem feuchten Lappen eine halbnackte und gleichermaßen ausgezehrte, alte Frau aufs Notdürftigste und wird ebenso provisorisch von ihren Mann beschützt... Gibt es krassere Gegensätze als diese – bei einem Höhenunterschied von maximal 90 Metern? Zwischen Bürgersteig und oberster Etage eines Bürohochhauses!

Reste der weißen, ökonomischen Überlegenheit existieren auch außerhalb der reinen City hier und da noch - bestenfalls als vor sich hinsiechender Mittelstand. Schemenhaft beispielsweise als blasse Schaufensterpuppen in „Truworthys" Modelgeschäft. Draußen, auf dem Short Market, keine zehn Schritte weg vom Eingang in die weiße Ex-Herrlichkeit dieses angestaubten Kleiderladens, tobt in den Billigbuden der volle Konkurrenzkampf der schwarzen Händler um die weiße Kundschaft und wenn es sich um den letzten Touristen handelt. Er wird umworben.

„HIER IST DES VOLKES WAHRER HIMMEL"

Anderswo, auf dem Short Market wimmelt es von Menschen und Sprachen. Goethes Ostergedicht, „Hier bin ich Mensch, hier darf ich`s sein", gilt, als sei es hierfür geschrieben – oder ändert sich Grundlegendes auf dieser Welt einfach nicht?

Ich mag die Massen. Bin ich alleine, tauche ich gerne in sie ein. Weniger in die von Jakarta 1983, als sich eine Million wütender Menschen (vergeblich) auf einem riesigen Platz gegen die Regierung verschwor, und wer drinsteckte, nicht herauskam - wenngleich gerade so etwas für einen Reporter reizvoll ist.

Ich meine die lockere Masse Mensch auf den breiten Boulevards, die dann in Form einer Überschwemmung die winzigen Nebenstraßen überflutet, die Minigeschäfte, die vielen Lokale; zwischen drin die Arbeiter, die mit ihren hochaufgeladenen Wägelchen auf Rollen nicht wissen, wie weiterkommen: ein Chaos, meist der guten Laune.

Ich mag das geheimnisvolle babylonische Sprachgewirr, das kaum jemand zu entwirren vermag – vor allem die überraschende Menge an afrikanischen Dialekten, erst recht die Klick- oder Knacklaute der Xhosa-Sprache. Jeder hört sie, niemand begreift sie. Schon das macht klar, wie kompliziert diese Sprache ist, in erster Linie der ständige Wechsel zwischen „eingesogenen" oder „ausgespuckten" Endungen oder Buchstaben. Der Buchstabe „B" zum Beispiel wird tief eingesogen, etwa so, wie es Joachim Löw uns in jedem dritten Satz (gekonnt) vormacht. Xhosa wird von rund 6,5 Millionen Menschen gesprochen. Der Stamm gehört mit den Zulu, Swati und Ndebele zu den Bantuvölkern Südafrikas.

Es bleibt ein dauerhaftes Vergnügen, wenn diese unübersetzbaren, fremden Laute immer wieder plötzlich mitten unter uns auftauchen. Kaum einer, der sich nicht nach ihnen umdreht, wiewohl sie längst verklungen sind. Und doch bleibt dieser unüberhörbare Klang für viele der ausländischen Touristen ein längeres Gesprächsthema. Für andere ist es vielleicht nur ein kurzer Schauder, den diese durchdringenden Laute auslösen. Eine vermeintliche Annäherung an den dunklen Ursprung Afrikas? Vielleicht! Ist der schwarze Kontinent wirklich unser aller Herkunft? Die Knacklaute verraten dazu nichts, abgesehen davon, dass niemand von uns sie versteht.

Dass die einfachen Afrikaner Englisch können, von denen man noch das eine oder andere Wort lernen könnte, ist dagegen eine der am meisten verbreitete Mär. Und selbst wenn diese Menschen vorgeben, Englisch zu sprechen – ich habe leider oft genug nicht ein Wort davon verstanden. Mea culpa... Andererseits sei eingeräumt, gab es auch Afrikaner, die sich genau auszudrücken wussten. Selbst zwischen Franzosen, Spaniern oder Portugiesen in diesem Gedränge zu unterscheiden, ist nicht unbedingt einfach. Einzig auffallend das sonore, männlich klingende Amerikanisch. Auch Japaner und Deutsche zu definieren, fällt naturgemäß nicht schwer. Die Japaner, weil sie es immer eilig zu haben scheinen, trotzdem nicht besonders schnell vorankommen und mit ihren kummervollen Gesichtern ebenso oft auffallen. Und die Deutschen? Weil sie zwischen zwei Wörtern beim Schlendern nach dem Motto - jedem Wort seinen eigenen Platz - so viel Zeit vergeuden, dass sie selbst von Japanern überholt werden. Man braucht sie auch nicht zu hören, die deutschen Touristen. Man erkennt sie auch so; weniger inzwischen an ihren Bierbäuchen, dafür umso mehr an ihren fahlen, dünnen Läufen mit der nicht unbedingt übertrieben entwickelten Beinmuskulatur – das Ganze in angeblich modischen Shorts, vornehmlich in den grau-grünen mit aufgesetzten, übergroßen Taschen von Old Khaki, als brauche man noch Platz für die Patronen. Man fühlt sich schließlich im afrikanischen Süden dem großen Jagd-Schützen Hemingway-nahe. Wann immer ich diese älteren Herren in ihren kurzen Hosen wahrnehme – mit dem „Muss" ihrer handwarmen, abgestandenen Wasserflaschen, wie sie aus den Rucksäcken ihrer persönlichen Lasterträger, auch Ehefrauen genannt, hervorlugen -, verzweifele ich am guten Geschmack meiner männlichen Landsleute. Viele sehen wie übergroße Kleinkinder aus, denen „Mutti" vergessen hat, lange Hosen zu besorgen.

Verglichen mit ihnen hat die afrikanische Bevölkerung den besseren Geschmack, vor allem die Jugend aus den besseren Kreisen. Blendend stehen ihnen (lange) Hosen in Rot, gekonnt sehen an ihnen auch blaue, schmale, kurze Hosen in der richtigen Länge nach dem „Goldenen Schnitt" aus und nicht nach den Vorstellungen zweifelhaft begabter europäischer Männerdesigner. Und „Beine" braucht man dazu auch!

Der TOD DES ROBERT F. SCOTT (am 29.3.1912)

Plötzlich finde ich mich im Jahr 1912 wieder. Ich stoße auf ein Denkmal, als ich meine Eroberung der Kapstädter Innenstadt – traditionsgemäß zu Fuß - am Freitag fortsetze. Wieder stoße ich auf der Adderly, Ecke Thibault Street auf einen zweiten, unscheinbaren Gedenkstein, an dem ich schon x-mal wegen des nächsten Busses eilig vorbeigerannt bin. Diesmal ohne Bus hatte ich Zeit für einen Blick darauf. Mir stockt das Herz. So nahe war ich ihm noch nie. Es gilt einem der ganz großen Helden meiner Jugend: Robert Falcon Scott. Was hat der mit Kapstadt zu tun, frage ich mich. Egal, ich lese den Text auf der Steinplatte und suche sofort nach dem für mich entscheidenden Satz, angeblich seinen letzten im Tagebuch, der mich seit so vielen Jahrzehnten, die ich gar nicht mehr zählen mag, bis heute fesselt: „Um Gottes Willen, sorgt für unsere Hinterbliebenen." Solch ein Satz im Angesicht des Todes, fragte ich mich damals schon - ich war neun oder zehn Jahre alt - und hingerissen von einem Hollywood-Film über dessen Schicksal. Nur, diesen Satz finde ich auf der Tafel nicht. Scott wird stattdessen „zi-

1912: Von hier aus ging es zum Südpol

tiert", dass er, würde er noch leben (das nenne ich ein Zitat!), eine Geschichte zu erzählen hätte, von Mut und Leidenschaft und dem Entbehrungsreichtum seiner Leute. Sein Fazit lautet – seins? „... OVER THE DEAD BODIES MUST TELL THE TALE." Auch ein guter Satz, bin dennoch enttäuscht. „Meinen" Satz finde ich besser, menschlich anrührender, altruistischer, irgendwie bescheidener, nicht zuletzt auch „cool"!

Meine Begeisterung für diesen schneidigen, gutaussehenden Engländer hat sich gehalten, auch wenn ich irgendwann in Laufe der Jahrzehnte einräumen musste, dass Amundsen zu wenig Beachtung geschenkt wurde. Er war immerhin der Sieger in diesem Zweikampf um die Eroberung des Südpols – ein unbarmherziger Kampf, der sich später, nachdem Amundsen gesiegt hatte, für Scott und seine Crew zu einem Kampf auf Leben und Tod entwickelte, den die Briten dann verloren haben. Ich wurde in meiner Begeisterung umso unsicherer, je klarer mir wurde, dass Roald Amundsen überdies der Erfahrenere war, indem er voll auf das Herkömmliche – seine Schlittenhunde – gesetzt hatte, Scott hingegen als vermutlich modernerer Mensch im doppelten Sinn des Wortes aufs falsche Pferd, auf Ponys, denen der Schnee nicht nur im übertragenen Sinn bald bis zum Hals stand und auf technisch unfertige, motorisierte Schlitten, deren Zustand, wie ich es heute sehe, mit den angeblich modernen Smartphones verglichen werden könnte: Auf beides war beziehungsweise ist man trotz aller Unfertigkeiten mächtig stolz. Dazu möchte ich nur anmerken: Fehler, die sich wiederholen (auf welchem Sektor auch immer), nerven!

Ernsthafte Zweifel bekam ich schließlich doch ob seiner angeblichen, charakterlichen Schwächen, als ich von seiner Art hörte, wie er auf einer früheren Expedition den Rivalen Ernest Shackleton – immerhin auch eine Berühmtheit – auf Grund seines höheren Ranges mit falscher Begründung ausgebootet haben soll. In den 70er Jahren des vorigen Jahrhunderts wurde der britische Held („Last uns den Kindern erzählen, wie Engländer sterben", schrieb die „Evening News" noch 1912) endgültig vom Sockel gestoßen, ja fast gekielholt. Die Biographen überboten sich an Schmähungen. Sie warfen Scott Unnahbarkeit, Starrsinn, Egozentrik, Sentimentalität und Arroganz vor - besser, sie sagten es ihm nach. Aufs Ganze ging Max Jones in seiner Doppelbiographie über Scott und Amundsen, indem er den Briten bezichtigte, er habe „seine Gefährten dem Untergang geweiht und seine Spuren mit Phrasendreschereien" verwischt.

Mag ich als Kind Hollywood-naiv gewesen sein, was Scott betraf, allmählich scheint mir die Schonungslosigkeit seiner Verdammnis doch zu scharf geworden zu sein. Und was ist, wenn man dem überaus selbstbewussten Schreiber in seiner vermutlich geheizten Schreibstube fragt, ob an Scotts „Phrasendrescherei" nicht doch etwas Nachdenkenswertes hängen bleiben sollte – nämlich der Gedanke, mit seinen Worten den bereits zu Tode erschöpften Kameraden doch noch etwas Mut gemacht zu haben, wenn auch zum letzten Mal, in allerletzter Stunde? Schließlich war es Scott, der am Schluss alleine starb.

Trotzdem stand ich lange vor dem Denkmal. Und war er im Tod nicht doch ein Gentleman? „Um Himmels Willen, denkt an unsere Hinterbliebenen!" Wer hat dazu in solchen Momenten noch die Kraft? Oder stimmte auch dieser Satz nie?

Die drei Forscher starben am 29. März 1912.

NACHTRAG aus Wikipedia zur geografischen Ortsbestimmung der drei Gräber von Scott, Wilson und Bouwers: Die Stelle von 79 Grad, 50 Grad S soll heute unter Eis liegen. Nach Berechnungen eines Geophysikers könnten die Gräber durch die Gletscherdrift um das Jahr 2275 den Nordrand des Ross-Schelfeises erreicht haben und dort, in einem Eisberg eingeschlossen, ins Rossmeer entlassen werden. Frage an Greta Thunberg: „Leben um 2275 Eisberge überhaupt noch?

GEDANKEN ZU CHRISTIAAN BARNARD

Bei aller Unabhängigkeit im Umgang mit meiner täglichen Freiheit in Kapstadt stand in punkto „Freizeit" ein Termin doch ganz oben auf meiner nicht allzu langen To-do-Liste: ein Besuch im Groote Schuur-Krankenhaus, einem Ort, der seit dem 3. Dezember 1967 auf ewig Weltgeltung erlangt hat. Ein gewaltiger Bau mit annähernd 900 Ärzten, und dreimal so viel Krankenschwestern, unübersehbar klotzig an der Main Road, Observatory gelegen, Cape Town 7925. Man sollte ein Taxi benutzen, das seinen Fahrgast bis vor den großen und von Patienten oder deren Verwandten belagerten Eingang vorfährt. Bei Hitze ist der aufwärts führende Weg von der Main Road bis zum Eingang schon schweißtreibend genug und für die meisten Ankömmlinge, Patienten oder schiere Besucher beileibe keine Herzensangelegenheit. Mit einer Ausnahme und genau deshalb ist dieser dunkelrote Klinkerbau, seit 1938 in Betrieb, im Dezember `67 in die Schlagzeilen geraten, nicht nur en passant – er hat sie schlagartig und weltweit in einem Maße beherrscht, als habe die Menschheit einen neuen Heiland übers Wasser laufen sehen. Grund war die erste erfolgreiche Herztransplantation (überhaupt der erste Versuch) eines Chirurgen, der mit diesem Eingriff über Nacht zum bekanntesten „Halbgott" in Weiß avancierte. Ein 45jähriger Oberarzt namens Christiaan Barnard. Er hatte damit ein unerhörtes medizinisches Kapitel aufgeschlagen. Das Herz, bislang Zentrum der menschlichen Schlagkraft, damit die Summe des Fühlens, Denkens und Handelns, war unvermutet nichts weniger als austauschbar geworden, hatte also an Beliebigkeit gewonnen – eine Umstellung, eine Überforderung des menschlichen Wissens, für die man zunächst erst mal Zeit brauchte. Nicht wenigen Menschen war der medizinische Erfolg des Arztes lange nicht geheuer. Für sie blieb es ein nicht nachvollziehbarer Akt. Oder war es schon einer der Vermessenheit, des Größenwahns, der Gotteslästerung? Vielleicht eine Stufe tiefer: Mit Sicherheit war es ein Akt wahnwitzigen Ehrgeizes – immerhin eine menschlich nachvollziehbare Form auf der unteren Skala des Größenwahns. Doch Gotteslästerung oder reine Vermessenheit, wie es seinerzeit verschiedentlich genannt wurde – nein!

Andererseits wurde dieser erste Streich von Herzkranken schon bald als letzte Möglichkeit der Hoffnung dankbar wahrgenommen; dann plötzlich sogar schon als erster Schritt auf dem Weg zur Unsterblichkeit? Ja, wenn auch nur als illusorischer Versuch. Wer mit einem neuen Herzen aufwacht, kann sich eines neugewonnenen, verlängerten Lebens erfreuen. Das ist viel, aber immer noch nicht „DAS EWIGE LEBEN"! Das setzt den Tod voraus.

Als Besucher des Krankenhauses wurde man natürlich in den OP-Saal geführt, in dem das historische Ereignis in den Tagen vor Weihnachten 1967 in einem mehr als 12stündigen Ringen um das Leben des Patienten Louis Washkansky stattfand. Was am Ende des Kampfes als Sieg über den Tod, ja als Triumph der völlig erschöpften Crew um Barnard im OP-Raum gefeiert wurde, erwies sich 15 Tage später als voreilig. Washkansky verstarb am 18. Dezember desselben Jahres. Der 2. Patient, der Zahnarzt Dr. Philip Bleiberg, überlebte den Eingriff immerhin um 18 Monate. Seither hat sich die verbesserte Methode der Herz-Transplantation für die meisten Patienten längst als Zweites Leben erwiesen. Heute findet dieser längst stillgelegte Saal im Abseits des modernen und seither erweiterten Groote Schuur-Krankenhauses seinen bewunderten Platz in dessen Museumsteil. Ein karger, dunkler Raum mit steinernen Wänden, der wenig Optimismus ausstrahlt, falls ihn überhaupt jemals ein Kranker bei Bewusstsein erlebt hat. Dennoch wurde dieser OP-Saal, heutigem Maßstab entsprechend, seinerzeit mit einigen hunderttausend Euro nach den Vorstellungen des Professors umgestaltet. Er, der in den USA zum Herzspezialisten ausgebildet worden war, hatte der Krankenhaus-Leitung schon früh die Bedeutung seines Eingriffs klarzumachen verstanden, zumal er wusste, dass ein amerikanischer Kollege ebenfalls in den Startblöcken kauerte… Dessen Versuch wenige Tage später scheiterte indes. Aber auch er wurde erfolgreich. Doch den Ruhm des Ersttäters holte er nie ein. Der blieb Barnard vorbehalten, dem in seiner Laufbahn noch ein zweiter Olympischer Erfolg in der Sparte Chirurgie gelang: die erste Doppel-Transplantation von Herz und Lungenflügel in einem Akt!

Dass der heutige OP-Saal des Groote-Schuur-Krankenhauses im Zeichen der digitalen Entwicklung ganz anders aussehen dürfte, „weiß" man, ohne je einen davon erlebt zu haben. Die erste Transplantation geschah, wie erzählt, 1967. Noch im Jahr 2004 wurde Christiaan Bernard nach der Heilsfigur Mandela zum zweitbedeutendsten Südafrikaner gewählt. Sein Schicksal blieb dennoch von tragischen Einschlägen nicht verschont; am wenigsten sein einsamer Tod am 8. September 2001 auf seiner Ferieninsel Pharos – sechs Tage vor seinem 79. Geburtstag.

***

Der Schreiber dieser Zeilen lernte Professor Barnard am 22. September 1987 in Hamburg bei dessen Auftritt im Hotel „Atlantik" kennen.

Im Bericht in der WELT vom 23.9.1987 hieß es darüber:
„Ein Halbgott kämpft gegen die Falten"

Nur Professor Äsculap hat es unter den Göttern des Skalpells zu größerem Ruhm gebracht als Christiaan Barnard, dem selbst ein Mann wie Sauerbruch nicht mal das Wasser – allenfalls noch den Tupfer – reichen könnte. Und Barnard, dieser braun gebrannte Halbgott in Weiß, weilte gestern formvollendet parlierend, softdrinkenderweise in der Stadt, wo er im „Atlantic" wie nebenbei ein wenig PR betrieb. Gekonnt zurückhaltend, Profi im Small Talk, strebt er geschwind dem Rentenalter zu, das er am 8. November erreicht. Infolgedessen macht es Sinn, wenn sich der fast 65jährige offen für Glycel – die „anspruchsvolle, parfümfreie Hautpflegelinie" (O-Ton Werbung) gegen das Altern, versteht sich – einsetzt, zumal er auf Anhieb tatsächlich jünger wirkt, als er ist. Verdankt er das dem Wundermittel?

Diese Frage wird ihm nicht gestellt. Sie würde ihn wahrscheinlich auch nur in die Verwirrung treiben. Natürlich fehlt einem wie ihm, Jet-setter der extraordinären Klasse, die deutsche Beamtenblässe. Und das Trevira eines Oberamtsrates, geschweige denn dessen Übergewicht, trägt er auch nicht (mit sich herum); letzteres nicht, weil er schon von Berufs wegen – ernährungsphysiologisch so zusagen – viel weiter ist. Und so etwas macht summa summarum bestimmt ein halbes Dutzend Jährchen wett. Sie stehen ihm gut. So gesehen, eine Lichtgestalt. Die Runen der Resignation in seinem Gesicht werden erst später zu sehen sein...

Sein Griff zum Herzen vor 20 Jahren – am 3. Dezember 1967 – erreichte eine fast metaphysische Tiefe. Es war wie der Griff ins Zentrum des Seins. Ein Mensch mit einem fremden Herzen war so revolutionär, so erstmalig wie zwei Jahres später nur noch der Blick von außen, vom All, vom Mond auf unseren Planeten.

Barnard wird denn auch – wie außer ihm vielleicht noch Armstrong, jener Mann im Mond („ein kleiner Schritt für mich, ein großer für die Menschheit") – als der große Entmythologisierer dieses Jahrhunderts in die Geschichte eingehen. Es wurde ihm freilich nie (richtig) übelgenommen, daß er das Herz entzauberte, zu einem puren Muskel degradierte, verlängerte er doch das Leben und rückte so den Traum von der Unsterblichkeit ein wenig näher. Ärztliche Kunst in Reinkultur. Die Welt, die ihre Sensation hatte, entließ den jungen Chirurgen, damals gerade 45, seither nicht mehr aus ihren Fängen.

Niemand aber hält sich ungestraft auf solchen Höhen. Da seien schon die Medien vor. Der Aufstieg in die Top-Etagen des Ruhms war einfach, verglichen mit dem Aufenthalt dort oben. Die erste Ehe scheiterte, die zweite ebenfalls. Die Unsterblichkeit hatte ihn verwundbar gemacht. Das ist das Drama im Leben des Christiaan Barnard. Hinzu kam das Geschick einer vergleichsweise unscheinbaren Krankheit: die Arthritis als mißgünstige Variante im Leben eines genialen Operateurs, der es mit seinen knotigen Fingern nicht mehr packte... So gesehen, auch eine tragische Erscheinung.

K.T.

„WAR ICK SCHON SAUER"

Sonntag, 3.März! Werde heute früh durch ein Piepen von meinem Smartphone geweckt. Eine Meldung von Telecom, auf der mir vorgerechnet wird, um wie viel weniger ich mich in dieser Woche mit dem Apparat beschäftigt habe als in der vergangenen. Haben die einen an der Klatsche? Erstens wüsste ich nicht, was mich im Leben weniger interessierte als das, zweitens Sonntag früh (in Deutschland wäre das 8 Uhr morgens gewesen) und drittens – und das ist das ist das Schlimmste: Antworten kann man diesen Telecom-Vögeln auch nicht! Über diese Restriktion des eigenen Rechts sollten sich mal ein paar verantwortliche Rechtsgelehrte ein paar ernsthafte Gedanken machen. Selbstverliebte Angeber, diese Bande der „Smartphone-Künstler" - sie alle, erkennbar megastolz auf ihre unangetastete Macht.

„War ick schon sauer", schlurfe ich zur Küche, um den Rest des kalten Kaffees von gestern zu schlürfen, als meine Zunge plötzlich etwas rätselhaft Hart-Haariges in der Tasse spürte: ein rund drei Zentimeter langes, undefinierbares Etwas. Tot. Ich weiß nicht mal, ob es ein Flugtier oder ein Kriechtier war. Ein durstiges Flugwesen ließe ich noch durchgehen, das nach Flüssigem suchend, in den kalten Kaffee gefallen ist. Es wäre wenigstens der richtige Riecher gewesen, aber ein Kriechtier aus irgendeinem Loch, den hohen Rand des Bechers erschleichend und dann noch in demselben runtergerutscht – keine schöne Vorstellung für einen Sonntagmorgen. Und überhaupt, wo hätte es sich denn in meiner Wohnung bis dahin versteckt? Andere Länder, andere Sitten? Ein amphibisches Wesen, letzte Möglichkeit? Wohl auch nicht. Das Meer ist zwar nahe, doch wie sollte es an den Fahrstuhlknopf gelangt sein, oder die Stufen bis zum 14. Stockwerk erklommen haben?

Auch das Amphibische also hinter mir lassend, komme ich noch mal auf den hellen Klingelton meines „geliebten" Smartphones zurück. Ich stelle mir vor, ich hätte die private Telefonnummer des sicherlich besonders in sich selbst verliebten Oberbosses dieses undurchschaubaren Ladens und würde ihn nächsten Sonntag frühmorgens um acht Uhr aufgeregt anrufen, ich vermisste „seine" Mail, in der mir mein Telefonverhalten von dieser zur vergangenen Woche mitgeteilt würde. Ich sei unsicher, was zu tun sei und würde ihn deshalb zu gern gleich an Ort und Stelle danach befragen: Sollte ich in der vor mir liegenden Woche nun mehr oder weniger lang an der „Strippe" hängen? Wobei ich mich für das Wort „Strippe" natürlich sofort entschuldigt hätte. Ich sei nun mal ohne Order hilflos, wäre ein durchschnittlicher Bundesbürger, lehne „linke" wie „rechte" Gesinnungen vehement ab und wisse in diesem Fall nicht, wie der Mainstream verlaufe. Und wenn es mir dann noch gelänge, in diesem Gespräch mit dem Oberboss meine Handynummer zu unterdrücken, stattdessen aber seine in die Hände bekommen hätte, möchte ich mal wissen, wie der plötzlich selber hilflos gewordene Herr wohl auf ein Telefonat meinerseits reagiert hätte. Wohl weniger "smart". Na, dann wären wir uns ja einig, sozusagen auf gleichem Niveau!

FÜNFTE WOCHE: 4.3.- 10.3. 2019

BEGEGNUNGEN...

... zumal herzerfrischende, müssen nicht lange dauern. Das liegt in ihrem Wesen; auch das Erfrischende unterliegt freilich dem Verschleiß, weniger jedoch dem Vergessen. Meine Erinnerungen haben weit vor diesem Tag begonnen. Ich denke zurück an meinen ersten Sonntag in Kapstadt, den 3. Februar 2019, zugleich der 109. Geburtstag meines langjährig Erziehungsberechtigten, Onkel Günter oder seriöser, Dr. Günter von Nordenskjöld, MdB von 1965 - `72 für die damals noch ernstzunehmende CDU! Ich sitze im Wagen meiner Vermieterin an einer

Tankstelle und warte. Es dauert, bis die Dame vom Bezahlen auftaucht. Sie ist weiß, jüdisch und schwergewichtig. Eine Krankheit, sagt sie, und „Murks der Ärzte". Und deshalb ähneln ihre Bewegungen (nicht ihr Temperament) dem allgemeinen Tempo dieses Landes. Ich habe also Zeit. Es ist, wie gesagt, der erste von acht Sonntagen in immer der gleichen Stadt, die nie dieselbe bleibt. Ein Daueraufenthalt wie dieser ist neu für mich. Als Reporter bleibt man zwei, der Tage. Gut, in New York nach „Nine Eleven" waren es drei Wochen, aber eben keine acht.

Während ich so vor mich hin sinniere, wie mit dieser neuen Situation umgehen, entdecke ich eine junge Schwarze hinter der Kasse einer Mall, höchstens ein halbes Dutzend Meter weit weg, getrennt durch zwei Fensterscheiben. Ich sehe sie zufällig, sie mich im selben Moment wohl auch. Sendet sie mir ein angedeutetes Lächeln zu, etwa eins für mich? Ich war mir durchaus nicht sicher, versuchte dennoch – sich bloß nicht zu weit vorwagend – ebenfalls eins anzudeuten. Da lächelt sie offensiv zurück. Ich kann gar nicht anders, als das Gleiche zu tun. Es endete in einem totalen Gelächter.

Auch das, dachte ich mir, könnte „Kapstadt total" sein – leichtfüßig, herzlich, befreit. Mag das der übliche Eindruck dieser Stadt sein für die üblichen 3 bis 5-Tage-Touristen, man hat schon anderes vernommen, ehe man es selber erlebte.

Inzwischen, sieben Wochen weiter, weiß ich, Cape Town kennt beide Seiten, die schöne, heitere, befreite, romantische, wie auch die dunkle, trostlose, eingeschnürte und vor allem befangene… Eine Stadt der Trauer kann Kapstadt durchaus sein – eine des Untergangs trotz allem (noch) nicht! Dafür lebt und lacht sie zu gerne! Wenn`s denn beim Lachen bleibt.

Auch wenn 90 Prozent des Gelächters auf das Konto der Einheimischen geht. Lachen entspringt einfach ihrem Wesen, hält sich meist aber nur kurzfristig. Liegen dafür nicht auch zu viele von ihnen in einer Hölle aus Schmutz, Frust und Einsamkeit? Und amüsieren sich dennoch spontan über jede Kleinigkeit! Das gibt jeden

Tag Hoffnung, so unbegründet sie sein mag. Vor allen die Frauen sind es, die sich so ausschütten können, vor allem über Weiße; und wenn es sich um unsere Ungeschicklichkeit handelt, bleibt tatsächlich kaum einer unserer weißen Westen sauber; meine schon gar nicht. Die Schwarzen lieben es, ihre hellhäutigen Landsleute ins Visier nehmen. Und uns „Touris" sowieso.

Ein paar Tage später – ich komme gerade von einem Einkauf aus meinem schwarzen Lieblings-Shop -, als ich drei ältere Frauen, in der Abendsonne gegen eine, die Wärme reflektierende Wand gelehnt, beobachte und sofort weiß, dieser Platz wird heute ihr Nachtlager. Hier liegen sie erst in der Hitze des Tages, später im „brütenden Backofen" der Nacht, um dann im Winter ebenfalls hier so manchen Tag „durchzustehen". Wie sie das machen und aushalten? Sie erzählen nichts Genaues, wiewohl sie unentwegt reden, alle durcheinander; nur verstehen kann man so gut wie nichts. Man weiß nur, im Augenblick steht man im Mittelpunkt. Was vor Ort nicht unbedingt Schlechtes bedeuten muss. Ihre Unterhaltung – sie beschränkt sich, falls sie mich meinen, auf Zeichen und die gibt es massenhaft: Eine Hand wandert von sich auf den stehen gebliebenen Neu-Kapstädter; die Hand wandert weiter auf die beiden anderen Frauen zu, dann auf deren Kissen, Decken, Mäntel und Essensreste; danach verweist sie auf ihr Tablett mit den falschen Zähnen; es könnten ihre sein. Sie lacht und dabei wird überdeutlich: Es sind ihre! Der angewurzelte Gast weiß das als Zeichen der Sympathie einzuschätzen. Es kam ihm bekannt vor. Im Norden Alaskas vor Jahrzehnten hatte ihm eine (damalige) Indianerin – heute ein „Wesen mit echt langem Migrationshintergrund", ohne dass man nun überhaupt nicht mehr weiß, um wen es sich dabei eigentlich handelt - an der Theke der Ortskneipe schon mal als Zeichen der Freundschaft ihr Gebiss zugeschoben. Der verdutzte Anblick des seinerzeit „Beschenkten" hatte die in die Jahre gekommenen Indianerin zu einem homerischen Gelächter hingerissen. Was seitdem klar ist: Man kann auch mit leerem Mund gewaltig lachen! Und diese Dame in Kapstadt wusste ebenso, was sie tat. Und hätte sie gewusst, dass das dem vor ihr stehenden Weißen schon mal passiert ist, der Widerhall ihres Gelächters hätte wahrscheinlich seinerseits gereicht, bis in den letzten Canyon des nördlichsten Staates der USA vorzudringen.

Ein Versuch war auch dieser Kapstadt-Stopp wert, auch wenn er plötzlich unangenehmer verlief: Eine der drei Frauen (die mit der Hand) sieht mich plötzlich lange unverwandt an. Mit jeder Sekunde wird klarer. Sie will Geld; alle Drei brauchen Geld! Man wendet sich ab. Doch das hilflose Wissen bleibt, das ist die „Rache" der Armen, der entgehst du nicht. Niemand hält diesem Blick stand, lieber zahlt er. Also legt er verschämt ein paar Fünfziger hin und ist froh, dass die Sparkasse Sulingen ihm seinen deutschen Tausender für die Extras in möglichst vielen Zehner- und 50er-Rand-Scheinen hingeblättert hat. Prächtige, bunte Scheine, diese 50 Rand-Noten, und jeder doch nur (vor Ort) eine Menge Geld!

NUR GELDSCHEINE ZÄHLEN

Begegnungen wie diese ergeben sich dutzendfach am Tage. Kommt ein junger Mann, ein Strich in der Landschaft, die Hände im leeren Mund auf einen zu: Man weiß schon auf 20, 30 Meter, der hat dich ausgesucht. Er nähert sich einem in leicht angewinkelter Haltung und kreisförmig. Es gibt kein Entrinnen. Erst sind es seine Augen, die dich gefunden haben, dann seine Finger, die den Hunger anzeigen, er duckt sich, je näher er einem auf die Pelle rückt. Dann fährt er seine brüchige Stimme aus: „Hungry" und reibt sich den Magen. Jetzt ist er dran an einem, bleibt trotz abwehrender Haltung, verneinender Gebärde an deiner Seite; er riecht den zusammenbrechenden Widerstand seines „Opfers". Alles Taktik und genauso schlichte Wahrheit! Bekommt er einen Schein, einen Zehner = 66 Cent in Deutschland, wirkt er zufrieden. Es sind die Scheine,

Er lächelt für einen Zwanziger!

die zählen. Sind es Münzen, fünf Zwei-Rand-Münzen sind auch zehn, fühlt er sich abgespeist, schreit einem oft laute, sehr laute, doch gleichbleibend unverständliche Laute hinterher. Sein falsch verstandener Zorn entzündet sich daran, dass er unser Kleingeld, für das er seine Hand hinhält, als unser „Wegwerf"-Geld aus der Hosentasche betrachtet, einen Schein aber ernst nimmt. Der kommt aus dem Portemonnaie oder aus der Tasche im Oberhemd oder T-Shirt. Obwohl der dann auch nicht mehr wert ist als die gleiche Menge in Coins. Ankommt es dem Empfänger jedoch auf die Seriosität der Geste. Alles noch Folgen der ungleichen Behandlung, die offensichtlich immer noch wehtut, wiewohl sie schon fast drei Jahrzehnte zurückliegt? Kapstadt anno 2019!

Schon ein „Zehner" als Schein ist vor Ort eine ganze Menge. Die Armen, die „Havenots", ganz allgemein die Unterschicht tätigt ihre Einkäufe ja nicht in den modernen, hochpreisigen Malls der besseren Gegenden. Sie kennt billigere Geschäfte. Wieder kommt jemand eilenden Fußes auf mich zu, erzählt schon von Weitem eine tolle Geschichte, du verstehst wieder kein Wort. Hörst dann aber doch: „No money, Sir – food!" Und die Hand fährt zum Mund. Und schon steht er mit dir wie zufällig in der Tür zum „Minimarket", verschwindet blitzartig hinter den Regalen, und dann häufen sich in phantastischer Geschwindigkeit vor der Kasse auf dem leeren Tresen bereits zwei Packungen Kellogg`s Schoko Pops, ein Liter Milch plus nach erstem Anschein eine Menge kleinerer Undefinierbarkeiten wie Zucker, Salz und Käse, Haferflocken, Bananen und etliches an Gemüse. Alles längst von der Kasse akzeptiert - die Packung Zigaretten lege ich dennoch zur Seite. Die Geschwindigkeit, mit der der saubere Ladentisch aufgefüllt wurde, hatte etwas von der Rasanz einer Lawine, deren Fallsucht ins Leere durch den Aufprall auf dem Boden jäh in eine Aufbauleistung ungeheuren Ausmaßes verwandelt wird.

Oder, ich sitze bei KFC, bei Kentucky Fried Chicken, und verdrücke meine „Four Wings" für 25 Rand (im März 2019 knapp ein Euro), da tanzt ein Schwarzer plötzlich vor meinem Fenster auf der äußerst belebten Straße, grüßt mich, freut sich anscheinend tierisch, dass er mich sieht, als seien wir alte Freunde, die sich unvermittelt getroffen haben - auch er hat nur Hunger und nur eine Chance, auf seinen tänzerischen Charme zu bauen. Hier hat er sie nicht; er wird seiner wenig ansehnlichen Kleidung wegen nicht hineinkomplimentiert wie die übrigen Gäste. Er wird von Seinesgleichen hinausgeschmissen, die auch nur einen Job auf Sparflamme haben. Doch das ist der Unterschied.

SÜDSUDANER – EINE LIGA FÜR SICH

Unangenehm dagegen sind die Asylanten aus dem Südsudan – politisch schon lange irrlichternd, als sich ihr Land vor einigen Jahren mit 99,8-prozentiger Mehrheit für die Eigenständigkeit, die Abtrennung also vom Norden des Landes, aussprach – im gutgläubigen Bewusstsein ihrer überschätzten Bodenschätze, die sie mit dem verhassten Norden nicht länger teilen wollten. Dumm nur, dass diese Schätze nach Abbau ausgerechnet durch diesen Norden transportiert werden mussten, um an Käufer zu gelangen – eine Überlegung, die ihnen in ihrem Unabhängigkeitsrausch entgangen war.

Die Masche der südsudanischen „Wegelagerer" ist ebenso durchtrieben wie einfach. Sie stellen sich auf der Straße als ordnungsgemäß geführte Asylanten vor, was der Kapstädter Magistrat bestreitet, und pochen auf ein legales Bleiberecht, was die Landesregierung schon gar nicht wahrhaben will. Es wirkt, als seien all` die Asylanten geschult worden, mit den Fingern zu arbeiten: Daumen hoch heißt: „My Mother has been killed in the war!" Tiefer Blick in die Augen. Zeigefinger: „My Wife was killed in the war." Ein Herz zerreißender Blick von unten. Mittelfinger: „My Daughter"..., Ringfinger: „My Husband..." Natürlich kann das alles richtig sein. Das "Angebot", wer gerade verstorben ist, scheint sich allerdings auch danach zu richten, wer gerade wen anspricht bzw. wer vom wem mit welchem Opfer wohl das größte Mitleid erwecken könnte. Beim ersten Mal war es ein Mann, der mir als „Opfer des sudanesischen Bürgerkriegs" mit seinem Mittelfinger quasi seine gestorbene Tochter hinreichte. Ein andermal war es umgekehrt, da weinte eine Frau vor mir mit hochgehaltenem Ringfinger um ihren toten Ehemann. Mitgefühl, Trauer, Skepsis und Zynismus, dann wieder unbegreiflicher Spaß am Leben wechseln in dieser Stadt wie die Ampeln ihr Licht.

„YOU ARE GERMAN"

Da stimmt was nicht – nicht nur beim Auftritt der sudanesischen „Einwanderer". Eklatant wird es, sobald sich die Hilfesuchenden bewusst, wenn nicht schon provozierend als Moslems ausweisen. Ihr neu gewonnenes, weltweites Selbstbewusstsein vermittelt ihnen eine bis dato unbekannte Großzügigkeit, nichts anderes freilich als eine pure Fake-Variante, mit der sie einen ansprechen: „You are German", wusste einer, „you are a good man!" „Heute nicht", entgegnete ich. „Geh zu Deinen Gebetsbrüdern. Einer wird Dir schon helfen, der da", und zeige auf eine stämmige Figur mit langem, weißem Bart. Ich verfolge den schon eine Weile in seinem ähnlich weißen Burnus, die Hand ständig an seinem Gebetsbund, wie er gravitätisch durch die Massen auf dem Gemüsemarkt schreitet, anhält, mit bestimmten Händlern spricht – alles von scheinbarer Sorgfalt und Ehrerbietung geprägt. Ich glaube dem gewichtigen, in ein langes weiße Gewandt gehüllten Mann Allahs kein Wort, schon gar nicht, wie er vor dem Eingang zur Christlichen Kirche am Long Market seine Anhänger um sich schart. Wie er mich immer wieder beobachtet, ist er meiner längst ansichtig geworden. Ist auch nicht so schwer; ich bleibe ja laufend stehen und mache mir meine Notizen.

Wir halten uns auf diesem riesigen, von alten Häusern eingemeindeten Marktplatz auf - einem Tummelplatz für international beliebte Billigwaren, zugleich die Chance für alle Sorten von Bettlern. ER dürfte keiner von ihnen sein. ER dürfte Geld haben.

„Mein" Moslem will keins von ihm. Er will m e i n Geld, nicht das von „seinem Freund", einem Freund, wie ich einer wäre. „Dann ist er nicht Dein Freund", sehe ich meine Chance davonzukommen. Was er jedoch nicht verstehen will. Ich als Deutscher! „Good man" und berührt dabei meine Schulter. Wir trennen uns etwa einen Kilometer später, als ich ihm endlich klarmache, sein Schicksal interessiere mich nicht, was so nicht stimmt, mir jedoch geboten erscheint, um ihn nicht als Tagesbegleiter weitere Stunden ertragen zu müssen.

Es mag mich trügen, doch wie ich es gesehen habe, treten die Moslemischen Freunde, ob dunkelhäutig oder weiß, meist in Gruppen auf, im Gegensatz zu ihren andersgläubigen, falls überhaupt gläubigen, schwarzen Kollegen. Schon wegen ihrer Geschlossenheit wirken sie unnahbar, auf keinen Fall vermittelnd – was daran ist Glaube, was Folge ihres neuen Selbstbewusstseins, über das erbettelte Geld hinaus?

Andere Fälle, andere Gesichter. Ein junger Mann tut mir leid. Er bot mir aus seinem ambulanten Laden, den er mit sich herumtrug wie die Frauen den ihren auf dem Basar von Kinshasa, etwas an, was ich partout nicht brauchte, ein Käppi gegen die Sonne. Aber er tat wenigstens etwas. Einem jungen Mädchen, das sich auf einer Bank mir schräg gegenüber hingesetzt hat, will ich genauso schnöde absagen. Mein stummes Lächeln muss reichen. Wie dann aber auf der anderen Seite ihr Lächeln erstirbt, das wird lange weh tun, lange nicht vergessen sein. Habe ich Mitleid mit ihr?

Mitleid? Ich rekapituliere gerade als Hospiz-Lehrling zuhause einen Kurs, der sich gründlich mit dem Unterschied von Mitleid und Mitgefühl beschäftigte. Unterlag dabei das „Mitleid" – in der Kategorie des Helfen Wollens - dem Mitgefühl nicht haushoch? Es unterlag tatsächlich. Nicht Mitleid sei das richtige Gefühl beim Helfen, höre ich noch aus dem Seminar die Stimme unserer Psychologin, um dann fortzufahren, nur das Mitgefühl halte, was es verspreche, nämlich von sich aus Hilfe für andere zu leisten. Nur das bewahre einen davor, sich psychologisch allzu tief in alle, zu Herzen gehende Fälle zu verstricken. Deswegen sei das Mitgefühl das Gebotene, als aktiverer Teil beim Helfen zugleich der sachlichere – damit der befreiende. Mitleid hingegen konzentriere sich leicht subjektiv mehr auf einen selber als dass es anderen nütze. Sorry, Frau Psychologin vom Hospiz Sulingen, ein kurzer Rückfall!

Etliche Begegnungen laufen auch undramatischer ab, wenn man davon absieht, Ehrerbietung oder gar Unterwürfigkeit als undramatisch zu bezeichnen. Ich weiß oft nicht, wie die schwarzen Bürger ihres Landes ihre eigene Freundlichkeit betrachten: Wenn sie einem beim zufälligen Treffen auf dem Gehweg ausweichen, das Trottoir verlassen, einem unter angedeuteter Verbeugung ein, „Sorry, Sir", vor die Füße legen, oder einem mit einem hellen „Hallo", sich leicht vorbeugend ihr Geleit durch die Masse Mensch anzubieten scheinen: Entspringt diese Ehrerbietung weiterhin einer gezielten Unterwürfigkeit oder ist es tatsächlich eine Folge ihres heiteren Wesens? Man möchte diesen Bürgern ihres Landes das Letztere wünschen.

DIE VERLORENEN

Es bleibt ernst an diesem Montag. Je näher die kurze Dämmerung heranrückt, desto mehr Menschen bemerkt man irgendwo hingestreckt, verkrümmt, auf dem Bauch oder der Seite liegend. Bei manchen der uralten Gesichter glaubt man, wenn sie einen anschauen – wenn! -, sie könnten einem anthropologischen Museum entstammen. Ihre Väter seien Abermillionen Jahre alte Steine aus dem Mesozoikum gewesen. Stumme, zahnlose, ausgemergelte Gesichter, in die man blickt, länger hineinblicken möchte, es aber nicht wagt, geschweige denn, diese Menschen zu fotografieren. Plötzlich überfallen mich aberwitzige Vorstellungen, wieso man selber das Glück hatte, als Deutscher geboren zu sein. Hätte der Geburtsort nicht auch hier oder ein Bordstein in Kalkutta sein können? Auf Kalkutta komme ich, weil mich immens die schwere Niederlage des Weltverbessers und Literaturnobelpreisträgers Günter Grass gefesselt hat. Er, der eines Tages unter üppiger Ankündigung nach Kalkutta auszog, dort helfen zu wollen, oder was auch immer, brach sein (skeptisch von mir beäugtes Experiment) weit vor dem ursprünglichen Termin ab und kehrte heim - in sich gekehrt, verzweifelt, bedient!

Afrika ist von den üblichen fünf Kontinenten, über die im Allgemeinen gesprochen wird, der letzte, auf den ich gestoßen bin und zugleich der anziehendste, der, der am meisten bewegt. Weil er als Urkontinent der Menschheit gilt? Manchmal glaubte ich das unbedingt zu spüren, dem „Ur" irgendwie nahe zu sein, speziell in den ozeanischen Weiten seiner Wüsten – unter Umständen heute noch die größte Herausforderung für den hier lebenden oder vegetierenden Menschen. Doch in Momenten wie diesen, in den überquellenden Stadtteilen von Kapstadt, wo scheinbar nichts als reine Not herrscht, erlebe ich Zweifel an einer kontinuierlichen, vor allem vernünftigen Entwicklung des Menschen - vom sagenumworbenen Ur, dem Beginn intelligenten Lebens über den „Homo erectus", der als Spurensucher und Langstreckler noch jedem Macho überlegen wäre, bis zum Homo sapiens sapiens von heute. Letzterer scheint den Kampf um seine Weiterentwicklung zurzeit gegen einen zwar nicht neuen, aber immer mächtiger auftrumpfenden Typus, eben dem des Machos, zu verlieren. Dieser halbgare Typ vervielfältigt sich gerade, ob als Chauvi, als Pascha = Muttersöhnchen, ob als Sexist, Rassist oder kraftprotzender Bodybuilder von Anabolikas Gnaden, in extra engen T-Shirts.

VON MACHOS UND MÄNNERN

Der Abstieg vom Mann zum Macho – Farbe spielt hier keine Rolle - ist in Kapstadt ziemlich gut zu verfolgen, natürlich eher in Touristen-fernen Gebieten, dort, wo der Macho nur noch eine einzige Spezies unter sich weiß, die der Frau. Entweder demaskiert er sich als aggressive, kreischende Witzfigur, über die Frauen trotz aller Unterlegenheit noch lachen können (besser jedoch im Ernstfall die Brüder an ihrer Seite wissen), oder als hüftschwingender Muskelprotz, der seine Frau anschreit, dass es der nächste Distrikt noch mitbekommt. Und das auf offener Straße... Nicht nur in Kapstadt. Unser Globus wird von Machos unterlaufen. Paradebeispiele dieser seltsamen Exemplare habe ich – bislang unübertroffen - 1994 im Kongo en Masse erlebt. Zunächst hatte ich allerdings das Glück, die mütterliche Seite dieses ewig in Bürgerkriegen versinkenden Landes beobachten zu können. Auf dem Marktplatz von Kinshasa, gerade während einer weiteren „innerbetrieblichen" Auseinandersetzung um die reiche Provinz Katanga. Es waren die Frauen, die dort die Last des Lebens (und Krieges) trugen. Nicht nur baumelten an jeder von ihnen drei, vier ihrer kleineren Kinder am Leib, die Mütter trugen auch noch ihren Bauchladen mit sich herum und flirteten obendrein mit dem einzigen Weißen auf Teufel komm` raus, nachdem das Wort „Mondele, Mondele!", ein Weißer, ein Weißer, die Runde um den riesigen Marktplatz gemacht hatte.

Warum, versuchte ich `rauszufinden, nehmt ihr euch keinen Tisch mit, auf dem ihr eure Waren ablegen könntet, wenigstens einen Hocker. „Weil wir dann", radebrechte zunächst ein ebenholzschwarzes, mächtiges Weib auf Englisch und dann halfen ihr alle ebenholzschwarzen Frauen in der Umgebung mit Händen, Armen und Füßen, mir zu erklären, dass, sobald man mit seinem Laden den Boden berührt, Steuern fällig würden. Es reiche schon ein Stock, auf dem man seine Sachen nur abstützen wolle. Ich wollte es nicht glauben, schon weil ich es verbal lange nicht verstanden hatte. Erst das tausend-fache Gelächter ob meiner Begriffsstutzigkeit, das Schreien und Zetern der Frauen ließ mich in mich hineinhorchen. Hatte ich so etwas nicht schon mal gehört? Irgendwo ja! Inzwischen war mir so viel an Bananen, Apfelsinen und undefinierbarem Gemüse zugesteckt worden, als wollte man mir damit geistig auf die Sprünge helfen. Die Masse hätte einen Kleinlaster locker überladen. Umgeben von fast „mannshohen" Obstkästen –

einer der letzten männlichen, positiv besetzten Begriffe - lachte ich erst vorsichtig, dann bald lockerer mit und am Ende, als ich meinen eigenen Groschen hatte fallen hören, aus voller Kehle – es wurde einer der heitersten Vormittage meines Lebens. Seitdem mag ich ebenholzschwarze, gleichwohl voluminöse Mütter, die trotz allem noch ein Auge für ein „männliches" Exemplar (letzter männlicher Positivbegriff) übrighaben. Ihr Gelächter verfolgte mich rund um den Marktplatz bis in die kleinsten Straßen, die auch schon Bescheid wussten. Es sind diese Frauen und Mütter, die die „Dritte Welt" vor dem Absturz in die „Vierte" bewahren. Ihnen wir nie ein Denkmal gesetzt!

DER ÜBERGEWICHTIGE HOMO SAPIENS

Kleiner Exkurs: voluminöse menschliche Exemplare! Ob weiblich oder männlich, ob im Kongo oder in Südafrika, in den USA oder bei Edeka und Lidl um die Ecke – wo sie auftauchen, bestimmen sie das Bild. Ich stehe mit meinem Fahrrad in Kapstadt an einer Fußgänger-Ampel der großen Strand-Street, bin auf dem beschwerlichen Weg nach Waterfront und sehe einer ziemlich korpulenten (um das Wort „unwahrscheinlich" zu vermeiden), jungen Frau hinterher, wie sie mit afrikanischer Gemütsruhe (und Grazie!!) bei Rot zur Freude aller Autofahrer eine zehnspurige Ausfallstraße überquert. An der Dame bewegt sich nichts – außer ihrer Kehrseite in roter Hose. Ich stehe und staune. Ich hatte ja auch Rot (Ampelrot) wie alle andern. Und auf der gegenüberliegenden Fahrbahnseite, die mittlerweile Grün hatte, wagte wegen der auf sie zukommenden „African Queen" auch niemand anzufahren. Verkehrsstau für eine einzelne, wenn auch raumeinnehmende Dame.

Ich habe im Laufe dieser Wochen solche Kehrseiten nicht nur dieses eine Mal gesehen – gewiss nicht. Manche Männer (oder

Machos?) mögen ja Manches daran für sexy halten wie unter den momentan Hinterherguckern offensichtlich auch einige, doch gesund kann das unmöglich sein, und es existieren ja noch ganz andere Kaliber...

Es gibt sie sogar massenweise auch unter hochkarätigen Figuren des männlichen Typus` eines „homo sapiens". Ich kannte einen Professor, der auf Grund seiner Fähigkeiten sogar zur Gattung des „homo sapiens sapiens" gehören dürfte und von achtern ähnlich aussah wie die Maid von Kapstadt; geschlechtliche Spezifika spielen bei solchen Gewichten und Formen keine Rolle mehr. Menschliche Formate wie diese, die sich bei ganz normalen Türen in querer Haltung „durchschlängeln" müssen, lieben daher die geöffneten Rieseneingänge der Einkaufscentern. Das hat schon seine Gründe! Beim Bäcker nebenan sollten für diese Kaliber besser gleich die Eingänge fürs Warenlager b(e)reit und offengehalten werden, will man derart gewichtige Menschen als Kunden nicht verlieren. Allerdings stelle man sich mal vor, was ein solcher Körper mit 50 oder 150 Kilo Übergewicht lebenslang aushalten muss, veranschlagen wir davon nur 30 Jahre. Ein schlanker Arzt hat das mal erklärt: Das Jahr mit seinen 365 Tagen und (auch) Nächten, den Tag zu 24 Stunden; jede Stunde á 60 Minuten, die Minute mal 60 Sekunden, ja jede Zehntelsekunde (wo beginnt, wie berechnet man Zeit?) und das 30 Jahre lang und alles multipliziert mit 50 Kg (oder mehr). Was für eine astronomische Summe, was für ein unvorstellbares, Jahrzehnte währendes Übergewicht... Gesund kann das nicht sein.

Ein weißer Autofahrer - immer noch in Kapstadt – bemerkt mein Staunen, nimmt seine Musikkabel aus den Ohren, lacht mich an: „Curious? Never seen before – eh? Now, you know South Africa!" Das Letztere kann ich nicht bestätigen; das „Curious" schon. Mit breitem Grinsen trennen wir uns – auch eine dieser kleinen lustigen Begegnungen, diesmal mit einem Südafrikaner britischer Herkunft. Was freilich ebenso zum Thema gehört: Es gibt in dieser Stadt auch bildschöne Frauen; sie würden, bei Gott, am Broadway „bella figura" machen. Was man – durchaus wichtig und nicht nur nebenbei bemerkt - auch übergewichtigen Frauen nicht absprechen darf. Kommt doch nur auf den Geschmack eines jeden Einzelnen an!

RÜCKBLICK (2): Machos in Kinshasa...

...wieder zurück nach Kinshasa im Jahr des Herrn 1994, zurück zu den Machos dort. Unser letzter Bestimmungsort war der viele Fußballfelder-große Marktplatz in der Hauptstadt. Und wo, fragte ich mich und dann die Frauen, verstecken sich hier die Männer? Die wasserfallartigen Antworten, das Geschrei, die Gesten wohl sämtlicher Frauen von Groß-Kinshasa, ihre wilden, verachtungsvollen Blicke sagten alles; verstehen musste man da nichts. Also „da", auf dem Marktplatz waren „die Männer" jedenfalls nicht. Da wurde ja auch gearbeitet.

Stunden später, am Abend, als man überwiegend kleine, mickrige Typen betrunken aus irgendwelchen versifften Spelunken zur Sperrstunde um 19 Uhr (es herrschte ja Krieg) laut pöbelnd hinausfliegen sah, wusste man schlagartig, wo die Männchen, besser als „Machos" charakterisiert, ihre Heimat hatten. Nicht mal zum Krieg taugten diese Macho-Männchen. Aber morgens nicht hochkommen, tagsüber Faulenzen, abends Saufen und nachts ihren Frauen das 7., 8. oder 9. Kind andrehen, das entspricht ihrem Wirkungsgrad, oder setzten wir für diese Zurückgebliebenen sprachlich nicht zu hoch an – entspricht ihrem Ego-Wahn. Ja, wahrscheinlich auch das zu hoch für Typen wie diese... Bin schon lange, war es auch damals schon, überzeugt davon, dass das Machogehabe dieser sogenannten „Männer" seit Olims Zeiten zu den unterschätztesten Kriegsmotiven gehört. Machos übrigens ungefragt mit Männern gleichzusetzen, hieße zwar vielfach Männer beleidigen, kommt aber vor, vermischt sich gelegentlich doch – wie es unbewusst die drei gebrechlichen Figuren während des jugoslawischen Bürgerkriegs Anfang der 90er Jahre im Kosovo bewiesen: ein Bild des Jammers, diese drei Alten unmittelbar an der Grenze zu einer durch den Bürgerkrieg neu gegründeten „Staatsmacht" (die drei Wochen später wieder verschwunden war inklusive zwei meiner Filme). Es waren weniger Männer, eher ausgemusterte Greise, gestützt auf ihre uralten Gewehre, die schon unter Tito im 2. Weltkrieg nicht mehr verwendet wurden. Wie sie sich an dieser Stelle wichtig nach nicht-existierenden Feinden umsahen, sich nach allen Seiten sichernd, die schmale Hauptstraße stolpernd überquerten und sich dann in die Büsche schlugen, mag zwar unvergessen geblieben sein, eindrucksvoll war es nicht. In Deutschland hätte eine Krankenkasse jedem von ihnen einen Handstock zur Verfügung gestellt, die diese Vogelscheuchen im Bewusstsein ihrer soldatischen Wichtigkeit empört abgelehnt hätten; mit Sicherheit, sobald ihnen klar geworden wäre, dass „Krücken", die wenigstens noch auf eine Verwundung schließen ließen, heute unter „Gehhilfen" abgebucht werden.

ZUM KRITIKER AM SYSTEM...

...am südafrikanischen, wurde ein Mann aus Zimbabwe. Wir waren im Kongo stehen geblieben: Auch dort in Kinshasa wusste man wie hier in Kapstadt bei den vielen hingeworfenen Müllhaufen, die in Cape Town allerdings einmal die Woche beseitigt werden, nicht, ob sich zwischen den Abfällen nicht womöglich doch ein Mensch aufhält. Ich habe im Kongo zwar keinen gesehen, aber auch nicht mit vergleichbarem Blick wie in Kapstadt danach gesucht. Tatsächlich stieß ich hier, in Cape Town, mehr als

Kein Müllhaufen - eine Wohnung

einmal auf einen unter Bergen von Plastiktüten, alten Klamotten und Sonstigem schlafenden Bettler, meist zu erkennen an den herausragenden Extremitäten - Hände oder Füße -, seltener an den Köpfen. Der war meist abgewandt, oder lag verborgen unter einer ausgebreiteten Zeitung. Es handelt sich hier eben nicht um einen Müllhaufen, sondern jeweils um die aktuellen Behausungen dieser armen Schlucker, die von den Müllmännern in aller Regel denn auch unbehelligt gelassen wurden. „Alles Unsinn", unterbrach mich mein Taxifahrer, dem ich diese Beobachtung schilderte. „Sir", unterbrach mich der Einwanderer aus Zimbabwe in seinem tafellosen Englisch und doch über seinen eigenen Ausbruch erschrocken, ich müsse wissen, dass all die Armen drogenabhängig sind, also mein Mitleid nicht brauchten. „Und woher das Geld dafür? Fragte ich zurück. „Well", Sie müssen auch wissen, dass Südafrika die liberalste Drogenpolitik ganz Afrikas betreibe und der Staat eine Menge für die Abhängigen ausgebe, ja sogar Drogen erlaube - zum Teil umsonst. „Und? Eventuell auch, weil man als Staat doch daran verdient?" „Natürlich", meinte der junge Mann am Steuer, „vor allem aber – weil die Zugedröhnten politisch Ruhe geben." Bösartig oder wahr?

Auf jeden Fall hat er gut reden, mein Fahrer aus Zimbabwe. Er hat einen sicheren Job bei Uber, wird gut bezahlt. Spricht ein sauberes Englisch. Sein Land gilt immer noch als das mit der besten Schulausbildung des Kontinents. Altes Erbe – noch aus Rhodesiens Tagen? Und so finden die Flüchtigen aus dem Land Robert Mugabes in Südafrika fast alle einen festen Job. Meiner will á la longue Unternehmer werden. Sein Land verließ er dennoch wegen Mugabe, der, einst als Freiheitsheld gefeiert, mit nahezu absoluter Mehrheit (!) gewählt, letztlich aber doch nur als verkommener Despot mit 93 Jahren in den Zwangsruhestand geschickt wurde. Seitdem friedlich? Das wurde in dieser Kapstädter Taxiunterhaltung bestritten. Inzwischen ist der alte „Herr" verstorben.

Despot war Mugabe schon lange. Schon weit vor 1995, als ich das Land besuchte. Seine Tagesdevise ans Volk war simpel: Alle Ampeln der großen Einfallsstraßen, die noch unter seinem verhassten, weißen Vorgänger, Ian Smith, gebaut und noch einigermaßen gut erhalten waren, hatten morgens auf „Rot" gestellt zu werden, solange er, der Staatspräsident samt Tross, auf dem Weg zum Regierungspalast die Straßen nicht passiert habe. Da das aus bekannten Gründen nie der gleiche Weg war, stand praktisch der gesamte Verkehr still, damit ganz Harare. Abends ab 18 Uhr, wenn ich mich richtig erinnere, das gleiche Spiel – Ampeln auf „Rot" -, er auf verschlungenen Wegen zurück in seine Luxusvilla unter üppiger Militärbegleitung plus eigener ambulanter Krankenstation.

Dass der Ex-Freiheitsheld aus Rhodesien eines der reichsten Länder Afrikas zu einem der ärmsten gemacht hat, konterte er stets mit dem Argument der Gleichberechtigung zwischen Schwarz und Weiß. Wobei die Schwarzen dadurch – zugegeben – zunächst etwas schwärzer, also bedeutungsschwangerer wurden, die Weißen hingegen umso bleicher, je weniger sie wurden, oder je weniger aus ihnen wurde. Das Resultat ist bekannt. Simbabwe, 2019, runtergewirtschaftet bis auf die Grundmauern ist im Jahr darauf, 2020, mit Corona verständlicherweise nicht besser geworden!

MENSCHEN UNTER DEM NULLPUNKT...

...es gibt sie überall auf der Welt, wenn auch in den westlichen Demokratien weniger. Also trifft man sie auch in Südafrika. Es gibt sie in Kapstadt selbst in den „normalen" Ballungsgebieten, Ausnahme natürlich in den bestens präparierten und also begehrten Highlights für Touristen; nirgendwo zum Beispiel an den hellen Stränden von Waterfront. Der Kapstadt-Besucher, der mit dem Blick aufs Meer am Ufer hockt, sich bald schläfrig dem sanften Pulsschlag des heranrauschenden Wassers ergibt, oder zum Alltags-Philosophen für das „Ewige", das „Stoische" wird und somit auch zum Zeitzeugen für die „Unentrinnbarkeit vor der Natur". Dieser Alltags-Philosoph wird nur eines hier nicht finden: den geschlagenen Menschen aus den unteren Regionen dieser (wundervollen) Stadt, den verlorenen! Mit „Menschen unter den Nullpunkt" hat er an diesem Platz nichts zu befürchten. Und doch passiert diesem ruhebedürftigen Tages-Philosophen plötzlich Folgendes: Er wird mit einem unerhörten Schlag augenblicklich wieder in die Realität zurückgeholt, weil neben ihm ein gewaltiger Bagger, bedient von einem schwarzen Angestellten (also keinem Verlorenen), eine Steinlast krachend am Ufer ablädt, um es, ähnlich wie in Sylt, vor der zürnenden Flut zu retten. So viel in stiller Natur zur Unentrinnbar vor dem Lärm!

RÄTSELHAFTE WESEN

Wer nun sind diese Menschen, angeblich unter dem Nullpunkt des Lebens? Durchaus auch einige Weiße, die Masse der Verlorenen ist aber schwarz: Menschen, die ihre gesamte Habe am Leibe tragen, sommers wie winters. Menschen, deren Gesichter unter einem Ur-waldbart und einem jahrelang gewachsenen Haupthaar so klein geworden sind – so winzig und verwahrlost bis zur Unkenntlich-keit-, dass sie tatsächlich nur noch von denen wahrgenommen werden, die bewusst, ja voller Absicht hinsehen. Menschen, de-ren Drehzahl nicht mehr messbar ist, so gering. Menschen, deren Sprache nur noch aus gegurgelten Wörtern zu bestehen scheint und im Dunklen einfach übersehen werden. Wer sie dort als Mensch überhaupt wahrnimmt, erschrickt bis in unbekannte Tie-fen, falls er sich nicht vorher schon durch gewisse Ausdünstungen hat vertreiben lassen.

Meist gehört ein langer, zerfaserter schwarzer Mantel zu ihren Be-sitztümern, von irgendwo ergattert, vielleicht sogar noch von der letzten Sozialstation. Auch das wird Jahre her sein. Wenn das vor Schmutz starrende Kleidungsstück, ob bei 30 Grad C, 35 Grad oder 40 Grad getragen, aufgestellt würde, dürfte es stehenbleiben wie ein schmales Zelt. So wie der Schmutz Materie verändert, verän-dert er das Wesen seines Trägers. Nicht nur das – erst recht sein Aussehen. Allein für diese äußerliche Herabstufung braucht ein Mensch Jahre, wenn nicht Jahrzehnte, ehe er sich derart radikal aus dem durchaus turbulenten Leben um sich herum verabschie-det hat – ein Prozess, der niemand zu interessieren scheint, am wenigsten ihn. Doch weiß man`s wirklich?

Ein hingehaltener Schein. Er blickt nicht mal hin. Begreift er über-haupt, dass jemand neben ihm steht, ihm somit relativ nahege-kommen ist? Er, den ich gerade versuche zu beschreiben, muss früher ein hochgewachsener Mensch gewesen sein. Doch er sieht dich nicht, bewegt sich nicht, hält die Hand nicht hin. Er wirkt wie ein Geist. Warum er überhaupt steht, mehr gebückt als aufrecht und sich nicht wenigstens hinlegt, bleibt rätselhaft wie alles an ihm: seine Gegenwart, seine Vergangenheit, seine Geschichte mit all ihren Erlebnissen, Abenteuern, von der Geburt an bis zu seinem vorzeitigen Abschied aus der Welt um sich herum. Es kommt einem Untergang gleich. Nichts davon scheint an ihm vorüber zu ziehen. Er hat abgeschaltet. Aber er steht noch; vielleicht nur noch auf Grund einer unbewussten Suggestion? Doch wer nimmt ihn als Gestalt noch wahr? Fotografiert habe ich ihn nicht.

Helfen? Wenn wir ein erbarmungswürdiges Leben wie dieses samt seiner komplett unbekannten Biografie erst so spät zu Gesicht bekommen bzw. erkennen, kommen wir, ob wir es wollen oder nicht, um den ebenfalls zum Leben – leben (?) - gehörenden Begriff der „unbarmherzigen Realitäten" nicht herum… Wenn das nicht das Traurigste an diesem Beispiel ist!

HOFFEN AUF DIE JUGEND?

So trostlos und ausweglos etliche Schicksale auf diesen Seiten beschrieben werden, so bietet Kapstadt, auch wenn die Stadt ins Trudeln geraten ist, immer noch Anlass zur Hoffnung. Um unterzugehen, dafür erscheint die Metropole als punktuelle Ergänzung zu zwei Ozeanen und dem getreuen Tafelberg einfach zu positiv aufgestellt. Ganz anders sieht das zwar eine pessimistische Stimme aus dem Jahr 1995, gerade zu dem Zeitpunkt, da Mandela als Präsident der Republik Südafrika für eine grundlegende Wende im Land zu sorgen schien. Nach dieser Meinung ist Kapstadt „… bedroht vom Tafelberg, bedrängt vom Atlantik und belastet durch die Apartheid." Ein Satz, den ich - doch Tourist geblieben – einfach so nicht gelten lassen möchte. Nur darf unter „Hoffnung" oder

„Hoffen" nicht das stumpfsinnige Warten der meist Älteren unter der armen Bevölkerung gemeint sein. Die Hände in den Schoß zu legen ist allenfalls nach Feierabend eine Option. Und Erfolg hat nur der, den ein entsprechender Wille vorantreibt. Nur, wer fördert ihn in diesem Lande?

Man sollte auf die Jugend setzen, wenigstens den Teil, der Schule und Ausbildung durchsteht. Für diese jungen Leute wird allerdings eine verständnisvollere Regierung benötigt. Viele Schulkinder wirken hierzulande, soweit man sie erlebt hat, phantastisch. Die Schulen sind übervoll, werden begeistert angenommen. Natürlich werden auch hier Kinder scheitern. Wer zuhause nur die Hölle des Nichts durchmacht, hat vielleicht schon resigniert und wird ohne auffällige Begabungen in dieser Haltung verharren. Vorstellbar!

Unübersehbar ist allerdings auch, in wie vielen Kindern die Süße des Südens zum Vorschein kommt. Mit ihrer makellosen, sanften Schokoladen-Haut, den – das muss genetisch bedingt sein – ausgeprägten Hinterköpfen, der durchbrechenden Lust am Lachen und Toben, wirken sie wie eine aus der tückischen Moderne herausgefallene, beschwingte Jugend. Noch hat der Smartphone-Furor weder den Achtjährigen, geschweige denn den Sechsjährigen im Griff. Noch stagniert die beginnende Eifersucht unter den jungen Mädchen um die schönsten und kostbarsten Kleider. Dafür sorgt schon die in Blau gehaltene, durchaus nicht unelegante Schulkleidung. Mag sie den ersten Hauch des Militärischen in sich tragen, muss davor in oder außerhalb Kapstadts niemand Furcht haben. Ich habe während meines Aufenthalts vier Groß-Demonstrationen erlebt, eine lief unter der Überschrift „Bildung für alle", eine andere „Gegen die Verschwendung von Wasser". Polizei vorne, Polizei hinten und doch erinnerten sämtliche Demonstrationen eher an Karnevalszüge. Die Südafrikaner werden das Militärische nie lieben, sie wollen tanzen, also taten sie das auch auf ihren Umzügen, Entschuldigung: Demonstrationen. Unmöglich zu übersehen, die gleiche, leichte, rhythmische Freude und der Wille zu tanzen am Tag der durchaus ernstgenommenen Parlamentseröffnung – tanzen vor einer Unzahl Polizisten und Soldaten: Kann das auf der Skala des Erfolgs ein Nachteil sein?

Apropos: „Tanzen" Die einzige Theatervorstellung, die ich in meinen Tagen vor Ort im 2010 eröffneten Fugard Theatre in der Caledon Street erlebt habe, handelte von einem tanzverzückten, jungen Liebespaar während der Apartheid: „He was white, She was black" hieß es auf den Plakaten überall in der Stadt und damit war alles gesagt. Nur eines nicht: Dass ausgerechnet der weiße Hauptdarsteller beim Tanzen so blass blieb wie seine Hautfarbe. Er konnte es wirklich nicht, während die schwarzen Tänzer samt und sonders brillierten. Beifallstürme vom überwiegend weißen Publikum im überfüllten Theater dankten es ihnen. Aber auch hier wieder diese Trennung: Wo die Weißen die Mehrheit bilden, bleiben die Schwarzen (bis auf erschreckend wenige Ausnahmen) weg. Es waren die professionellen schwarzen Tänzer, die diese schwarz-weiße Diskrepanz nicht nur überdeckten, sondern absolut überflüssig machten. Doch so unermüdlich sich die gesamte Crew darüber hinaus auch mühte, den blass-braven Hauptdarsteller in seiner Funktion als Chef der Tanzfläche im besten Licht dazustellen, indem sie ihn schützend in ihrer Mitte aufsogen, so sympathisch der Weiße auch wirkte, es half nichts. Er vermochte es schlicht nicht, eine kesse Sohle aufs Parkett zu legen; es lag ihm nicht. Sorry! Ein einfaches „sorry" reicht indes nicht; der ungelenke Tänzer beleidigte vielmehr das einst pulsierende Viertel namens „District Six", weil er es nicht verkörperte. Seine tänzerischen Fähigkeiten vermochten allenfalls die biedere Gegenwart dieses bürgerlichen Viertels widerzuspiegeln, doch verfehlte die Vielzahl seiner falschen Schritte in atemberaubender Weise die umwerfende Vergangenheit dieses Distrikts.

MYTHOS „DISTRICT SIX"

Der Mythos aber lebt! Der Distrikt selber ist als interessantester Kleinstkontinent innerhalb Kapstadts längst untergegangen. Mit diesem Ort, dessen Vergangenheit heute den Älteren der hier Lebenden noch ein Begriff ist, verschwand 1966 auf Erlass des "Group Areas Act" der weißen Regierung von der Bildfläche; es war ein multikulturelles, „swingendes" Stadtviertel sui generis. Wo früher 99 Jahre lang, zwischen 1867 und 1966, ein Völkergemisch ehemaliger Sklaven, Malaien, Chinesen, Portugiesen, von Seeleuten, Künstlern und wieder eingesickerten Schwarzen, die schon seit 1901 von hier vertrieben worden sein sollten, ihre Heimat gefunden hatten, erhebt sich heute ein normales oder sagen wir es ruhig, ein biederes Stadtviertel, in dem es sich durchaus gut leben lässt. Nur vom alten Nimbus ist nichts mehr zu spüren.

Die Vertreibung der annähernd 60 000 buntgemischten Bewohner setzte die dominante, weiße Regierung ab 1967 durch, jedoch misslang ihr die Ansiedlung einer rein weißen Gesellschaft, die dieses Viertel stattdessen luxuriöser wiederbeleben sollte. Und nicht nur das: die Regierung ramponierte mit dieser Aktion ihr ohnehin bescheidenes Ansehen weltweit und endgültig. Vom zerstörten Traum einer kunterbunten und künstlerisch begabten Bevölkerung, die hier vermeinte, nach eigenem Gusto leben zu dürfen, bis zum Trauma (oder seelischen Knacks) einer von ihrer Rassenpolitik überzeugten Regierung verging kaum ein Jahr, dann sah sich Pretoria wie auch Kapstadt allgemein auf dem Globus moralisch, lautstark und endgültig ins Abseits befördert. Nichts von ihrer weißen Überlegenheits-Doktrin ist geblieben. Doch abzulassen von ihr reichte ihre Kraft auch nicht. Sie hielt sich noch mit Mühe und besonderer Härte ihrer rassisch orientierten Überzeugung zwei Jahrzehnte im Amt, bevor sie ihre Sachen packte und das Land Mandela und den Seinen überließ.

Schon 1968, im olympischen Jahr darauf, rächte sich ihre machtpolitische Fehleinschätzung. Südafrika wurde von der Teilnahme an den Spielen in Mexico City ausgeschlossen: ein Nachteil nicht nur für die schwarzen Sportler des Landes, die favorisierte Rugby-Mannschaft zum Beispiel, ebenso für ihre eigenen, weißen Spitzensportler, unter denen mit Paul Nash der damalige Mit-Weltrekordler über 100 Meter zu finden war.

Die ganze Katastrophe um den wahren Bestand des „District Six" resultierte aus der falschen Lage dieses Viertels. Es war über die Jahrzehnte zu nahe an die sich ausbreitende (weiße) City von Kapstadt herangerutscht, oder umgekehrt, hatten sich die Weißen – wohnungstechnisch - der einheimischen Gesellschaft zu sehr genähert. Und deshalb sollte die unmittelbare Nachbarschaft ebenfalls reinrassig Weiß werden (und natürlich auch so bleiben). Ein Blütentraum, der nicht heranreifte.

Zwar zog es die Weißen zunächst neugierig dahin, manche zogen sogar dahin, doch so richtig zog der neue Ort nicht. Noch heute stößt man – jenseits der alles beherrschenden Buitenkant Street - an vielen einsamen Stellen dieses Bezirks mit seinen abgerissenen Bauten lediglich auf Spuren einer missglückten Umwandlung. Vom einst besungenen Flair – nichts mehr. Es reicht an den geplünderten Plätzen noch nicht mal zu einer erinnerungswürdigen Friedhofsruhe, bestenfalls für ein hohes Maß an Verständnislosigkeit. Was damals niedergerissen wurde, ist nie mehr aufgebaut worden. Und doch hat das Ganze, wenn auch auf anderer Ebene, zwei positive Aspekte für sich: einen höchst anmaßenden, individuellen und einen historisch bedeutsamen: So eigneten sich die leeren, gleichwohl hügeligen Straßen vorzüglich für mein Fahrradtraining, zugleich verführten vor allem die neu angelegten Straßen die weiße Herrschaft endgültig in die Sackgasse ihrer Überlegenheits-Ideologie! Und weil es mit der scheinbar erfolgreichen städteplanerischen Idee ebenfalls nichts geworden war, hatte die Apartheid-Politik schon damals ausgespielt – lange, bevor sie faktisch endete.

SECHSTE WOCHE: 11.3. – 17.3. 2019

DER BEGRIFF „APARTHEID" – EINMAL ANDERS

Dabei war die Apartheid – darauf sei an dieser Stelle mit einer gewissen Vorsicht hingewiesen – ursprünglich von einer absolut anderen Absicht getragen, nämlich die „Kultur und Struktur der Afrikaner" aufrecht zu erhalten. Eine Absicht der Briten anlässlich der Gründung Südafrikas. Wie aus der (angeblich) humanen Idee der Briten eine der inhumansten ihrer gesamten Geschichte wurde, beweist dieses Beispiel. Die Engländer, seinerzeit auf dem Weg, die halbe Welt zu erobern, galten dabei als „harte Hunde" und durchaus nicht als humane Eroberer. Und so lässt sich der Gedanke an einen Bluff oder eine raffinierte Tarnung ihrer wahren Absichten den neuen Untertanen gegenüber nicht gänzlich unterdrücken. Vielleicht stimmte die ursprüngliche Absicht sogar, die „Schwarze Kultur" der Afrikaner zu erhalten. Und doch bleibt es ein perfektes Beispiel dafür, wie leicht sich ein humaner Grundgedanke in machtpolitische Eroberungspläne unterbringen oder pervertieren lässt. Und wie schnell das geht! Ähnlich auch in gänzlich anderen Fällen (s. „Beispiel Belfast")!

Völlig erholt hat sich der „District Six" immer noch nicht - erkennbar an den auffällig vielen ungenutzten Flächen. Dennoch steht er mit seinen modernen Gebäuden, unter anderen, „meinem" Hochhaus in der Buitenkant Street, dem „District Six Museum", ebenfalls in der Buitenkant Street, dem „Fugard Theatre" in einer nahen Seitenstraße, das trotz der Panne mit dem großen Tanz-Star als Avantgarde-Objekt einen exzellenten Ruf genießt, keineswegs schlecht da. Inzwischen haben sich eine Entbindungsklinik und die University of Technology hinzugesellt sowie eine Volks-, oder Grundschule. Das meiste leicht zu Fuß zu erreichen, auch wenn das erfolgreich Moderne nach landläufiger Vorstellung den alten, „verrückten" Zeiten hinterherhinkt, die bei näherem Hinsehen auch ihre Schwächen gehabt haben dürften: Da das Viertel zweifelsohne kein reiches war, werden die Tore für die üblichen Sünden weit offen gestanden haben.

MITTAGESSEN MIT ERSTKLÄSSNERN

Vom Schulunterricht heißt es in Südafrika grundsätzlich, er werde vor allem in den ersten Klassen von strengen Lehrerinnen geleitet. Dann hat es diese Schule gut, sie liegt doch absolut sicher außerhalb der Townships. Dort wird immer noch – fast 30 Jahre nach Aufhebung der Rassentrennung – nach Mitteln gesucht, das niedrige Leistungsniveau der Schüler anzuheben. Die meisten Kinder beginnen ihre Schule ohne irgendwelche Grundkenntnisse der englischen Amtssprache. Klassen von 80 - 90 Schülern sind die Regel und von daher wird für Township-Absolventen das Niveau für die Schlussprüfungen noch immer gesenkt – mit katastrophalen Folgen für Berufseinstiege. Es fehlt (und klingt auch für uns nicht völlig unbekannt) an vernünftig ausgerüsteten Lehrern, entsprechender Bezahlung, ordentlichen Schulgebäuden und in ganz Südafrika an mindestens 1000 Schulen. So rangiert das Land, das heute angeblich ein Drittel seines Budges für die Bildung ausgibt, unter den 144 untersuchten Ländern an 140. Stelle, was die Regierung vehement in Abrede stellt. Leider wirkt es umso glaubwürdiger, je zorniger es in Pretoria bestritten wird. Und doch lässt sich bei all den Ungereimtheiten ein gewisser Fortschritt gegenüber den weißen Vorgänger-Regimes nicht verheimlichen. Diese nämlich "strangulierten" ihre jungen schwarzen „Mit"-Bürger mit einer Primitiv-Bildung, die knapp sieben Prozent dessen ausmachte, was man damals für die Ausbildung der weißen Schüler bereithielt.

Ich erlebe ein Mittagessen mit Sechsjährigen im „Museum District Six", eine Querstraße entfernt vom Fugard Theatre, zehn Minuten weg von meiner Wohnung. Die Grundschullehrerin gehörte erkennbar zu den gestrengen, schon demnach befand ich mich in einem geordneten Stadtbezirk. In der Schule, dem Museum nahezu geschwisterlich verbunden, saßen in einem Nebenraum an die 20 Schüler zum Lunch. Schweigend! Unter ihnen als Einziger ein weißer Junge. Es gab Spaghetti. Wie die Kinder mit ihren Gabeln gelernt hatten, mit diesem glitschigen, nicht leicht in den Griff zubekommenden, vertrackten Essen fertig zu werden, imponierte. Die einheitliche Uniform tat das Übrige – dass alles hatte unter der Oberleitung einer streng dreinblickenden Lehrerin etwas einstudiert Pantomimisches an sich. Gesprochen wurde nicht – Pantomimen-Programm eben – bis einem der Jungen unvermutet etliche Nudeln von der überladenen Gabel zu Boden rauschten. Er schrie auf, suchte mit der Gabel auf seinem Hemd zu retten, was zu retten war – natürlich nichts. Von da war es mit der stillen Idylle vorbei. Mädchen wie Jungen kringelten sich vor Lachen, endlich auch der Unglücksrabe. Und die Lehrerin? Sie lachte mit, bis sie fand, dass nun Schluss damit sei. Dann war auch Schluss! Ich lachte noch mal, was auffiel!

„REALLY A BLESSED CHILD"?
(Fortsetzung des Themas: "Hoffen auf die Jugend")

Seit sich in den öffentlichen Parks der Stadt nach Abschaffung der Rassentrennung dort auch schwarze Kinder tummeln dürfen – woraufhin sich die weißen Kinder von Orten wie diesen verabschiedet haben (oder von ihren Eltern verabschiedet wurden) –, verbreiten die jungen Leute dort einen ungeheuren Charme, zwar unterschiedlich zwischen Mädchen und Jungen, aber ob früh-männliche Unbeholfenheit oder schon kindlich weibliche Raffinesse, wer`s bemerkt, braucht seine Freude darüber nicht zu verhehlen.

Und dann die Talente! Sie könnten Südafrika in der Leichtathletik zu einer gigantischen Sportnation erheben, wie sie heute schon zu Dutzenden in den öffentlichen Parks ihre Bewegungsbegabungen spielerisch verraten. Sie brauchten nur erkannt zu werden. Daran, zum Teufel, hapert es! Die meisten der schwarzafrikanischen Bürger kennen nicht einmal ihre Stars – außer ein paar körperlich phantastische Erscheinungen vom Football, Rugby, Basketball und einige Fußballer. Der wirklich größte Star Südafrikas, der amtierende Weltrekordler und aktuelle Olympiasieger über 400 Meter, Wayde van Niekerk, sagte kaum einem seiner Landsleute etwas, wiewohl er einer der Ihren ist!

Sein sagenhafter Rekord von 43,03sek. über die Stadionrunde am 14.8.2016 in Rio de Janeiro scheint sich noch schneller verflüchtigt zu haben, als es sein Lauf schon war. Das ist unbegreiflich. Es war ein Lauf, dessen Ästhetik 380 Meter lang entzückte – erst die letzten 20 Meter bis zum Ziel wurden dann zum reinen Überlebenskampf. Nicht mal der wäre nötig gewesen; van Niekerk lag uneinholbar vorne, doch er wollte eben auch den Weltrekord! Kaum vorstellbar, dass dieser in Rio umtoste Lauf - rein rechnerisch, viermal hintereinander die 100 Meter in knapp 10,76sek. gesprintet - in Südafrika so gut wie ohne jeglichen Nachhall geblieben ist.

Einmal stoppte ich in Company`s Garden, einem der schönsten Parks in der Nähe des Parlaments, abrupt, als ein vielleicht achtjähriges Kind an mir vorbeipreschte, mich schon gefangen genommen hatte, wie es Armin Hary schneller nicht gekonnt hätte, als man hinsah und wusste: Der Junge ist es! Er könnte der „kommende Außerirdische" werden. Ich fragte ihn am Ende seiner Strecke nach seiner Mutter, die erschrickt, als sie mich auf sich zukommen sieht: „Wissen Sie", überfalle ich sie in meiner Begeisterung über den drahtigen Bengel, „dass Ihr Junge ein Riesentalent ist. In der Leichtathletik? Sie versteht nicht. „Track and Field" aus dem Amerikanischen für „Leichtathletik" ist für sie hekuba, wie vermutlich dieses Wort auch. Mir hat dieser trockene Begriff „Track and Field" auch nie geschmeckt. Also versuche ich es jetzt mit dem anderen, rede von „Athletics". Das versteht sie. Und ich beginne von den Sprint- und Sprungqualitäten des Jungen zu schwärmen, die ich schon nach drei Schritten erkannt hätte. Ich erzähle ihr von Jesse Owens, dem vierfachen Olympiasieger und, und, und... - dann wieder von Owens, der wie sie auch ein gewaltiges Kreuz vor seiner Brust getragen hätte, als ich ihn 1979 zur Eröffnung der Trimmtrab-Bewegung im Berliner Olympiastadion kennenlernt hätte, nur dass er leider rauchte ... Die Frau schweigt, scheint aber nicht gelangweilt. Auf ihr christliches Kreuz vor der Brust deutend, setzte ich noch einen drauf: „Do you know, that you have really a blessed child? Sie sah mich halb von unten an: „Really blessed?" „REALLY a blessed child", wiederhole ich voller Überzeugung! Wir trennen uns – nicht ohne uns noch einmal umzusehen. Der Junge rannte schon längst wieder allen davon und drehte sich im Ziel, in „full speed" noch einmal um sich selbst. In „full speed"! Bin heute noch von dem Kind begeistert. Doch ob je etwas aus ihm wird? Was könnte das für ein Leben werden! Oder wird es nur ein vergeudetes? Immerhin, er besucht die Schule. Da muss ihn doch einer erkennen, Himmel...

Diese Generation könnte, wenn sie nicht aus Faulheit verfettet, den Drogen verfällt, oder durch eine korrupte Regierung um alle Chancen gebracht wird, die erste werden, die ihre Arbeit als Tugend und Wert begreift und in der Ästhetik des Sports ein anzustrebendes Ideal.

GEDENKEN AN CAESAR UNG GEDANKEN AN GERMAR

Ist mir nie aufgefallen: diese schriftliche Ähnlichkeit zwischen diesen beiden Namen. Und dass bei der Ähnlichkeit ihrer Begabungen, mögen sie noch so unterschiedlich ausgefallen sein. Unbestritten sind beide auf ihren Gebieten Genies gewesen: der eine als Staatsmann, der andere als weltbester Sprinter. Gedanken wie diese entwickelten sich freilich erst im Laufe des Tages. Eigentlich begann der Tag übel, als ich beim morgendlichen Haarschnitt das Haar verfehlte und mir ins Ohr schnitt, was, wie ich wusste, Folgen haben würde. Blut im weißen Handtuch ist das Erste, was meine Raumpflegerin, eine junge, hübsche Frau, schwarz, ihrer Chefin, meiner Vermieterin, weiß, per Smartphone schicken wird. Blut im weißen Handtuch ist das Letzte, was diese zu sehen wünscht. Das bekomme ich sofort aufs Brot geschmiert, ob wir zusammen ein Eis essen, Fisch oder südafrikanische Maisbällchen. „So ein Handtuch muss einfach weggeschmissen werden", ist sie sauer und negiert meinen Einwand, dass man Blut nur kalt auswaschen müsse. Dann sei alles gut! So, wenigstens, hätte ich es gelernt. Half nichts. Sie war sauer! Wir gingen dennoch später wieder essen.

Die Blut-Arie begann vor einigen Wochen mit einem Schnitt bei der Rasur, setzte sich heute früh beim Haarschneiden fort. Das dürfte sie noch weniger akzeptieren. Was nebenbei bemerkt, übrigens zu beweisen war, dass Blut doch dicker ist als Wasser. Man konnte es genau erkennen. Aber auch das interessierte die Dame nicht.

Heute ist der 15. März 2019 = Caesars 2063. Todestag. Ich ehre dieses Datum jedes Jahr. Seit ich als Primaner freiwillig Mommsens „Römische Geschichte" gelesen habe, bin ich dem smarten, glatzköpfigen Staatenlenker verfallen, dessen mörderisches Ende (natürlich nur nach damaliger Rechtsauffassung) eine gewisse Berechtigung besaß, gleichwohl auf ewig schade bleibt. Man wird nie erfahren, was sein diktatorischer Anspruch für Rom als Staat bedeutet hätte: Positives, weil Mommsen den göttlichen Gaius Julius Caesar für ein ungewöhnliches, zugleich aber auch heiteres Genie gehalten hat, der den Durchblick für das Gute besaß, oder Negatives, weil Macht am Ende doch alles frisst, eben auch das Gute und sich damit sich über alles hinwegsetzt?

Von Caesar zu Germar. Auch Germar war ein Genie! Das mutet (für mich) schon die seltsam überraschende Namens-Endähnlichkeit an.

Dass mir an diesem Tag – dem 15.3. - eine verloren gegangene Mail an Germar vom 10.3. wieder in die Hände gefallen ist, hat mit Caesar nicht unbedingt etwas zu tun, insofern doch, als mir das Datum von dessen Ermordung in den „Iden des März`" auffiel. Die Mail an Germar, den früheren Weltklasse-Sprinter, den weltbesten von 1957, war gedacht zu seinem 84. Geburtstag. Dass der 10,2-Sprinter am 10.3.Geburtstag hat, habe ich immer als kleine Inkongruenz seines Schicksals empfunden. Herrgott – dieser junge gutaussehende Manfred Germar, wird vierundachtzig Jahre alt. Ich habe ihn bildlich so nahe vor Augen, als sei das berühmte „Gestern" wirklich erst gestern gewesen. Hört denn das Älterwerden nie auf? Kann es nicht wie dank meines Jahrgangs beim 77. bleiben, bei Germar eben seit fünf Tagen beim 84. oder auch bei Armin Hary, der demnächst 82 Jahre alt wird?

Ich habe Zeit zum Sinnieren. An Radfahren ist heute bei dem Sturm nicht zu denken. An diesem Vormittag läuft einem alles irgendwie verquer. Immerhin habe ich nun Zeit, die Germar-Gratulation etwas zu verlängern. Es ist immer heikel, solchen Größen einigermaßen Adäquates zu liefern, zu wünschen, zu formulieren! (Insofern bin ich froh, dass das bei Caesar nicht mehr nötig ist). Aber auch bei Germar, einem der ganz Großen, was Leistung und Bescheidenheit betrifft, fällt es nicht leicht. Wer diesen Sprinter der Extraklasse je erlebt hat, wird sein Finish nie vergessen. Und wer das nie erlebt hat, kann Germars Größe nie ermessen. Ein Verlust! Und nun frage ich mich konsterniert, ob meine 1. Gratulation überhaupt angekommen ist.

Draußen stürmt es derweil weiter, den vierten Tag hintereinander. Der heftige Wind, einer der berüchtigten Kap-Stürme, hat seine Mündung direkt auf mein Fenster gerichtet, das ich eigentlich nie hatte schließen wollen. Öffne ich es jetzt auch nur einen Spalt breit, fegte der Sturm durch die Wohnung, als wolle er sie reinigen, fegte durch die Ritzen der Wohnungstür weiter nach draußen bis auf den Flur meines Stockwerks und tobte sich dort innerhalb des Hochhauses durch die Etagen.

Einmal schon das Fenster während einer Radtour offengelassen und der Druck auf meine Tür war bei der Rückkehr fast zu vergleichen mit der Kraft des Sturms, die ich während einer Hurtigruten-Reise nördlich Tromsö erlebte. Damals hatte ich die schwere Eisentür zum Deck, die meinen Ehrgeiz herausforderte, beinahe schon im Griff, hatte sie schon einen Spalt weit geöffnet, da – klatsch – schlug sie wieder zu. Diese Wucht hat mich nachhaltig beeindruckt. Hätte ich damals, wie ich es kurzfristig im Sinn hatte, meinen rechten Fuß zwischen Tür und Angel platziert, wäre ich heute wohl mit dem Fuß auf einen Schuh mit ganz hohem Spann angewiesen.

Als ich jetzt in Kapstadt meine Wohnungstür am Ende des Tages später mit aller Gewalt vom Flur aus öffnete, kam mir das Dutzend leerer Plastikflaschen, das eigentlich längst hätte abgeholt werden sollen, lärmend entgegen, verteilte sich draußen in hellem Singsang und doch polternd in alle Richtungen - wie die sechs Affen in Namibia 2010, die ich während ihres Wohnungseinbruchs bei mir überraschte. Flüchteten die Flaschen jetzt an mir in Fußgelenkhöhe vorbei, taten es die Affen seinerzeit kreischend oberhalb meiner Knie. Auch das eine unvergessliche Geschichte, zwar vom selben Kontinent, dennoch eine andere…

Kapstadt-Stürme hin und her: Sie stören mich nicht; sie gefallen mir im Gegenteil genauso wie das ganze phantastische Wetter entlang der acht Wochen. Nur mit dem Fahrrad ist es dann nicht so einfach. Und wenn es morgen genauso stürmt, fällt ein weiterer Sonntag, vor allem in der verkehrsentleerten City, aus, das heißt, das Vergnügen, auf dem Rad im fast autofreien Zentrum Kapstadts zum Herrscher aller Reußen zu werden, minimiert sich dramatisch. Wenn ich es recht überlege, war der letzte windstille Sonntag der 16.2., als wir auf dem Weg zu den „Big Five" waren. Blieben jetzt nach dem verfehlten Sonntag von morgen nur noch zwei Möglichkeiten, nächste und übernächste Woche. Am dritten Sonntag nach „Trinitatis", dem 31.3., Heimreise (nein, die war dann doch erst am 1.4.). Aus den beiden Sonntagen wurde es, wie befürchtet, tatsächlich nichts mit dem Radeln!

PS: Der Anspruch auf „Trinitatis" war natürlich falsch, wenn es aber doch so besser klingt…

HEIMREISE? Mich durchzuckt es! Weiß gar nicht, warum ich demnächst, zurück in der Heimat, morgens überhaupt aufstehen sollte – ohne den Blick in die unendliche Weite des Himmels über den ähnlich unendlich hingestreckten Tafelberg hinaus. Für einen solchen Anblick störte aus meiner häuslichen Wohnung heraus schon mein erster Baum im Garten; abgesehen davon, dass es – auch ohne Baum - einen solchen Anblick wie hier zuhause nicht gibt. Das wird vergleichbar schmerzhaft werden, wie nach meinem Abschied aus Hamburg der Verzicht auf den Elbblick von meiner Blankeneser Wohnung aus. Also das Ende dieses „Ausstiegs" auf Zeit naht – völlig überraschend, (wie sonst nur noch Weihnachten). Wobei ich einräumen muss, dass bei der Planung des „Objekts Kapstadt" nicht ein einziger Gedanke an das Ende dieser Reise verschwendet wurde. Acht Wochen, schier uferlos!

Los jetzt – Pause - genug Grübeleien an die Zukunft verschwendet - es lebe die Gegenwart; high noon. Genug auch geschrieben, heute Vormittag. Zeit zum Einkaufen – heute, unmittelbar in meiner Nähe, in meinem schwarzen Lieblingsladen mit dem besten Obst-Angebot. Der Laden, der keine Plastiktüten mehr kennt!

MEIN FREUND DAVID

Mein ebenso zufälliger wie neuer Freund David aus dem Kongo, hält es ähnlich wie Südafrikas 400-Meter-Weltrekordler, Wayde van Niekerk, mit der Ästhetik; David hat als Designer sogar einen Beruf daraus gemacht. Ich habe ihn an diesem Sonntag kennengelernt, war mit meinem Smartphone downtown auf Motivjagd, sah ihn zwischen Longstreet und Breestreet in einer äußerst schmalen, allerdings wegen seiner edlen, kleinen Geschäfte höchst anregenden Straße mit Namen „Hout", auf dem Fußboden eines auffallend hellen Geschäfts in seltsamer Haltung halb kniend, fragte ihn, ob ich das „Motiv" fotografieren dürfte, durfte ich und schoss ein Bild.

Zunächst irritierten mich die vielen Hemden auf einer langen Stange längs der frisch gestrichenen, hellen Wand. War ich in einem Wasch- und Bügelsalon gelandet oder vielleicht doch intuitiv in einem Geschäft für Designerhemden? Der halb hingekniete Mensch, der einen größeren Fensterrahmen mit spiegelndem Designerschwarz bemalte, blieb seiner gebeugten Haltung treu, begann aber mit größter Freundlichkeit, sich mit mir zu unterhalten. Er lachte, als ich ihm meine Zweifel über die Art seines Geschäfts schilderte. „Nein, ein Hemdengeschäft", meinte er. „Designermäßig", fügte ich auf Deutsch hinzu, was er nicht verstand und ich nicht erklären konnte. Unser einziges Missverständnis. Bis ich es beim nächsten Mal aufzuklären verstand. Meine intuitive Anteilnahme rührte daher, dass ich in Deutschland lange, wenn auch stets heimlich, nach einem maßgeschneiderten Hemd Ausschau hielt, mich aber nie entschließen konnte, dieses sozusagen durch Kauf öffentlich zu machen.

Mit 77 Jahren nun also mein erstes tailliertes Designerhemdchen? Sollte mir das ausgerechnet hier in Kapstadt gelingen? Schon hatte ich wieder Bedenken. Was, wenn es länger hält als meine Figur, die allerdings gerade sieben Kilo verloren hatte?

Wir verabredeten uns für Dienstag. Es wurde Mittwoch draus, aber nicht wegen der afrikanischen Zeitrechnung; der Deutsche kam zu spät. Nun sah ich meinen „Freund" zum ersten Mal in seiner ganzen Größe, um die 1,90 Meter, blendende Figur, gewinnendes Lächeln, tolle Zähne, weißes Hemd, schwarzer Hose, gesteppte Schuhe – ein Mann ohne Schnörkel: wichtig, aber nicht eingebildet, freundlich, aber nicht selbstgefällig – Founder/Creative Director einer Firma namens „ogùn", David K! Weiter: Geborener Kongolese, daher tief schwarz, d e r Kontrast zum weißen Hemd und sonorer Stimme – oder Summa summarum: Ein „smarter" Typ, wie es die englische Sprache mit diesem Wort einzigartig ausdrücken lässt – ein Begriff, der geographisch über das britische „Commonwealth" hinaus längst zu einem Weltbegriff geworden ist und im Gegensatz zum abgehalfterten Commonwealth fröhlich weiterlebt. Und für dieses Wort braucht die deutsche Sprache ein Dutzend Wörter, von denen gut die Hälfte piefiger nicht sein könnte, wie: fesch, gewitzt, pfiffig, proper, gewieft, schick oder schlau – sprachlich kleinbürgerlichste, geradezu pickelhaubige Übersetzungsversuche: der albernste, „smart" mit „pfiffig" zu assoziieren - zum Totlachen.

MEIN ERSTES DESIGNERHEMD

Ein politisch denkender Mensch außerdem, dieser Firmengründer, der sich seine Karriere zuhause im Kongo nicht vom „Löwen von Afrika", vom später größenwahnsinnig gewordenen Staatspräsidenten Mobuto Sese Seko, ruinieren lassen wollte, bevor diese überhaupt begonnen hatte.

David entstammt einer gutbürgerlichen Familie. Er verließ 1993 – an der Hand seiner Eltern – den Kongo. Über Sambia flüchteten alle Drei nach Südafrika, wo sie sich in Kapstadt ansiedelten. Schon früh entwickelte der heute 31Jährige sein Interesse für schöne Dinge, angefangen mit spielerischen Ideen für neue Schuhe in der Werkstatt eines Freundes. Inzwischen wagte er den Sprung in die Selbständigkeit.

Als ich am Mittwoch sein Geschäft betrat, hatte der Könner mit dem Blick fürs Ganze schon ein Hemd für mich im Auge. Es sah gut aus und saß entsprechend. Ich nahm es. Mein erstes Designer-hemd – tailliert. Tailliert, wie schon oben erkannt, kommt von Tail-le... Könnte daraus zuhause nicht ein Problem entstehen. Könnte? Es entstand! Heute hängt das Hemd in meinem Umkleidezimmer (!) an prononcierter Stelle. Ich warte noch, bis ich die mittlere Knopfstelle wieder schließen kann, setzte also auf die Radsaison 2021 (bisher noch vergebens)!

SIEBENTE WOCHE. 18.3. - 24.3.
RÜCKBLICK (3): DAS GRAUEN VON GOMA...

...habe ich nicht 2019 in Kapstadt kennengelernt, sondern 1994 im Kongo – im Jahr des Völkermords der Hutu an den Tutsi. Aber weil David ein Flüchtling aus dem Kongo ist, kamen wir auf die Themen seiner wild gewordenen Heimat, den Völkermord im Nachbarstaat Ruanda und den an Wahnsinn grenzenden Kongo-lesischen Staatspräsidenten Mobutu Sese Seko zu sprechen.

David und ich verstanden uns auch politisch. Klar, wir hatten ein und dieselbe Haltung zu „Afrikas Löwenherz", Mobuto Sese Seko. Dazu hatte ich eine Geschichte parat, eigentlich eine Lachnum-mer-Geschichte, angesichts der gesamten Umstände jener Reise al-lerdings bestenfalls nur noch eine tragisch-komische. Ich habe sie nur selten angedeutet, erzählt eigentlich nie; mit Sicherheit nicht einem ehemaligen Kongolesischen Staatsbürger: Es war 1994 mein erster Besuch auf dem Schwarzen Kontinent. Und dann gleich mit Einladung beim „Allergrößten". Es sollte in dem Jahr der Höhe-punkt einer Goodwill-Tour durch die gefährdetsten Staaten des Schwarzen Kontinents - Uganda, Burundi, Ruanda und Kongo (das damalige Zaire) - werden. Ein protokollarisch hochrangiges Vorhaben, das nicht mir oder den drei, vier weiteren Kollegen galt, sondern einer Delegation von 60 Europa-Abgeordneten, die sich besonders um den Völkermord in Ruanda kümmern sollten, dort aber, speziell im Gefangenenlager Goma, am liebsten auf jeden konkreten Fußabdruck verzichtet hätten. Die Einladung von Mobuto wurde zur albernsten Nummer, die ich je mit einem „Staatsmann" erlebt habe – vor allem, nachdem wir zuvor durch das vom Völkermord gezeichnete Ruanda mit seinen überlebenden, apathisch vor sich starrenden Bürgern gereist waren.

Und vor dem pompös angekündigten Besuch bei Mobutu machten wir noch einen Zwischenstopp in dem riesigen, gerade erst aus dem Boden gestampften Flüchtlingslager von Goma – ein fürchterlicher Ort für 1,5 Millionen gefangener Hutu (davon statistisch betrachtet, fast jeder zweite ein Mörder oder Totschläger an den Tutsi). Diese Hölle gesehen, erlebt und gerochen zu haben, machte mir gleich auf meiner ersten Dienstreise als Kriegs- und Krisenreporter deutlich, auf was ich mich – allerdings freiwillig – eingelassen hatte: unbegreifliche Schreckensbilder mitzuerleben, die in ihrer Unbarmherzigkeit etwa denen entsprachen, die mich sieben Jahre später, 2001, im teilweise, völlig zerstörten New York – zumindest was die Twin Towers und fünf weitere Hochhäuser betraf –, erfassten und nicht mehr losgelassen haben.

Geschätzte 50 000 Tote am 1. Tag im notdürftig eingerichteten Gefangenen-Lager von Goma: Diese Zahl nannte ein französischer Offizier, der die Leichenberge mit Lkw abtransportieren und die Massengräber weit draußen in einer Steinwüste mit Dynamit und Baggern ausheben ließ. Als wir etwa einen knappen Monat später vor Ort eintrafen, hatte sich die Lage nur unwesentlich, wenn überhaupt gebessert. Von den 60 Abgeordneten machte sich kaum einer die Mühe, das Lager zu betreten, von einem geführten lachhaft kurzen Durchgang an der mit Draht versehenen Peripherie abgesehen. Die meisten zogen es vor, doch lieber am Eingang zu verharren, wo sie zwar offiziell empfangen wurden, sich dort auch instruieren ließen, um dann aber sofort Kehrt zu machen und sich

– der „Hoffnung" wegen - dem ersten Baby aus dem Gefangenen-lager zuwandten. Es war am Tag zuvor öffentlichkeitswirksam zur Welt gekommen, bezeichnenderweise in einem Krankenhaus außerhalb des Lagers. Ob es tatsächlich das erste Flüchtlingsbaby war, oder nur zum „Baby des Tages" wurde, weil eins unbedingt bei Ankunft der Delegation präsentiert werden musste, weiß kein Mensch, eben so wenig, was aus dem gefeierten Kind, der Weltsen-sation für 24 Stunden, geworden ist. Es müsste (inzwischen ver-mutlich nach Verlust seiner Sonderstellung) heute – 2019 - immer-hin auch schon 25 Jahre alt geworden sein. Auch Goma, das wie ein weiteres, beabsichtigtes Hindernis auf dem (Pilger)-Weg zum „Allerhöchsten" zu liegen schien - eine 400 000 Einwohner gro-ße Kongolesische Provinztown -, war schon in zweifacher Weise Opfer dieses nachbarschaftlichen Mordens an den Tutsi geworden und entsprechend entsetzt: zum ersten Mal, als die Bürger erkann-ten, dass die Millionen geschlagener Hutu-Flüchtlinge, aus dem Osten heranrückend und seit Tagen schon den Horizont verdun-kelnd, nun Kurs nahmen auf ihre Stadt, ausgerechnet ihre, und das zweite Mal, als sich die Massen nach einer knappen Woche zu Fuß tatsächlich wie eine Sturzflut über Goma, seine Straßen, Plätze und Häuser hermachten und die Bürger diesmal im wahrsten Sinn des Wortes „entsetzten" – ihrer Wohnungen und Häuser nämlich! So flohen annähernd 300 000 Menschen Hals über Kopf aus ihrer Stadt, die meisten durch die Hintertüren ihrer Behausungen Rich-tung Westen in die unbewohnte Weite des kongolesischen Nichts und waren seitdem erstmal von der Bildfläche verschwunden. Wie sie irgendwann zurückkamen – eine andere Geschichte.

Bei unserem flüchtigen Besuch in dieser gedemütigten und nahezu verwaisten Stadt – die meisten der Gefangenen hausten schon zu-sammengepfercht in ihrem Lager einige Kilometer weit weg hin-ter Absperrungen -, empfing uns die geisterhafte Leere einer vor Tagen noch geschäftigen Land-Metropole. Goma als Stadt bildete nun das krasse Gegenteil zur prallen Überfülle des Lagers. Kein Straßenverkehr, nichts, ab und zu ein dahinhuschender Mensch –

gespenstisch. Aber auch die Mörder, die einige Kilometer weiter zu Hundertausenden in ihrem Lager herumsaßen, hatten nichts zu sagen, geschweige denn irgendetwas zu gestehen. Meiner mutigen Kollegin vom Süddeutschen Rundfunk, Dr. Christiane Wagemann, wurde dringend empfohlen, ihr blondes Haar unter einer möglichst hässlichen Kopfbedeckung zu verbergen – nach dem entscheidenden Hinweis unseres Führers: „Ein Wort Englisch und ihr seid tot!" Und „blond" ist immer gefährdet, weil anscheinend immer „gefährlich"! Die schwer aufgeladene Stille in dem Lager wurde nur ab und zu durch den Krach die Hänge herabstürzender Zelte unterbrochen, begleitet von den Schreien der Insassen.

VÖLKERMORD IN RUANDA

Aus diesem Blutbad an den Tutsi im Nachbarland Ruanda - meist mit Messern und Macheten vorgenommen –, hätte sich leicht unter zwei westlichen Nationen eine höhere Eskalationsstufe entwickeln können, wären die französischen Soldaten nicht Manns genug gewesen, diese annähernd anderthalb Millionen Hutu-Flüchtlinge zu bändigen und sie in ihr qualvoll enges Gefangenenlager im Nachbarland Kongo zu internieren. Dass es ein karges, staubgraues, lebensfeindliches Gelände aus Steinen, Schluchten, Abbrüchen war, spielte keine Rolle; Hauptsache, diese Kriegstreiber waren den Blicken der US-Amerikaner entzogen, standen diese doch auf Seiten der Tutsi, während die Franzosen die Hutu unterstützten. Daher das unbedingte Englisch-Verbot im Lager der geschlagenen Hutu.

Eine Eskalation zwischen diesen beiden vielfach verbündeten Nationen (wenn auch in dem Jahr noch nicht wieder als NATO-Partner) auf absurd-fremdem Territorium? Das konnte einfach nicht wahr sein. Es hatte etwas mit dem französischen Ressentiment gegen die Amerikaner auf „ihrem", dem afrikanischen Kontinent, zu tun. In ihrem traditionellen Einflussgebiet wollten die Franzosen nicht klein beigeben. Freilich sind auch sie vom Beginn dieser Völkermordorgie durch die Hutu überrascht worden, nicht anders als die übrige Welt. Dennoch hat das irrationale Bündnis-Verhalten der Franzosen in diesem Völkermord zunächst ein hohes Maß an Befremdlichkeit ausgelöst, und nicht nur in der westlichen Welt.

Dieser Ausbruch in der Mitte Afrikas hatte etwas schier Unglaubliches an sich. Es genügte nach dem Abschuss der Präsidentenmaschine am 16. April 1994 - wahrscheinlich ein Attentat auf den Tutsi-Präsidenten - der Aufruf eines Radio-Moderators an seine Hutu-Zuhörer, „tötet die Tutsi!" Und die meisten seiner Landsleute machten mit, holten wie ferngesteuert ihre Messer und Macheten aus Schränken und Kellern und ermordeten als Erste die Tutsi-Mitglieder ihrer eigenen Familien – gleichgültig, ob Ehefrauen, -männer oder Kinder.

Wie vergiftet die Atmosphäre zwischen den beiden West-Nationen Frankreich und den USA war, erlebte ich als zufälliger Augenzeuge auf dem militärisch genutzten Flugplatz von Kigali, als sich zwei Kampfpiloten der Amerikaner mit zwei französischen Verwaltungsbeamten um den Standort der größten Transportmaschine der Welt, einer russischen Antonow (!), aufs Blut bekämpften. Verbal! An sich Unsinn! Die gigantische Maschine stand bereits, hatte also längst ihren Liegeplatz. Wer wollte dieses fliegende Ungetüm wegrollen?! Erst später dämmerte einem, dass dieses Monstrum von Flugzeug von den Amerikanern ja geleast worden sein musste. Ausgerechnet von den Ex-Sowjets, die in diesem extrem brutalen Bürgerkrieg, Gottlob, keine Aktien besaßen, bzw. in der Vor-Putin-Ära nicht auf die Idee gekommen waren, dass sich auch in diesem Streit unter West-Verbündeten einiges an Aktien für sie hätte herausholen lassen. Trotzdem: Eine Idee wie diese, den russische Fluggiganten zu leasen, musste man, aus dem fernen Deutschland kommend, erst einmal sacken lassen. Waren wohl noch andere Zeiten! Und den „kleinen" Streit auf dem Flugplatz haben natürlich die Amerikaner gewonnen. Mit dieser Riesenmaschine im Kreuz war den Amis einfach nicht beizukommen. Heute fragt man sich, hat der Westen damals eine Chance mit den Russen verpasst.

GAST BEI MOBUTU SESE SECO

Endliche Kinshasa, damals Hauptstadt von Zaire. Die Belgier, einstmals die Herren des Landes, waren längst aus ihren prächtigen, nun dem Verfall überlassenen Villen geflohen; die Bürger der Stadt, hieß es offiziell, seien zu stolz, diese leerstehenden Hinterlassenschaften der Kolonialherren zu beziehen. Nicht zu schade waren sich die im umliegenden Dschungel beheimateten Tarzan-Lianen, die die Villen unverzüglich in Beschlag nahmen. Die Fenster dieser immer noch ansehnlichen Häuser waren samt und sonders von aufgebrachten Bürgern Kinshasas zerschlagen worden und hatten damit den Weg für die Lianen freigemacht. Es war, als durchstreiften die unheimlich langen, armdicken Gewächse aufs Genaueste die Häuser von vorn bis hinten und wieder zurück. Ein merkwürdiger Anblick, diese aus den Fugen geratene Welt.

Am dritten Tag in Kinshasa ereilte unsere Delegation die Einladung, für uns Journalisten mehr ein Befehl, zu einer Audienz beim „Allergrößten". Wenn auch nicht in der von Flüchtlingen überlaufenen Millionenmetropole, sondern auf seinem Landsitz - per Bootsfahrt auf engstem Raum über den trägen Kongofluss - von Aussehen, fundamentaler Breite und Strömung eine Art Zwillingsbruder des Amazonas. Nach ruhiger Fahrt legten wir an die zwei Stunden später – genau erinnere ich das nicht mehr - in einer kleinen, weißen Bucht an: vor uns ein Riesenzelt, aber ein Zelt, auf einem winzigen zivilisatorischen Kahlschlag, inmitten eines undurchdringlich wirkenden Dschungels, auch hier mit Lianen und Schlingpflanzen, noch aber ohne Tarzan.

Und nun erlebten wir den zynischen Höhepunkt einer an neuen Erfahrung eher übersättigten Reise. Hatten wir zunächst in Kigali, der Hauptstadt Ruandas, danach im Flüchtlingslager Goma, 70 Kilometer weiter auf kongolesischem Gebiet, kaum gekannte Lehrstunden der Entbehrungen und Grausamkeiten hinter uns, so lernten wir jetzt, fast zu Füßen des wahren afrikanischen Herrschers unvergessliche Lektionen in Anmaßung und Zynismus. Heraus trat aus seinem Riesenzelt, aber Zelt, in seiner üppigen und glänzenden Phantasieuniform ein Machtmensch „par excellence", der „Löwe Afrikas", seine Exzellenz, der Staatspräsident der Volksrepublik Zaire, Mobuto Sese Seco. Seine Begleitung wand sich zu beiden Seiten in Hüfthöhe, kaum dass der moderne, wiewohl leicht hinfällig wirkende „Tarzan" – also nein, kein Tarzan - einen Schritt vor die aufschlagbare Tür aus Leopardenfell getreten war (nein, auch kein Leopard). Doch dem Ministerpräsidenten - unserem Gastgeber auf der Bootsfahrt, hellhäutig, hochintelligent, wie es hieß, Siegelring am linken kleinen Finger, Vater Pole, Mutter vom Stamm der ruandischen Tutsi, ein Ausbund an Arroganz uns gegenüber - war das zu wenig: Er warf sich mit wilder Bewegung seinem Chef zu Füßen und blieb dort liegen, bis seine Hoheit geruhte, seiner rechten Hand – der eigenen - zu gebieten, sich um den „Gestürzten" zu kümmern, was Mobutus Rechte sofort mit mehrfach aufwärts gefloppten Fingern erledigte. Mobutu selber würdigte den auf diese Weise Gefällten keines Blickes. Nach unserem (journalistischen) Verständnis ein peinlicher Tag für den hinfälligen „Miniprä" – noch peinlicher wurde für ihn die Rückfahrt...

Nun zum Staatspräsidenten: Sein Blick von oben herab, streng, seine Haltung trotz, nein, wegen seines Bauches majestätisch, Stille erheischend – eine Figur, die erkennbar (er)wartete, angebetet zu werden (und aus Angst wohl auch wurde), die uns, die sogenannte „Vierte Gewalt" nicht zur Kenntnis nahm. Er winkte nicht, er lächelte nicht, er hielt uns wahrscheinlich für völlig überflüssig, wenn nicht für weniger... Er hieß uns weder willkommen, noch kam es zu irgendeiner Geste seinerseits, ein Blick schon gar nicht. Insofern waren beide Begriffe wie „Einladung" oder „Besuch" Ammenmärchen pur. Wir, eine Handvoll Journalisten, sind denn auch nie richtig aus dem Boot herausgekommen. Egal, seine Hoheit stand – gut bis grimmig beschützt - vielleicht 25, 30 Meter weiter weg, aber mindestens drei Meter höher als wir, so dass wir alle ihn von unten nach oben anschauen mussten. Die einzig würdige Haltung dem Chef gegenüber! Augenhöhe wäre wahrscheinlich einem Todesurteil gleichgekommen. „Er ließ winken!" Einfach so! Und es hatte tatsächlich etwas aus dieser Untertanen-Position: schon seine prangende, weltfremde, afrikanische Uniform; zudem stand er wesentlich höher als wir und überdies gut im Futter. Dennoch schien er übellaunig zu sein, der Arme!

Die Proskynese – der Fall vor dem Herrscher der Unterdrückung –, ein Ritual aus uralten Tagen Persiens, den der Ministerpräsident formvollendet eilfertig an diesem Tag „hingelegt" hatte, war übrigens auch für alle Bediensteten der reine Befehl, d.h., genormter Bestandteil ihres Jobs. Sobald einer von ihnen auch nur vermeinte, der Blick des Erhabenen ruhe auf ihm, gab er sich der Fallsucht hin. Oft allerdings wandte sich der Chef so schnell wieder ab, dass der doch nicht Gemeinte die Chance erhielt, sich aus halber Höhe wiederaufzurichten. Das wurde vor allem von den Älteren unter seinen Landsleuten voller Demut und Dankbarkeit hingenommen. Dafür traf der Blick - vermeintlich oder echt – schon den Nächsten.

Endlich durfte die Leitung der Brüsseler Delegation, angeführt von dem Bonner Staatssekretär Hans-Peter Repnik (CDU) das riesige Zelt, die tatsächliche Behausung des „Größten", betreten. Der wusste natürlich genau, was Europas Vertreter von ihm wollten:

generell eine aktivere Friedensleistung bei der Bewältigung des Ruandakonflikts. Speziell drängte die Brüsseler Delegation nicht zuletzt aus Kostengründen auf die „Heimkehr" der Hutu-Gefangenen. Auf dieses Ansinnen der Brüsseler Abgeordneten hatte in Kigali ein paar Tage zuvor der neue Tutsi-Präsident mit allen Anzeichen der Panik reagiert, und auch Mobuto dürfte sich im Zweifel befunden haben. Einerseits kostete ihn Goma natürlich auch einiges; anderseits dürfte ihm bei der Rückkehr von anderthalb Millionen Hutu nach Ruanda die Problematik klar sein: Der Bürgerkrieg würde vermutlich fortgesetzt, oder wäre wahrscheinlich mit umgekehrten Vorzeichen fortgesetzt worden; dieses Mal wohl unter Führung der inzwischen besser ausgerüsteten Tutsi… Also blieben die Gefangenen eine Weile noch in Goma – bezahlt wohl von den Vereinten Nationen.

Wie dann die juristische Aufarbeitung zwischen Tutsi und Hutu nach deren Rückkehr, unter Beihilfe der Uno gelöst wurde, hatte etwas bis dahin einmalig Vernünftiges an sich. Es kamen nicht gleich die Scharfrichter zu Wort; erstmal redeten beide Parteien in jeder Gemeinde ausgiebig miteinander, gleichsam von Gemeinde zu Gemeinde; vor allem aber von Familie zu Familie, innerhalb derer sich ja die meisten Massaker abgespielt hatten. In geschätzten 70 Prozent der Familien lebten Tutsi und Hutu ursprünglich zusammen – bis eben zum 16. April 1994. Dann holten die Hutu-Vertreter, ob Männer oder Frauen ihre Macheten hervor und schlachteten ihre Familienmitglieder, mit denen sie bisher gut zusammengelebt hatten, ganz „einfach" ab. Angeblich sogar die Töchter von Tutsi-Frauen. Lag es daran, wie ein Völkerkundler später mutmaßte, dass eine unterdrückte Masse sich bei einem Verhältnis von 5 oder 6:1 gegen seine Unterdrücker erhebt und wehrt? So ungefähr lag das Verhältnis zwischen Hutu und Tutsi. Dennoch: der Mensch das Rätsel…

Diese menschlich-politische Aufarbeitung hat Jahre gedauert, bis die ersten – und nicht ganz wenige – Strafprozesse endlich doch anliefen. Dennoch, dank der neuen „Friedfertigkeit" sind etliche, vermutlich reuige Täter straffrei davongekommen. Es muss sich auch dabei einmal mehr um eine erhebliche zivilisatorische Leistung gehandelt haben. Inzwischen gehört Ruanda – 27 Jahre später - wirtschaftlich zu den erfolgreichsten Ländern Afrikas.

Damals im Sommer 1994 verfügte in Kigali Präsident Pasteur Bizimungu nicht einmal über ein Telefon. Wenn er seinem Volk etwas mitzuteilen hatte, musste er in seinem Fahrzeug auf dem Weg in die Stadt die Hände zur Muschel formen, um sich stimmlich durchzusetzen – meist für Notverordnungen, aber auch für die Verteilung amerikanischer Care-Pakete. Und das neue Megaphon, dass die europäische Delegation ihm unter anderem versprochen hatte, spurte ohne Strom die ersten 72 Stunden nicht. Umso mehr raubten dem abgemagert und abgespannt wirkenden Präsidenten die schrecklichen Bilder seiner zerstörten Stadt vermutlich nicht nur den Schlaf.

ZURÜCK ZUM KNIEFALL DES...

... „Zweitgrößten" in diesem, noch 1994 vorsintflutlich geführten Riesenland, zurück zum „Miniprä": Der hatte keinen Spaß mehr auf der Rückfahrt nach Kinshasa – weniger verbal als gestisch. Ein paar Kollegen imitierten seine Fallsucht – weniger wegen seines untertänigen Verhaltens, wohl mehr wegen seiner Arroganz uns gegenüber auf der Hinfahrt bis zum Rand des Dschungels. Der Ministerpräsident, der grundsätzlich auf Formen achtete, vor dem sich seine Besucher zu erheben hatten, sobald seine Exzellenz, der Kabinettschef der Republik Zaire, einen Raum betritt (auch den Schiffsraum) hatte uns auf der Hinfahrt wie später sein Boss, keine Fragen beantwortet, uns keines Blicks gewürdigt. Er verließ einfach seinen Platz im Boot, oder sprach mit anderen, während wir unsere Fragen anzubringen versuchten. Freunde wurden wir nicht. Natürlich Pech, dass er, der sich seine Hybris sicherlich zu guten Teilen von seinem Vorgesetzten abgesehen hatte, sich am selben Tag nun vor ihm (und damit aller Welt) im wahrsten Sinn des Wortes in den Staub werfen musste. Sollte ihm das nicht zu denken geben? Vielleicht war er, der erhabene „Miniprä" mit seinem unübersehbaren Siegelring am kleinen Finger, doch nicht der, der er gern sein wollte: Sein eigener Herr nämlich, wie er uns das hatte vorspielen wollen.

Der Arme verdrückte sich in Kinshasa sofort nach seiner Ankunft. Wir haben ihn nicht wiedergesehen. Seinen Posten wie auch die Politik verließ er zusammen mit seinem Herrn und Meister drei Jahre später, als dieser fluchtartig das Land verlassen musste. Geboren wurde unser „Freund" 1935 als Léon Lubicz. 1971 änderte er seinen Namen im Rahmen der von Mobutu befohlenen „Afrikanisierung" in Kengo Wa Dondo. Sein politisches Leben stand unter einer dauerhaften Zerrissenheit. Wegen seiner Frau, einer Tutsi, warf man ihm vor, er bekämpfe aus familiären Gründen die abfallenden Provinz Katanga nicht genügend. Diese war ausgerechnet von den beiden Tutsi-Staaten Ruanda und Burundi anerkannt worden. Das Leben des Kengo Wa Dondo verliert sich als gebrandmarkter Ganove nach 2003, als jemand, der sich am kongolesischen Volksvermögen gemästet haben soll. Und das unter der Herrschaft Mobutus, solange der an der Macht war. Der Boss selber starb übrigens im Ausland, im Jahr seiner Flucht.

***

In Kapstadt lachte David herzlich über diese Story und freute sich, als sei er endlich bestätigt worden. Dann wurde er still, als versinke er in Erinnerungen. Natürlich war Mobutu ein Verbrecher (vermutlich subjektiv ohne Schuldbewusstsein) und Davids Flucht mit seinen Eltern gerechtfertigt. Der „Löwe Afrikas", ist längst untergegangen und sein Name verblasst, wenn auch nicht völlig vergessen. Dagegen so gut wie gelöscht – der Name des „Miniprä". David konnte sich besten Gewissens nicht an ihn erinnern. Doch das Land, das riesige Kongo-Becken, fasziniert nicht nur ihn nach wie vor. Es ist der Hort des Dunklen und von einem ethnischen Schwarz wie kein anderes Land. Das hat etwas unvergesslich Ehernes, ja, auch einmalig Brüderliches an sich – auch wenn es sich bei den Menschen keineswegs nur um Brüder handelt, wie die dauernden Auseinandersetzungen beweisen. Gerade das aber hebt das eherne Schwarz seiner Menschen mindestens ins Unvergessliche, wenn nicht ins Metaphysische. Von allen Ländern, die ich gesehen habe, bietet der Kongo darüber hinaus mit seinem gewaltigen, träge vor sich hinschwimmenden Fluss gleichen Namens, seinem undurchdringlichen, gelegentlich erschreckend lauten Urwald - zum Teil bis an die Grenze der Zivilisation -, mit seinen gewaltigen Bodenschätzen ein unerhörtes Maß an Möglichkeiten, gleichzeitig jedoch auch an Fremdartigkeit, an Undurchschaubarem und deshalb Summa summarum nur wenig an Hoffnung auf Fortschritt und Wohlstand. Extremer geht es kaum! Ohne grundlegende politische wie soziale Änderungen dürfte sich auch hier, wie schon häufiger in diesem Buch angedeutet, in näherer Zukunft nur wenig ändern. Auch wenn am Kongo trotz allem, zum Beispiel wegen der phantastischen Leistungen der unermüdlichen (Markt)-Frauen, die Hoffnung ganz zum Schluss erst untergehen wird. Und dennoch vertritt das gewaltige Land für mich dauerhaft etwas Einmaliges, einmalig Unbekanntes; von daher ist es kein Zufall, dass sich dieser „Superlativ an Eindrücken", seinen Platz im Zentrum des Afrikanischen Kontinents ausgesucht hat. Könnte mir vorstellen, dass der sinnende David daran, oder an etwas Ähnliches gedacht hat. So ganz schien er mit seinem Heimatland nicht durch zu sein. Er hielt mich übrigens auf Grund meines Vornamens für einen

Norweger. Wie praktisch: Ein Freund aus dem europäischen Norden trüge den gleichen Vornamen. Dieser Knut spräche auch Deutsch, meint er erleichtert. So wird er, denkt sich der andere K. erleichtert, David diese Zeilen irgendwann übersetzen...

DIE KÜRZESTE ALLER BEGEGNUNGEN

Die Begegnung mit David Kaniki war die Nachhaltigste während meiner acht Wochen. Die Begegnung mit einer jungen Frau dagegen die kürzeste, buchstäblich eine im Vorübergehen. Und doch war sie nicht ohne Nachhall geblieben.

Sie, eine junge Schwarze, marschierte an Rande von zwei weißen Männern um die 30, die erkennbar keine Rolle für sie spielten. Hätte sie sich sonst mit der uncharmanten Randposition zufriedengegeben? Oder war es umgekehrt, hatte man ihr keine andere Chance gelassen? Wir liefen in den Außenbezirken von Kapstadt auf schmalem Pfad zwischen zwei urigen Bäumen aufeinander zu. Sie hatte ein hinreißendes Gesicht, keine klassische Schönheit; es war diese anziehende Unregelmäßigkeit ihrer Gesichtszüge zwischen Mund, Nase und Augen, die man entweder mochte oder vergaß. Wenn man sie aber mochte, nötigte man sich selber zu immer neuen Interpretationen. Sie war fast so groß wie ich, hatte längst mein platonisches Interesse wahrgenommen und für sich zu verwenden gewusst. Wie lange dauert eine solche Begegnung, eine Sekunde, zwei? Es reichte aus, zu bemerken, wie sie diese wenigen Augenblicke genoss, ja, mit spontanem Interesse einatmete. Dafür genügte ein einziger Blick.

Wäre das eine Szene am Filmset gewesen, bin ich sicher, hätte sie diese noch hundert Mal spielend wiederholen können. Sie wuchs ja schon im Moment dieser Herzschlagbegegnung, neigte den

Kopf in meine Richtung, in einer Andeutung, die kein Fotoapparat hätte festhalten können. Das Lächeln, das man überhaupt nicht sah, hätte man vor Gericht jedoch als vorhanden beschworen.

Und doch löste das alles andere als positive Empfindungen aus. Es war eindeutig, dass ihr Interesse an dieser Zufallsbegegnung für sie nichts war außer einem winzigen Paradebeispiel, einem Beweis ihrer Dominanz, wie andere schwarz-weiße Zufallstreffen auf Bürgersteigen auch. Ein gekonntes Machtspielchen der jungen Dame, so kam es mir vor, und für dieses Gefühl ihrer Überlegenheit ließ sie ihren Charme spielen, der auf seine unnachahmliche Weise auch Wirkung zeigte. Ihr Kopf nahm eine andere, leicht erhöhte Haltung ein.

Warum interessiert mich das so? Weil ich meinte, im letzten Moment einen anderen Zug in ihrem Gesicht entdeckt zu haben, einen hochmütigen. Was sollte das? War es auch bei ihr die beinahe übliche „Rache" an einem weißen Mann für die Jahrzehnte der Unterdrückung? Oder weil ein erfolgreicher Versuch zwischen den Geschlechtern immer lohnt, und ihr als Frau ohne diesen Triumph einfach etwas Essenzielles fehlt? War es also das ewige Ringen um Macht und Akzeptanz? Und wer verliert ist „out". Oder weil die Apartheit eben doch unendlich viel tiefer sitzt, als man es je für möglich gehalten hätte? Apartheit also überall? Man wüsste es gerne. Doch, sie war schon entschwunden.

EINE ERBARMUNGSWÜRDIGE KIRCHE?

Noch steht die Kirche als St. George Kathedrale an der Wale Street auf festem Grund; sie ist hell und erhaben, wuchtig, unübersehbar und kennt auch weiche Züge, wie ein „Welcome" um den geschwungenen Eingang. Innen wirkt sie gotisch, ist licht-durchflutet mit Fenstern voller schöner Mosaiken. Und sie hat auch einen schwarzen Hüter, einen Schwächling zwar, wie sich später herausstellt, aber doch einen am Eingang postierten.

Wieder zu Fuß durch die Stadt. Die Kirche interessiert mich schon seit Tagen. Ich laufe fast jeden Abend auf dem Heimweg an ihr vorbei. Als ich sie eines Tages doch betrete, glaubte ich allein zu sein inmitten dieses riesigen Kirchenschiffs, bis ich in einem Sei-tenraum einen dieser schwarzen Habenichtse sah, schlafend, den Kopf auf dem Arm gestützt, den Arm auf die Kniee. Ungesunde Haltung. Da wollte ich nicht stören, gestört hätte mich auf länge-re Sicht schon sein unaufhörliches Kratzen, auch im Schlaf.

So durchwanderte ich zunächst das christliche Kirchenschiff, setzte mich endlich aber doch in den Raum, wenn auch in achtba-rem Abstand zum Besucher mit der ungesunden Haltung. Hier wollte ich die farbenprächtigen Mosaike betrachten. Immer wie-der Jesus - still, verhalten oder mit großer Bewegung, Freiheit verkündend, etwa eine Beschützerhaltung andeutend?

Beim Gehen legte ich dem „Kratzer" einige Scheine unter seinen zerlumpten rechten Schuh und wurde daraufhin beim Verlassen der Kathedrale vom Concierge mit offenkundigem Ernst auf den unübersehbaren „Klingelbeutel" verwiesen. Ich nickte, ging wei-ter: „Sir"! klang es beinahe drohend. „Nein", sagte ich; ich hätte dem Schläfer drinnen was gegeben und war draußen. Kaum da angelangt, als ich hinter mir Schritte hörte; durchs Fenster sah ich, wie der scheinbar ewig kauende Mensch an der Gotteskasse den Schlafenden weckte und mit der international anerkannten Handbewegung von Daumen und Zeigefinder das Geld verlang-te, von dessen Existenz der Schläfer bislang keine Ahnung hatte.

Da stürmte ich wieder rein und „verbellte" den schleimigen Kir-chenangestellten mit einem kurzen: „Stop it!" Der Hilfsangestell-te trollte sich umgehend zurück an seine Kasse. Mein befremdlicher Kratzer stand auf, sah das Geld, nahm es an sich und verließ wortlos das nur bedingt gastfreie Haus.

Irgendwie nervte mich immer noch etwas – abgesehen von der abstrusen Haltung des permanent kauenden Kleinangestellten der S. George Kathedrale, von dem ich annehme, dass der überhaupt keine Zähne mehr besaß. Und doch war da noch 'was anderes! Es stieß mir bei der nächsten Kirche auf: Wie hieß es dort in großen Lettern über dem Eingang?

„You are born in Love, by Love, for Love"

Was sollen solche Sprüche? Gerade an diesem Tag! Unter welchen Aspekten wurde wohl „mein" „Kratzer", wurden die übrigen südafrikanischen „Havenots" zu Tausenden geboren? Wahrscheinlich selbst der kirchliche Dauerkauer. Irgendwie sauer, kamen mir jetzt auch Jesus` Gebärden leer vor, über die ich zweifellos schon zustimmender geurteilt habe.

Ich weiß, meine Gedanken sind ungerecht, wie aber kommt es dann, dass ich sie dennoch nicht als völlig falsch empfinde?

IM „RUHELOSEN HERZEN" DER STADT

Wieder ein wunderbarer Tag! Ich habe am Vormittag meine üblichen Stunden geschrieben, dieses Mal waren es vier, habe aber komischerweise heute keine Lust aufs Radfahren. Am Nachmittag pilgere ich in die Stadt, habe aber auch da kein Ziel. Eigentlich wie immer. Vielleicht weil es heute wieder hinreißend stürmt und man sich schon daran erfreut. Diesmal fliegen sogar ein paar Stühle durch die Luft, na, einer – der Rest kugelt mehr am Boden. Immerhin: Das habe ich lange nicht erlebt. Ein Kind stemmt sich begeistert gegen den Sturm, wahrscheinlich sein erster, seit es stehen kann. Es fällt prompt hin, als die Bö plötzlich nachlässt. Hätte ich dem Kleinen sagen können.

Da meine Buitenkant Straße Richtung dowtown bergab verläuft, wähle ich diesen Weg oft, ohne nachzudenken. Das Nachdenkliche gehört eher zum Bergauflaufen.

Ich lande wieder auf der Adderly, diesmal unter dem engen, auch tagsüber tiefdunklen Tunnel, unter dem sich seit eh und je in dieser Stadt massenhaft Hilfsarbeiter für ein paar Rand als Markthelfer oder Müllarbeiter verdingen. Ich kenne diesen üblen Marktfleck vom Fenster meiner Busfahrten her. Wie übel es hier riecht, erfahre ich erst als Fußgänger.

Fasziniert hatte mich aus dem Bus heraus immer schon, wie der Fahrer es mit seiner Beharrlichkeit schaffte, sich schadlos durch diese vibrierenden Massen zu bugsieren. Jetzt stecke ich selber mittendrin, werde angerempelt – das gehört dazu -, stolpere über eine Ladung zertrampelter Bananen, rutsche dabei vom Bordstein ab, fange mich ab, begreife dabei aber, wie schnell in diesen Bergen von Obst und Gemüse, später von Müll und Unrat aus einem selber etwas Ähnliches werden könnte. Jedenfalls äußerlich. Ein Gedanke amüsiert mich inmitten dieses Zerrspiegels einer eigentlich auf Ordnung bedachten Gesellschaft – der, dass ich mich heute früh rasiert habe. Auch das Hemd gewechselt zu haben empfinde ich hier als lächerlich, unangepasst, überflüssig, ja, snobistisch.

Der Markt endet gegen 17 Uhr, dann wird abgebaut; nun kommt die Stunde für Hunderte an zusätzlichen Arbeitern, die meisten von ihnen Gelegenheits-Beschäftigte, also Arbeitslose. Ich begreife das als spannend, nicht nur, was sich auf engstem Raum abspielt, auch was Menschen auf sich nehmen, um sich nicht völlig fallen zu lassen. Und dies sollte an dem beginnenden Abend längst nicht alles sein, was in drangvoller Enge möglich ist. Dass sich diese unteren Rahmen-Bedingungen weiter in die nächsthöhere Ebene der Beschäftigten durchgesetzt haben, machte mir einige Minuten später ein überhaupt nicht avisierter „Spaziergang" durch Bahnhof und Busbahnhof klar.

Vor allem der Busbahnhof hat es mir angetan. Per Zufall entdeckte ich diese Stätte als das eigentlich „Unruhige Herz" der Stadt und bin fasziniert. Hier spielt sich das wahre Leben der Stadt ab, wenn auch nicht im Sinne Goethes. Sein: „Hier bin ich Mensch, hier darf ich`s sein", gilt nicht: Hier bin ich Masse, bin nie allein.

Wie konnte das geschehen, dass ich diesen wimmelnden Ort vorher nicht bemerkt habe, obwohl ich ihn schon mehrmals passiert hatte - zu Fuß, per Bus oder auf dem Rad, nicht ahnend, was sich hinter meterhohen, milchig-undurchsichtigen Plexiglasscheiben verbirgt: mit dem Busbahnhof für Schwarze eine der größten Unbedingtheiten Kapstadts, zugleich das auf den ersten Blick einigermaßen vorzeigbare Resultat einer herkulische Arbeit, fünfmal die Woche jeden Morgen jene Zehntausende von Arbeitern und Angestellten (andere in der Stadt sprachen von Hunderttausenden) für ihre Jobs in die City reinzuholen, um sie abends wieder an die Vororte loszuwerden oder in den Townships auszukippen. Das ist der Sinn dieses hinter dem normalen, allerdings neuen Hauptbahnhof versteckten Rangierbahnhofs für Busse und Taxis. Und das gilt seit Jahren, seit Jahrzehnten... Da stimmt doch `was nicht?! Der zweite Blick wird misstrauischer.

Vielleicht ist der Begriff des „Auskippens" falsch, überheblich und lediglich aus der Sicht eines Deutschen zu verstehen. Aber etwas von Townships - das Kärgliche, das DDR-Graue, das zugleich Isolierte wie Massenhafte, das äußerlich Chaotische, das Dumpfe dieser lärmenden Eintönigkeit, das ausschließlich auf schwarze Menschen fokussierte Erscheinungsbild, hat dieser städtische Busbahnhof schon; auch wenn er ein Stockwerk höher existiert, als der neue, helle Bahnhof. Zwei Welten auf einer Distanz von kaum zwanzig Metern! Zwei Welten, aber so gewollt, davon die eine versteckt hinter Plastikscheiben, die andere, der

191

neue Bahnhof, von edler, praktischer Einfalt – er sollte ja auch kein Museum werden! Doch so echo-leer, wie dieser Bahnhof ist, war er wohl nicht geplant. Schwarze Menschen verreisen offenbar nicht und Weiße tun es nicht von hier. Und die Fußball-WM von 2010 liegt auch schon knapp zehn Jahre zurück.

KAPSTADTS TOWNSHIPS...

...sind bei weitem nicht die schlimmsten auf der Welt. Doch alle Slums verbindet wenigstens eines: Alles Neue wird hier alt geboren, alles Fertige bleibt unvollendet. Oder zum besseren Verständnis für angebliche Erfolgsmeldungen aus der Politik: Alles Unfertige gilt als vollendet. Und alle Elendsviertel verbreiten sich auf ähnliche Art und Weise, auch hier in Kapstadt – hier wie überall, nämlich dort, wo Platz ist, oder sich die bürgerliche Gesellschaft zurückzieht, ob gezwungen oder freiwillig, spielt dabei kaum eine Rolle: Leere Orte oder Plätze verspielen ihren Raum! Es ist die Methode, die dahintersteckende Logik, die passt, besser: die jede Leere besetzt. Hauptmerkmal ist zunächst, man ist der Öffentlichkeit so lange entzogen, bis man in seinen Townships unübersehbar stark geworden ist. Erst wenn man zu einer erdrückenden Macht geworden ist, stellt sich einem niemand mehr in den Weg.

Kapstadt kennt Townships, wenn auch nicht von den Ausmaßen, wie sie die gigantischen, vor allem die längst unregierbar gewordenen, asiatischen Zig-Millionen Städte nach sich ziehen. Um nur eine Stadt zu nennen, die Hafenstadt Karachi in Pakistan. Sie gilt noch als einigermaßen bewohnbar, wohl aber mehr nur für diejenigen, die nie dort waren. Eine Stadt ohne Anfang und ohne Ende wirkt sie schon aus dem Flugzeug wie ein verheerend über die Ufer getretener, dunkler See, dessen ursprünglicher Umfang nicht mehr auszumachen ist. Was von oben undefinierbar erscheint, er-

Vorstadt-„Idylle"

schreckt erst recht unten auf der Erde. Offiziell hat Karachi 14,91 Millionen Einwohner (2017; 1948 waren es noch unter einer halben Million). Wenn diese jetzige Zahl stimmt, ziehe ich freiwillig dorthin. Wer jemals dort war, wer sich jemals freiwillig in den von Menschen behausten Rattenlöcher umgesehen hat, fragt sich, wie diese Zahl überhaupt eruiert wurde - von den Zig-Tausenden oder Hunderttausenden von Menschen, die mitten in der City bettelnd und ohne irgendeine Behausung ihr Leben fristen, ganz abgesehen. Und dann noch die Zig-Kilometer langen Müllberge, die in Karachi in einem ZUG abgefahren werden können…

Da glaubt man schon eher einer anderen Zahl, deren Brutalität mit Sicherheit zwar auch nur auf purer Schätzung beruht, die dennoch – schon aus hygienischen Gründen – Ekel und Entsetzen hervorruft. Danach besitzt etwa die Hälfte der Menschheit – nehmen wir den Tag heute, 19.3. 2019 - keine Toiletten. Das dürften an die 4,5 Milliarden Erdenbürger sein. Davon hört man in der UNO nichts! Warum wohl? Weil es ihr peinlich ist und 90 Prozent der Machthaber egal! Kapstadt mit knapp vier Millionen Einwohner hat da weniger Probleme, und dazu noch eine ansehnliche Verwaltung (s. das Kapitel über das Civic Centre)! Und doch dehnt sich auch hier die Armut aus, als gäbe es keine Grenzen...

Zurück zu „Eroberung", Entstehung oder Unterwanderung neuester Gebiete. An dieser Stelle kommt es mir auf den „Gründungsakt" kleinster Townships an. Auch das hat Logik, wie es geschieht. Die Ärmsten unter den Menschen, die, die noch auf den Beinen sind, die Umherziehenden, die sesshaft werden wollen, finden praktisch hinter jedem unbeaufsichtigten, kleinbürgerlichen Viertel, am besten an einem Hang gelegen, oder hinter einem, oder – prämierte Lage – auf dem Rücken eines Hangs, oft das, was sie suchen: einen versteckten freien Raum, gleichgültig, wie steinig, unfruchtbar oder löchrig der Boden ist, zu dem sich die Suchenden stiekum hochgetastet haben. Eines der Beispiele breitet sich gerade oberhalb einer ohnehin beengten, im Grunde unbeachteten Seitenstraße der Chiappin Street im moslemisch-arabischen Viertel aus. Dieses Viertel mit seinen unscheinbaren Einfamilienhäusern und praktischerweise im Abseits des Touristenstroms liegend, ist eine schmale, hügelige Straße, schlecht gepflastert; von dort führt ein verborgener Weg ins höher gelegene Gelände, auf dem sich die neuen „Kulturen" zunächst kaum bemerkt ansiedeln konnten – bis eines Tages von dort „neue" Kinder den Hang hinabpurzelten, sich mit den eigenen von der Straße tiefer vermengten, ehe sie sich später beim Kampf um „Bakschisch" eines dorthin verirrten Fremden endgültig in die Haare bekamen. Mir war dieser verhutzelte Seitenweg, im rechten Winkel, rechts ab von der Chiappin zunächst auch nicht aufgefallen, dazu noch aufwärts verlaufend, passierte ich ihn wie jeder normale Mensch. Erst Tage später, als ich die Chiappin mehr oder weniger zufällig erneut entlanglief, erstieg ich den holprigen Weg und war erstaunt, was ich da oben sah. Auf einer ungeahnt großen Fläche hatten sich Häuschen, Wellblechhütten oder blanke Lager zu Dutzenden, illegal natürlich, breit gemacht. Eine Station aus Wellblech und Lehm „gebrannt", mit Dutzenden von Kleinstkindern und hoffnungslos mehr Erwachsenen. Und nicht nur dort. Einmal auf den Geschmack gekommen, lief ich tagelang (doch in diesen versteckten Orten vergeblich nach einem Straßenschild suchend) weiter und weiter und stieß hinter jeder noch so kleinen „Erdkrümmung", hinter jeder verfallenden Mauer - heimlich, still und leise auf weitere unbekannte Armen-Asyle. Es mag zwar speziell von ihrer Höhenlage her betrachtet für die meisten der dort Angesiedelten, realiter bergauf gehen; doch selbst angelehnt an das bescheidene Leben ihrer etwas tiefergelegenen Nachbarn, geht es für die Neuankömmlinge eher bergab - und nicht nur symbolisch.

GROSSES FEILSCHEN UM KLEINES GELD

Im besagten Chiappin-Viertel lief mir als erstes ein Junge um die Drei vor die Füße; er gefiel mir, ein niedliches Fotomotiv. Als ich mein Smartphone hebe, ruft der Vater von hinten: „Fivehundred"! Wir verstehen uns. Ich reiche dem Kleinen einen Zehner hin, den er mir derart schnell aus der Hand reißt: 'Junge, Junge', denk` ich, der hat den Sinn des Lebens schon voll kapiert! Dass er den Schein nicht gleich in den Mund gestopft hat, verdankt er seinem Alter – er ist ja schon drei und groß und weiß, was es bedeutet, Geld in Scheinen einzusammeln, in Randscheinen natürlich, besser noch, in Dollar! Nur seine Mutter weiß das noch nicht oder ahnt Schlimmes. Jedenfalls ist sie noch schneller als der Filius und nimmt das Geld an sich. Oder vielleicht auch weil sie bereits das halbe Dutzend Schnorrer erblickte, das sich heimlich, still und leise um mich versammelt hat - einer antiken Tragödie gleich mit der Einheit von

Zeit und Raum! Alles spielt sich auf einer kleinen Kreuzung ab, allenfalls 15 X 15 Meter groß. Die Schauspieler, die die großen Rollen in diesem Stück übernehmen, sollten schon einzeln vorgestellt werden: da ist der Dreijährige; schon gesellt sich ihm dazu, ein Junge um die vier Jahre alt, neben ihm ein alter Mann, der sich – ungefragt - als der Vater des Jungen ausgibt. Ich hielt ihn bestenfalls für seinen Ur-Großvater; doch nachgefragt, bleibt er dabei, obwohl alle Komparsen-Kinder, die sich inzwischen wie die Milliarden von Elon Musk vermehrt haben, laut loslachen. Auf Anhieb kann man die Zahl der Neu-Anwesenden nicht mehr überblicken, zumal sie laufend weiter zunimmt. Es ist eben kein Theaterspiel,

Mein Freund, „Rotes Hemdchen"

kein Schauspiel mit Drehbuch; es ist trotz aller Lustigkeit, von außen betrachtet, purer Ernst! Plötzlich ist auch mein anderer „Liebling" dabei, den ich schon innerhalb der neuen Blechhütten-Kolonie hoch oben über der Chiappin Street auf mich zukommen sah. Er muss mindestens 200 Meter weit gelaufen sein; ebenfalls ein Dreikäsehoch mit nichts als einem roten Hemdchen an. Er steht in jeder Hinsicht am Rande der Gesellschaft, auch hier bei mir, der ich umringt bin. Ich mag ihn und schiebe ihm über Köpfe hinweg einen Zehner zu. Den greift sich dank seiner langen, wiewohl ausgemergelten Arme der „Ur-Opa" – unter den Kleinen der Riese -, der nun zusätzlich behauptet, der „Onkel" dieses Hemdenmatzes zu sein. Ja, ist der Alte hier mit allen verwandt? Ich werde langsam ungeduldig, zumal drei weitere Neuankömmlinge mit ihnen (noch) zwei Hunde – mehr Köter - von einer Straße tiefer behaupten, „this ugly old man" kenne man nicht, der wohne überhaupt nicht hier - ebenso wenig allerdings, wie sich gleich an der Abwehr der ersten Kinder herausstellt, die drei Neuen auch. Nun kommt eine eventuell Fünfjährige mit einem Kleinkind die Straße hochgelaufen und in der Haustür hinter ihr, beobachtet uns ein paar Meter weg die Frau, die, wie es schien, uns von Anfang an im Auge hatte; sie war es, die ihrem Jungen, dem Dreijährigen, meinen Zehner aus der Hand riss, falls das ihr Junge ist, war, oder werden wird. Man weiß es nicht.

Langsam verliere ich schneller jedenfalls, als mir bewusst wird, den Überblick. Jetzt lasse ich antreten. Schwerer Fehler! Es handelte sich hier nicht um schwarze Zöglinge mit britischer Schulbildung, denen das „Queueing", das Schlange stehen, in Fleisch und Blut übergegangen ist. Hier kämpften ausschließlich Mini-Moslems um den besten Platz in einer Reihe, die es von vornherein nicht gab und als solche nie erkannt werden wird. Mittlerweile sind wohl an die zehn Zehner verteilt, den bis dato Letzten davon an einen ganz Kleinen, der damit sofort zu seiner Mutter rannte - der Frau an der Haustür. Ist das möglich? Ist SIE die Mutter der Kompanie, die Gouvernante, der Unteroffizier, die Patin der Chiappin Road oder etwa die Tochter von Uropa? Auf jeden Fall ist sie die „Geldschluckerin". Sie hatte nun alles, bis auf meinen ersten Zehner an „Rotes Hemdchen", den Uropa zurückgeben musste. Sie kam mir spanisch vor, diese Dame; wie viele Kinder nannte sie mittlerweile ihr Eigen? Als ich mich auf sie zu kämpfte, rannte sie ins Haus und kehrte mit einem weiteren, mir unbekannten Baby auf dem Arm zurück. Wie viele hat sie davon noch?

Jetzt musste Ordnung in die Reihen gebracht werden, besser in die kindlichen Massen. Zuvor aber erstmal Opa die Meinung „gegeigt"! Nervig sein Gequassel, schon sein brüchiges Falsett in der Stimme. Hat er nun den Zehner noch oder nicht? Ich weiß es nicht mehr. Ich weiß nur, die ganze Figur gehört hier nicht her. Dann drängele ich mich durch zu meinem Freund im roten Hemdchen; es beruhigt mich bis heute, dass ich den Zehner noch aus seiner rechten Faust hervorlugen sah. Ich ergriff sein Linke und versuchte mit ihm zu fliehen – bergauf, den steinigen Weg hoch, als sich mir ein anderer alter Mann, den ich auch schon die ganze Zeit am Fenster im ersten Stock eines abbruchreifen Hauses gesehen hatte, in den Weg stellte. Hätte nicht gedacht, dass der die Treppenstufen noch heil herunterkommt. Aber er war da. Immer diese alten Männer! Auch der rief dauert irgendwas dazwischen. Dieser Alte – längst auch Opa oder mehr – wurde jedoch von der Kraft der mich verfolgenden Jugend zur Seite gedrängt. Und wir dann alle den Berg hoch…

Der richtige Fluchtpunkt war es auch dort oben nicht. Immerhin kam mir eine Frau mittleren Alters, sorgenvoll, wie mir schien, entgegen. „Rotes Hemdchen" und die Frau schienen sich zu kennen. Erleichtert reichte ich den Kleinen `rüber, legte noch einen Schein drauf und wollte weiter, also zurück.

Nicht so einfach! Die Gruppe der „Minis" und „Halbminis" war längst angewachsen zu einer Schar, sagen wir, hellhörig gewordener Nicht-mehr-nur-Kleinkinder, die anfingt, mich zu bedrängen. Als Filmfreund fiel mir dazu eine französische Filmsequenz wohl aus den 50ern, noch in Schwarzweiß, ein. In ihr trieben Dutzende von Hilfe heischenden Kindern einen offenbar spendablen Europäer durch halb Tunis, bis dass er tot zusammenbrach. Der Unterschied zu mir? Der Hauptdarsteller war eh auf der Flucht, nicht nur vor den immer aggressiver werdenden Jugendlichen, sondern als Frauenmörder auch vor der Polizei. Und da endet der Vergleich (wie ich hoffe)!

Eigentlich wollte ich auch nur noch weg. Der „Einakter vom Chiappin-Viertel" begann sich infinitesimal auszudehnen. Immer neue Menschen, neue Hunde, immer neue Mütter mit Babys auf dem Arm, die freie Hand für Bakshies geöffnet. Wo nur kommen die ganzen Kinder her! Das fragten sich wohl auch längst die ungeduldig hupenden Autofahrer – von etwaig Kinder zählenden, anwesenden Soziologen ganz zu schweigen, auch sie werden nicht Herr dieses Geburten-Phänomens werden.

Mein nächstes Problem löste ich noch weniger elegant. Allein und pleite, wie ich für diesen Tag war, hielt mir an der übernächsten Ecke das nächste, diesmal ein schwarzes Mädchen ihre leere Hand entgegen. Sie konnte sich mein Kopfschütteln nicht vorstellen, sie glaubte mir nicht. Sie schaute mir sprachlos hinterher…

GEFÄHRLICHES FEILSCHEN UM WENIG GELD

Dass diese ca. halbstündige Episode so vollkommen harmlos über die Bühne ging, verdankt sie wohl noch der Nähe zu den friedlichen Nachbarn im Moslem-Viertel. In jeder anderen, echten Kapstädter Township hätten sich zwar ähnlich wie in der Chiappin Street Scharen von Kindern um den Fotografen gebildet, auch sie friedlich, aber nur, bis dem Umringten die kleinen „Scheine" ausgegangen wären.

Das hätte man ihm in den „echten", den wahren Townships nicht abgenommen. Dort verlor man sehr schnell die Geduld, durchschritt die Phase der Drohung noch schneller und wurde dann unangenehm. So erlebte ich es ein oder zwei Tage später gegen Mittag in dunklen Eingängen der an sich umtriebigen Longstreet – eigentlich ein belebtes wie beliebtes Areal für Shopping-Interessierte und Restaurantbesucher. Ein schlafendes Kind in einem der Hauseingänge erregte mein Interesse und ihm wollte ich einen Schein in seine zerlumpten Shorts schieben. Da spürte ich sofort zwei, drei, vier Schatten hinter mir, sechs, acht hingestreckte Hände, mindestens drei, die mich schon angefasst hatten. Vier Jungs; drei davon um die zehn, elf Jahre alt; der Boss etwa 13, 14. Den drei Jüngeren gab ich je einen Schein, dem Boss nichts, der würde sich sowieso alles holen. Wenn nicht jetzt auf diesem „Raubzug", dann

Schlafender Junge in der Longstreet

200

auf dem nächsten, in zwei Stunden oder abends. Dem Schlafenden steckte ich natürlich auch nichts zu.

Als der Älteste, dem das alle zu wenig war, oder weil er nichts bekommen hatte, zu viel wurde und sich vor mir aufbaute, mich schupsen wollte und anpampte, habe ich ihn mit erhobener Stimme kurz verbal auf Deutsch-Englisch zusammengefaltet, worauf er, ersichtlich unvorbereitet, eine paar Schritte rückwärts stolperte - Zeit genug für die Kleinen, sich sofort mit ihren Scheinen in alle Himmelsrichtungen zu verdrücken. Natürlich wollte ich dem Schlafenden noch schnell „meinen" Zehner zustecken - war unmöglich. Der „Boss" hielt „Wache" am „Bett" des immer noch schlafenden Jungen. Drogen?

Pech für beide - für den schlafenden Jungen, Pech für den „Boss": heute kein auf der Straße liegendes Geld!

ACHTE WOCHE: 25.3 – 31.3. 2019

BESUCH IM SCHLIMMSTEN VIERTEL
(Aufzeichnungen eines Besuches in Manenburg, am 2.2. 2019)

Erste Begegnung der irritierenden Art. Einmal war ich dank meiner Vermieterin in Kapstadts bekanntermaßen schlimmsten „Sozialstation", dem Township Manenburg. Hier werden angeblich täglich Morde produziert. Es sieht gar nicht so schlimm aus, zumal es am 2. Februar ein herrlicher Samstag war, gleichzeitig der zweite Tag meines Zwei-Monats-Trips durch Cape Town. Es fing also gleich gut an, ganz unten nämlich. Dass Unorientierte an Steinen, Steinhaufen, Häuserwracks - das, wie mir schien, einzige Haus aus Stein war die Sozialstation! Das Elend der hungrigen, dösenden Menschen, das Chaos an Müll, zertrümmerten Möbeln, zerbeulten Autos, streunenden Kindern,

erbarmungswürdig zerlumpten; die Unmengen an geschredder-
ten Flaschen, die nackten Babys und hässlichen Köter, das Un-
behagen an unsichtbaren Ratten (mit Sicherheit aber anwesend)
und sonstigen Viechern, an Katzen, Mäusen und Raubvögeln, an
Haufen von Papier und Bergen aus Glas und Exkrementen, ist
dem Schreiber dieser Zeilen aus Pakistan, Afghanistan und Milli-
onen-Städten Afrikas geläufig, übrigens auch aus China – jenseits
der Touristentruppen. Das Interesse daran bleibt, das Zermür-
bende aber auch!

In Kabul, Afghanistan, oder Karachi, Pakistans größter Hafenstadt,
hatten die Müllberge, verglichen mit den Kapstädtischen, völlig
andere Dimensionen. Deshalb bin ich in Karachi einmal Interesse
halber eine dieser Müllstrecken mit dem Zug abgefahren. Es war
Mitte der 90er Jahre; ich wollte es wissen, bin nach 50 Kilometern
oder 90 Minuten Fahrt umsäumt von Müllbergen ausgestiegen
und später wieder von dort zurückgefahren. Ganz normal. Mein
Zug war unterdessen weitergereist, hatte aber bis hier zwischen-
durch zweimal gestoppt - ebenfalls an ganz normalen Haltestellen,
allerdings mittendrin im Müllgehege, als sei es das Selbstverständ-
lichste auf der Welt. Vielleicht waren die beiden Haltestellen vor
30 oder 40 Jahren tatsächlich noch richtige Ortschaften, bevor sie
vom Müll-Tsunami überrollt wurden. Nur hier bleiben – anderes
als im deutschen Sulingen – die Bahnanlagen sowie die Bahnhöfe
erhalten und siehe, sie haben auch Fahrgäste! Diese Tour durch
ödes Grau machte einen sprachlos. 50 Kilometer Müll, die Berge
acht bis 10 Meter hoch, an diversen Stellen höher. Dass auf den
Müllhalden auch Zig-Tausende von Menschen leben, hatte man
schon gelesen, hätte man wahrscheinlich längst verdrängt, hätte
man diese Bilder nicht immer noch vor Augen. Nur Ratten sah
man nicht; bei Tempo 30 km h, 35 eher unwahrscheinlich: das mo-
notone Grau der Farben zu sehr Mimikry! Fast schrecklicher war
es noch mitten in der City von Kairo im Jahr 2000, wo ich mich in
den Unrats-Bergen derart verlaufen hatte, dass ich unter tausend
Entschuldigungen nur noch durch den Schlafbereich einer Groß-

familie den Weg zurück auf eine der wichtigsten Durchgangsstraßen fand – 15 Minuten zu Fuß entfernt von Ägyptens größtem, dem historischen Nationalmuseum! Zwei sensationelle Gegensätze auf engstem Raum: Treffpunkt der „ewigen" Armut mit dem Glanz unvergessener Geschichte!

So zynisch es klingt: Da haben es die pakistanischen Elendsgenossen „besser". Wenigstens die, die oben auf den Müllhaufen leben: Dort „besitzen" sie mehr Platz als die in Kairo durch die Steinwüste zusammengepferchten Menschen. In Kabul bei minus 20 Grad C Kälte erlebte man das Elend nur eingefroren. Der Vorteil? Es roch so gut wie nach nichts. Anders bei 40 Grad im Sommer. Da aber war ich nie dabei. Als Journalist sollte man Derartiges ertragen können und auch wollen. Seit New York „Nine Eleven 2001" lautet meine Devise, berufsbedingt schizophren: `Als Mensch betroffen, als Journalist begeistert`!

Wenigsten einen Vorteil hat diese in Kapstadt-Manenburg als schlimmste aller eingestuften Townships. Sie ist trocken, leidet nicht unter den nassen, verschlampten Slums wie im Kongo oder in anderen Ländern mit ausgeprägten Regenzeiten. Und der Nachteil? Wassermangel! Der so groß werden kann, dass er den eben genannten Vorteil bis zum Wahnsinn ausgleicht. Und hier soll jeder Mord Routine sein, jede Vergewaltigung noch weniger wert, das tote Drogenopfer gar nichts, der tote Dealer ersetzbar und dessen Nachfolger ebenso gefürchtet wie händeringend gebraucht?

In diesem Tohuwabohu des Lebens suchte meine Vermieterin zwei ihrer Angestellten auf, die ab sofort meine Wohnung einmal die Woche reinigen sollten. Diese beiden jungen Frauen, das will ihre Chefin unbedingt, sollen sich (auch) dank dieses Jobs aus diesem, ihrem bisherigen „Milljöh" lösen – von Zille in Südafrika hörten wir ja schon -, was, wie sich herausstellt, so einfach nicht ist. Hier lebt der große Rest ihrer beider Familien, der gerne weiterhin vom kleinen Rest ihrer Gehälter ernährt werden möchte. Dabei hätten die beiden Frauen mehr als einen Grund, diesen Ort hinter sich zu lassen. Beide haben schon die typische Palette seelischer Grausamkeiten hinter sich, die hier „dargeboten" bzw. erlitten werden. Die Ältere hat ihren Mann durch Krebs verloren, ob benachteiligt durch das erwiesenermaßen schlechtere Gesundheitssystem innerhalb dieses Areals, weiß man nicht, fragt sich aber doch. Die andere hat den Bruder ihres Mannes durch Mord verloren, ob unschuldig oder durch eigene Schuld – wer (außer der Ehefrau) fragt danach? Am wenigsten die Polizei.

Wie lapidar Verbrechen entstehen können, erfuhr ich endlich ansatzmäßig am eigenen Leib, am dritten Tag meiner Bemühungen, dem Geheimnis meines geliebten Signal Hills auf die Spur zu kommen. Dabei weiß ich bis heute nicht, welchem Geheimnis ich hinterherjagte. Oder sollte es nur der Spaß gewesen sein, mich in freier Natur in anstrengendem Gelände zu bewegen? Wobei vier Stunden Pflastertreten anstrengender ist.

SIGNL HILL – KLAPPE, DIE DRITTE

Diesmal, an einem Sonntag, verrenne ich mich erneut an diesem Signal-Berg. Das Tor zu den Kanonen ist geschlossen. Hat das Auge des Gesetzes meinen letzten illegalen Besuch bemerkt und reagiert? Tatsächlich hatte ich am Tag zuvor einen am Tor stehenden, schweigsamen Polizisten einfach links liegen gelassen. War das nun die Antwort? Das Tor war nicht nur geschlossen – es war regelrecht verrammelt. Der Weg bis hier hinauf ist zu lang, um einfach umzudrehen, obwohl ich dieses Mal nur die Hälfte der Zeit vom ersten Aufstieg in Anspruch genommen habe und dazu noch zwei Stunden früher gestartet bin. Der Fehlversuch am Tafelberg hängt mir immer noch in den Klamotten. Hätte also diesmal viel Zeit für hier oben. Ich laufe am Zaun entlang; der entführt mich zunächst den Blicken des schweigsamen Polizisten, führt mich dann in diesem hügeligen Gelände tief hinunter, vorbei an romantisch-verwunschenen Bildern völlig zerfallener, uralter Unterstände. Die Romantik endet, wenn man ihnen nähergekommen ist – am üblichen Müll und Schutt in Inneren dieser hundertvierzig Jahre alten Gebäudereste, nachdem ich durch eine Lücke im System der Absperrungen einen Weg ins Innere gefunden habe. Von hier unten hatte der militärische Abwehrdienst wohl den „Feind" nicht kommen sehen. Nach zehn Minuten Steigen bin ich drin im Fort von Gunhill. Aber komme nicht wieder heraus, wenn ich mich nicht abermals auf dem mühevollen Weg zurück durchwurschteln will. Bin im Übrigen auch gesehen worden. Nach dem Hundegebell tauchen zwei Wachposten auf. Eigentlich mag ich Hunde, diese verwanzten, seit Jahren ungetrimmten Viecher allerdings nicht. Da standen wir nun, der „Angreifer", der zugab, „the wrong way" gewählt zu haben und die zwei Wächter, die ohne Offizier, nicht wussten, wie mit einem Weißen umzugehen. Bis ich den Vorschlag machte, Geld gegen Freiheit! Jetzt wurde viel telefoniert. Man wollte plötzlich einen Wagen für mich: Wagen gab es nicht. Was mich an den Telefonaten störte, war das einzige Wort, das ich verstand: … irgendein Fahrzeug „for old man."

Also kein Fahrzeug für old man! Warum man mich nicht laufe lasse; sie brauchten doch nur das Tor leicht zu öffnen. Nun verstand ich immerhin mit „dangerous" ein anderes Wort. Ich meinte in der Tat nicht meinen alten Rückweg, sondern den neuen zwischen Wald und Abhang und bot erneut Geld. Antwort: „Dangeous!" Quatsch, dachte ich, und wurde wohl erkennbar ungeduldig. Jedenfalls ergriff einer der Männer die Initiative, lud seinen Rucksack auf, entnahm ihm etwas verhalten eine Pistole, steckte sie hinten in seine Hose und machte sich mit mir auf den Weg. Die Torautomatik wurde kurz in Gang gesetzt und wieder abgeschaltet, wir waren draußen und gingen bergab auf einer samtenen Asphaltstraße. Mein Begleiter, ein Ranger, wie sich herausstellte, wirkte entspannt, blickte aber zugleich immer den Hang rechts hoch und den Steilhang links hinunter. Was das zu bedeuten hätte. „Dangerous, you won`t believe." Stimmt, dachte ich, was sollte ich da glauben. Immer wieder, dieses „dangerous!" Dabei waren weit und breit wir die einzigen auf dieser Strecke, war aber auch kein Wunder – es war, wenn auch nicht abgesperrt wie Fort Knox, so doch militärisches Sperrgebiet.

Alle schienen sich an diesem Sonntag daranzuhalten – nur die drei Jungs nicht, die plötzlich hinter einer Kurve wie aus dem Nichts auf uns zu warten schienen, vier Jungs! Einer sprang noch wie bestellt hinterher, vom Hang rechts auf die Straße. Die Entfernung: etwa 30 Meter. „Dangerous!" sagte mein Ranger mit einer gewissen Bestätigung in seiner Stimme. „One witha knife", verstand ich noch, sah aber das Messer nicht, während ich noch von einer Kleinstgruppe von Kindern ausging, die sich hier zu langweilen schienen. Sie bewegten sich mit der Lässigkeit von gleichaltrigen Skatern, die ich vor einigen Tagen auf einer öffentlichen Anlage beobachtet hatte, wo „Lässigkeit" vor, während und nach einem Sturz oberstes Gebot zu sein schien. Diese Jungs hier rangelten ein bisschen, schlichen verspielt langsam, vor uns die Straße hinunter; ab und zu blickte einer von ihnen zu uns rüber, als wollte er uns im Auge behalten. Meist der mit seinem auffällig FDP-gelben T-Shirt: etwa eins von Genscher, fragte ich mich. Plötzlich war mein Begleiter neben mir verschwunden.

Seit mir das vor 30 Jahren auf der Mönckebergstraße in Hamburg schon einmal mit Helmut Kohl (!) passiert war, blieb ich ganz ruhig. Selbst Kohl hatten wir wiedergefunden. Wenn auch nur mit Hilfe von zig Hamburger Passanten, die uns lächelnd per Handzeichen zu verstehen gaben: `Da ist er hineingegangen`. Es war ein Cafè im 2. Stock!

Ich hätte nie gedacht, jede Wette hätte ich verloren, dass uns dieser Riese einmal aus dem Blickwinkel entschwinden könnte. Er schaffte es. Nicht nur mich hatte das umgehauen, auch Hamburgs damaligen CDU-Vorsitzenden Hartmut Perschau. Wir waren beide vorausgegangen. Der Kanzler hinter uns, hatte sich, sichtlich erfreut, mit den Bürgern, seinen Wählern (?), unterhalten, uns entsprechend vorlaufen lassen und damit in die Ratlosigkeit geschickt. Wie es jetzt auch meinem Ranger gelungen war. Die Jungs schienen alles beobachtet zu haben. Sie trollten sich jetzt, scheinbar unbeabsichtigt, näher heran – bis auf 20,15 Meter. Glaubten sie, der Ranger hätte sich von mir getrennt? Ich wäre jetzt alleine? Ich blieb stehen, die Jungs auch, näherten sich mir bald aber doch auf zehn, vielleicht acht Meter – und drehten erst bei, als mein Begleiter aus den Büschen zurück, hinter mir wiederauftauchte: Jetzt trug er die Pistole sichtbar an seiner rechten Seite. Wir nahmen unseren Marsch erneut auf; die gesamte Strecke schätze ich auf drei, dreieinhalb Kilometer. Die Gruppe vor uns trennte sich jetzt. Hatte sie aufgegeben? Zwei von ihnen setzten sich nach rechts ab in den verkümmerten Wald, verschwanden einfach - oder warteten sie auf uns? Und die anderen beiden, darunter das Gelbe-Shirt, bogen links ab nach unten auf eine 50, 60 Meter tiefer gelegene Dorfstraße. Der Ranger telefonierte bereits und beschrieb die Jungs.

„DER RANGER KENNT EUCH"!

Er brachte mich wirklich bis zu den Außenposten der Stadt, bis aus der Wüstenei die Bloemstreet, der bewohnte Teil „meiner" abwärts führenden Straße, geworden war. Dort empfing er meinen Dank, den er mit kurzem Blick auf seine gefüllte Hand, sichtlich zufrieden entgegennahm und wandte sich samt Rucksack und Pistole dem Rückweg zu.

Ich sah ihm nach und verharrte dabei – reiner Zufall - vor einer dieser tausend Eckkneipen, die Kapstadt nicht unsympathisch machen, in mir aber generell kein Opfer finden. Und wer stand vor einer dieser Kneipen? „T-Shirt" mit seinen beiden Freunden. Der Lange, der Älteste, das „Messer", den ich später um die 16 Jahre geschätzt habe - fehlte. Natürlich sprach ich die Burschen an: Nach „T-Shirt" erkannte ich auch den Zweiten der drei Jungen: „Hey, wir kennen uns! Und Du mit Deinem gelben T-Shirt, ihr alle habt doch auf uns gewartet. Warum?" „T-Shirt", der Angesprochene, wich aus: „Woher kommst Du?", fragte er zurück. „Ich antworte, wenn Du geantwortet hast." Schweigen. „Der Ranger kennt euch." Unbehagliches Schweigen. „Gibt es noch mehr Gangs?" Die Drei nicken, ohne zu bemerken, dass schon das als Geständnis hätte gewertet werden können. „Seid ihr Moslems, kommt ihr aus der Gegend hier?" Schweigen. Einer: „No Muslim." „Geht ihr zur Schule?" Jetzt sprudelten alle durcheinander. „T-Shirt", elf, zwölf Jahre alt, nickt. „Glück gehabt, Freunde", ziehe ich Bilanz. „Und wer von Euch hat das Messer?"

Beim Gehen sehe ich mir nochmal die Gesichter genauer an. Eigentlich nette Gesichter. Und dann erkenne ich in dem Mittleren den Jungen, der mir vor ein paar Tagen auf ähnlichem Areal hier den geraden Weg nach unten, downstairs gezeigt hatte. Nur war er an jenem Tag allein. In der Tür des Ecklokals hatte ich noch eine Frage: „Wie alt ist euer Boss?" Groß, sagt einer, „big".

DIE GESCHICHTE DAHINTER...

... ist die eines Beinahe-Überfalls. Eine banale Story, die einer ärmlichen Jugend. Dass diese paar Jungen nicht die einzige Bande bilden, die hier oben, abseits jeglicher Norm „arbeitet", ist klar. Doch, wie wird man Kleinganove, wie verhält man sich in einer nach „unten offenen Gesellschafts-Skala"? Wenn es keinen Robin Hood gibt, der einem die Schmutzarbeit abnimmt und irgendwie für Recht und Ordnung sorgt! Keinen, der Maßstäbe vermittelt, keinen (Staat), der einen mit Bildung versorgt und bei Jobs hilft, ja, diese überhaupt erst ermöglicht! Und nun stehen sie da, Kinder, Kids aus der weißen Unterschicht, freilich ohne ihren Anführer. Verloren, aber auch beschämt? Was taugen sie ohne ihn, was sind sie mit ihm? Was wird aus ihnen, wenn der Erste plötzlich eine Pistole mit sich führt? Diese einsame Straße von vorhin haben sie vermutlich beim Spielen erobert; mit kindlichem Vergnügen. Oder schon auf Anweisung ihres „Bosses", oder ihrer Eltern, ihrer älteren Brüder? Wann ist ihnen die unbewusste Beobachtung mancher Spaziergänger als günstige Falle zum „Kassemachen" bewusst geworden? Spaziergänger hatten diesen Weg hin und wieder genutzt und waren oben wahrscheinlich von den gutmütigen Wachposten schon mal aufs Gun-Hill-Gelände gelassen werden, das angemeldeten Touristengruppen ohnehin offensteht.

Es wird gedauert haben, bis diese Bengel anfingen, ihren Straßenzoll zu erheben. Sie sind ja noch Kinder, oder auch nicht! Wann sind sie, von wem auch immer, zum ersten Mal auf ihre „Betteltouren" angesetzt worden? Ist ihnen, den Jüngsten unter den Gangs, das Illegale an dieser neuen Aktion überhaupt klar geworden? Oder ist das unnötig, weil das Bestehlen der sog. „Reichen" in ihren Kreisen eher als vertretbares Recht der Unterprivilegierten dargestellt wird? „Man darf sich nur nicht erwischen lassen!" Ein Credo von internationaler Reichweite. Das wissen doch alle, diese Kinder inklusive. Und überwiegt nicht bei Erfolg der süße Stolz, die Dankbarkeit der Eltern, von Oma und Opa, die Bewunderung der kleineren Geschwister? Wer hat unter dem Druck dieser Bedingungen dann noch die moralische Kraft, den Durchblick fürs richtige Verhalten? Kaum jemand, allenfalls einer nach dem Schock der ersten Verurteilung und der muss nicht moralisch bedingt sein. Es könnte beim nächsten „dicken Ding" auch nur die pure Angst Pate gestanden haben.

Was nach Verteidigungsrede klingt, ist keine und würde zeitlich sowieso nur befristet gelten. Diese Jungen wissen, dass sie Täter sind und unter Beobachtung stehen, wissen, wann ihr Tun Unrecht ist. Mag das sogar bei der ersten polizeilichen Festnahme für Minderjährige noch halbwegs gut ausgehen, was man in Südafrika auch schon bezweifeln sollte. Beim zweiten Mal haben Wiederholungstäter, dann noch mit einem Messer im Ärmel, nichts mehr zu lachen - so wenig wie natürlich zuvor auch ihre Opfer!

Zugegeben: Wenn es ohne meinen Ranger schiefgelaufen wäre, wäre ich der Naive gewesen, quasi durch meinen Leichtsinn mitschuldig geworden an der Tat der Kinder – Ausnahme der vermutlich 16-Jährige. Genau genommen, war es also keine echte Begegnung. Der Knalleffekt hat gefehlt!

IM BUSBAHNHOF DER APARTHEID

Den Busbahnhof besuche ich zwei Tage später noch einmal. Wer diesen Bahnhof für Schwarze – ein Anhängsel zum neuen, für die Fußball-WM 2010 erbauten Hauptbahnhof – gesehen hat, erlebt vergleichsweise eine Bahnhofsausgabe dritter Klasse. Der einzige Weiße (und der nicht mal mit einem Ticket in der Hand) kommt sich vor wie 1965 im unruhigen New Yorker Stadtteil Harlem. Fehlen hier nur die Basketbälle, die einem damals ins Kreuz nachgeworfen wurden, ist es hier dagegen sicher, so unruhig das Herz auch schlägt. Es steckt Ordnung hinter dem Durcheinander. Chaos sähe anders aus. Die unübersehbare Schlange entlang der 80 Haltestellen für die Minibusse wird tatsächlich in funktionale Bahnen gelenkt; die Fahrgäste haben ihrerseits das Schlange-Stehen nicht verlernt. Gute englische Schule in vierter Generation. Versuchen wir doch, es so zu sehen: Dieses unruhige Herz ist das schwarze Gegenherz, oder in der Stadt des großen weißen Chirurgen Christiaan Barnard das 2., das eigentlich pulsierende Herz dieser ungewöhnlichen Metropole.

Wo bleiben die Weißen?

Warum findet sich hier nicht ein einziger weißer Mensch ein? Den einen, der sich hier hat blicken lassen, lassen wir weg. Er ist statistisch irrelevant und auch kein Reisender gewesen. Somit können wir hier eine 100prozentige Einseitigkeit feststellen. Immerhin sind in der knapp 60 Millionen großen Bevölkerung Südafrikas 7,8 Prozent weiß. Warum macht dieses einseitige Verhältnis scheinbar niemanden in dieser Stadt stutzig? Wo also bleiben die Weißen? Will sich keiner dem Gedränge aussetzten? Ist ihnen die Fahrt in den überladenen, japanischen Kleinbussen zu primitiv, zu gefährlich, steigen sie hier erst gar nicht ein, weil sie das Zusammensein mit Schwarzen grundsätzlich ablehnen, oder weil auf diesem Bahnhof nur „schwarze" Ziele ausgewiesen sind, die aufzusuchen niemandem mit weißer Hautfarbe in den Sinn kommt? Dabei sind es hochgesteckte Ziele, die hier täglich angefahren werden, auf jeden Fall toll klingende. Eins davon heißt „Atlantis", das andere „Malibu". Atlantis ist untergegangen; Malibu nicht erreichbar.

Trotzdem ist zu dokumentieren: Die trauen sich was, die Kapstädter! Die haben was vor! Nur was, das richtige Ziel? Ein Grund für Weiße, diesen Busbahnhof so gut wie nie anzusteuern, könnte sich tatsächlich aus dem einfachen Umstand herleiten, dass, wer seinen Heimathafen auf den Anzeigetafeln vergeblich sucht, hier nicht zu warten braucht. Warum nur findet er seine Adresse nicht? Stimmt es, dass sämtliche Touren nur schwarze Ziele ansteuern? Und was, wenn ein Weißer einen Freund in einem der Townships besuchen will? Nur zum Beispiel, doch scheint es dafür wirklich kein Beispiel zu geben. Die Apartheit lebt, wiewohl sie juristisch tot ist; erledigt aber ist sie nicht...! Steht etwa das „weiße Fahrziel" nicht mehr im Blickpunkt der Verkehrsexperten – Motto: andere Länder, andere Ziele? So, nicht ganz: Es gibt ja noch die normalen Stadtbusse, für die ich meine Monatskarten gekauft habe; mit einem Publikum, wie es unterschiedlicher nicht sein könnte. Alles in allem bleibt ein schaler Nachgeschmack!

Das gilt ebenso für die kleinen, ständig überladenen, durch die Stadt jagenden, japanischen Busse mit ihrer ausschließlich schwarzen Fracht. Alles wirkt wie aus der Zeit gefallen. Man fragt sich: Wie passt diese weiterbestehende Abriegelung der Armen in das politische Konzept der eigenen Regierung? Bedeutet das apathische Verhalten der ANC-Regierung nicht die Verlängerung der weißen Apartheitspolitik? Tut es, jedoch redet niemand darüber. Und totschweigen, das gilt rund um den Erdball, führt zu nichts - auf keinen Fall zu etwas Besserem. Das wunderbare Kapstadt ist dafür ein Paradebeispiel. Real existieren diese schwarzen Ghettos nach wie vor – exakt wie in den verhassten Zeiten der weißen Regierungen. Doch da dieser Zustand öffentlich bislang weder in der Bevölkerung noch in den Medien zum großen Thema geworden ist, fühlt sich die ANC-Langzeit-Regierung nicht bemüßigt, auf ungestellte Fragen reale Antworten zu geben...

Andererseits werden Antworten längst gegeben: zwar immer noch nicht laut und in Massen, dafür umso krasser in negativen, resignierten und voller Verachtung erfüllten, höchstpersönlichen Stellungnahmen – von all` den schwarzen Arbeitern, Passanten, „Havenots", mit denen man in den zwei Monaten ins Gespräch gekommen ist: ob auf Bürgersteigen, in Plätzen oder Parks, ob in den von schwarzer Kundschaft bevorzugten Miniläden - draußen wie drinnen: nicht einer, der etwas Gutes für seine Partei, respektive Regierung übrighatte. Das galt für alle, die anhielten, um zu reden, ob Schwarz oder Weiß und alle, ohne groß nachzudenken! Immer der gleiche Trend. Die ANC sei keine Regierung, die für ihre Anhängerschaft etwas täte. Das lässt unter demokratischen Aspekten tief blicken! „Die ANC als Volkspartei"? Meist kam auf meine Frage als erstes ein kurzes höhnisches Gelächter; mehr als einer spuckte statt einer Antwort auf den Boden und ging weiter. Ich weiß, ich habe das schon geschrieben. Ich wiederhole es, weil es sich auch vor mir immer wiederholte. Von dem ersten, der mir so kam, hatte ich einen Moment den Eindruck, er meinte mich. Meinte er aber gar nicht. Die gleichen Reaktionen erfuhr ich im

Laufe der Wochen von vielen Menschen, jeweils unmittelbar nachdem sie das Wort „ANC" verstanden hatten. Das wurde mir auch von meinen heimischen Hochhaus-Gesprächspartnern bestätigt, samt und sonders Schwarze. Und dabei hat die ANC-Partei bei ihrer letzten Wahl an die acht Prozent verloren, liegt aber immer noch bei gut 56 Prozent (und kann weiterhin auf einen Koalitionspartner verzichten).

Nicht nur das schwarz-weiße Verhältnis der südafrikanischen Bevölkerung ist vollkommen verkrampft, ebenfalls das schwarz-schwarze zwischen Regierung, Mittelstand und Unterschicht. Das ist körperlich zu spüren und enthüllt jedes Gespräch, unabhängig von der Farbe des Gesprächspartners. Das verrät im allgemeinen Gedränge auf den überfüllten Bürgersteigen nicht nur ein Gesicht. Jeder weiß es, leidet irgendwie auch unter diesem amorphen Gefühl - zusammen kommen die Menschen trotzdem nicht. Wenn sich mein Aufenthalt nicht so entwickelt hätte, wie ich es jetzt zu beschreiben versuche, sondern mich der üblichen Touristenrouten verschrieben hätte, wäre es mir ein Leichtes gewesen, diese zwei Monate mehr oder weniger nur unter Weißen zu verbringen, bis auf Kellner oder sonstige dienstbare Geister, natürlich.

RASSENTRENNUNG PER SCHECKBUCH?

Eingang zum berühmten Company`s Garden, touristisch einer der attraktivsten Sammelpunkte. Vor mir und allen Touristen liegen auf dem Fußboden in gerader, verfolgbarer Linie 24 Steine mit gut lesbaren Schriftzügen. Trotzdem beugt sich nur einer über sie und liest: „We the People of South Africa…recognise the Injustice of the Past…" Nicht ganz eindeutig dieser Satz: Wir, die Bürger von Südafrika… erkennen (oder anerkennen) die Ungerechtigkeit der

Vergangenheit… „Anerkennen" im Sinne von „Akzeptieren" oder „nur" von „Hinnehmen"? Da die 24 in Stein gemeißelten Sätze quasi als Verfassung der neuen, jungen Republik Südafrika gelten, möchte man diesen ersten Satz derart interpretieren: Wir, die Südafrikaner, nehmen die Ungerechtigkeiten zwar hin, die als das auch bleiben, was sie sind, ungerecht nämlich, aber es wird nie wieder zu dieser Art Ungerechtigkeit kommen. Dazu verpflichtet sie der letzte Satz auf der 24. Steinplatte. Mit folgenden nachdenklichen, beinahe unsicheren Worten: „May God protect our People." Gibt da etwa die schwarze Regierung die Verantwortung für ihr Volk gerade an Gott ab? Was wäre dann der gute Glaube an eine ernsthafte Verbesserung für das Volk noch wert? Skepsis erscheint auch an dieser Stelle angebracht.

Misst man diese politischen Vorsätze der Regierung an den Realitäten, wie sie sich einem in dieser Stadt darstellen, oder speziell an diesem Platz abgespielt haben, kommt man an traurigen Beobachtungen kaum vorbei. Wie sahen die nackten Tatsachen, an diesem Tag vor Ort, dem Eingang von Company`s Garden, aus? Die Sitzreihen, die in der Nähe des bogen-förmigen Eingangs stehen, wurden ausschließlich von Schwarzen besetzt. Nahm dort nur einer von heller Hautfarbe Platz, erhoben sich die Dunkelhäutigen. Offensichtlich bilden freie Plätze für Weiße ein Tabu. Man könnte auch die Interesselosigkeit eines weißen Reiseleiters ins Feld führen, der es nicht für nötig hielt, seine Busladung älterer Touristen, wie sie an diesem späteren Nachmittag hier anlandete, zu stoppen, um sie kurz auf dieses Stückchen demokratischer Wichtigkeit hinzuweisen. Er tat es nicht. So stolperten die kurzfristig anwesenden Besucher abwesend über die zu jedermanns Füßen liegenden, in Stein gemeißelten Erkenntnisse hinweg – längst schwach geworden durch die Hitze und mit ermüdetem Blick nichts als dem vorauseilenden Tour-Guide nach.

Das Ganze verdichtet sich auch hier, man möchte fast sagen, endgültig zu dem Eindruck, der sich schon lange nur noch schwer verdrängen ließ: Südafrika ist trotz der offiziellen Aufhebung vor Jahrzehnten ein Apartheit-Staat geblieben. Es ist allerdings nicht mehr in erster Linie der Graben zwischen Schwarz und Weiß, der die Machtverhältnisse markierte; die alte Farbenlehre hat ausgedient – ein Rest besteht noch, weil die Briten wegen ihrer wirtschaftlichen Kompetenz noch eine gewisse Rolle spielen. Also doch: Rassentrennung per Scheckbuch? Aber es ist nicht mehr der entscheidende Punkt, seit ihnen die politische Macht genommen wurde. Nein, die neue Form der Apartheit spiegelt sich – symbolisch wie äußerlich schwer zu erkennen – ab zwischen der schwarzen Regierung und ihren ureigensten schwarzen Wählern. Kapstadt mit seinen knapp vier Millionen Einwohnern, etwa so groß wie Berlin, bildet trotz seiner Internationalität darin keine Ausnahme.

Eine neue südafrikanische Generation müsste her, sie dürfte nur nicht weiterhin personalisiert sein durch junge „Pioniere" des

Einmal andersherum: Kein Platz für Weiße

ANC! Solange dieses renitente, korrupte System nicht überwunden ist, spaltet ihre Rassentrennung, auch per Scheckbuch, die Seele.

„ITHALALENC" – DAS UNBEKANNTE WORT

Auf dem Heimweg nach dem aufregenden Busbahnhof stehe ich im Angesicht der Universitätsbibliothek von 1889 vor einer neuen Herausforderung – radebrechend über den mittleren Namen oberhalb des Eingangs. Links heißt es „Central Library", rechts „Biblioteek", alles klar, links britisch, rechts holländisch. Aber was ist mit dem Wort in der Mitte: „Ithalalenc"??

Ich frage die beiden Pförtner am Eingang, beide wissen nicht weiter, wiewohl hier angestellt. Ich gehe auf eine Studentengruppe zu und frage nach. „Afrikaans?" Die Vier haben das Wort „in der Mitten" noch nicht mal zur Kenntnis genommen, nie gehört. „Es steht da oben", zeige ich es ihnen. Einige blicken im Sitzen rückwärts hoch; andere tun nicht mal das. Staunen, raten, nix wissen. Staunen? Ich wechsele zur nächsten Gruppe, zur dritten...

Endlich kommt jemand – auch Schwarz – auf mich zu, der das still beobachtet hat. Ich zeige ihm meinen Zettel, der junge Mann hat Humor, er löst einen Knacklaut aus. Ich sage Xsosa? Er lacht fröhlich. Wir trennen uns. „Ithalalenc?" Er schüttelt den Kopf. Ich habe bis heute keine Ahnung. Dafür habe ich original, eigens für mich, einen echten Knacklaut vernommen. Habe ihn noch im Ohr, leider nicht auf den Lippen.

Meine
Lieblingsbäume...

majestätisch...

*hexenhaft
verdreht...*

baumhaft düster...

dunklen Geheimnissen gleich...

MEINE RATTEN-RANGLISTE

Mein Gott, keine Ratten mehr? Jedenfalls schon lange keine mehr gesehen. Was ist los? Trete ich zu wenig gegen Müllsäcke, sehe ich mir dunkle, isolierte Orte zu oberflächlich an, marschiere ich zu unkonzentriert durch entlegene Parks mit ihren teils phantastischen und wild geformten Bäumen, andererseits gleichermaßen Schreckensbilder verbreitend. Habe noch nie so verdrehte, verknotete, schründige, uralte Stämme gesehen wie in diesem Park auf dem Schnellweg zum Hafen - Stämme, überzogen mit hexenhaft wirkenden Warzen, fast vertrocknet, dennoch lebend, dunklen Geheimnissen gleich; düster und abstoßend mit ihrer zugewachsenen, verfilzten Unterwelt gefällt mir diese Geheimniskrämerei der vernachlässigten Natur genau deswegen. Der ideale Unterschlupf für Kleintiere und Viecher wie Ratten, vielleicht sogar Schlangen! Schon beim Nähern scheint mir Vorsicht geboten vor allem, was einem da über die Füße laufen könnte. Vermutlich nichts – doch, daaa, endlich, eine Ratte - schon weg! Nicht mal die Hunde haben sie bemerkt. Nur ich habe sie gesehen.

Nach nunmehr knapp sieben Wochen liegt Kapstadt in meiner persönlichen Rangliste fiepender Ratten – von Dschenin abgesehen - auf dem 5. Rang hinter Rom (Platz 4), Rio de Janeiro (3.), Florenz (2.) und Hamburg – Hamburg allerdings nach einem Gang durch die Abwasserkanäle mit jungen, zum Teil geschockten Volontär*innen = Teil der Ausbildung für Reporter. Der trüb erhellte, nächtliche Basar von Dschenin entführte einen in eine andere, schrecklichere Welt – nicht der geringste Vergleich zu anderen Rattennestern. Die flitzenden Ungeheuer in den Slums von Jakarta hatte ich 1983 noch nicht mitgezählt. Und in Indien, angeblich das Land mit der intensivsten Ratten-Dichte, war ich nie. Natürlich stellt diese Liste das Äußerste an Subjektivität dar. Was ich gesichtet habe, war nichts, selbst nichts im Vergleich zu den dortigen Realitäten, außer Dschenin. Aber „Ratten" gehörten eigentlich bis dahin nie zu meinem Thema. Anders seither! Seit Tagen bleibt das Verhältnis für Kapstadt bei 8:10. Acht lebende Ratten gegen zehn tote. Die siebte Tote war die interessanteste. Sie war riesig, schwer und fett, oder aufgedunsen. Sie lag zwar in der Gosse, wo sie ja hingehört, war aber nicht überfahren worden. Ich meine, am Schaum ihres Mauls auf Vergiftung tippen zu können. Wäre das nicht vielleicht sogar ein Resultat seriöser Behörden-Arbeit? Man weiß auf dem Gebiet der Rattenbekämpfung von energischen, kampferprobten Gegenmaßnahmen der Stadt – eventuell freilich mit zu geringem Erfolg.

Gift-Tod in der Gosse!

DAS CIVIC CENTRE

Vielleicht verwundert diese durchsetzungsgewillte Haltung der Stadt im Kampf gegen Ratten und Müll weniger, wenn man das gewaltige Civic Centre kennt, das größte, mir bekannte Bürgerhaus, 26 Stockwerke oder 98 Meter hoch. Ein unheimlicher Klotz, wiewohl betont schmal. Weil er auffällig in Gegenrichtung, quer zum Hertzog Boulevard und zu sämtlichen anderen Hochhäusern hingestellt wurde, quer damit auch zum rollenden Verkehr, scheint es, als sollte er seine breite Brust einer Welt der Probleme darbieten: „Hier stehe ich, ich kann nicht anders!" Luthers berühmtestes Bekenntnis – hier gehört es hin. Wer so baut oder bauen lässt, will anecken, sich auf keinen Fall dem Rest seiner großzügig wirkenden Umgebung geschmeidig anpassen. Nein, der will sich durchsetzen, koste es, was es wolle. Und es kostete (zumindest) die Architekten und die Bauherren etwas: einen Teil ihres Renommees. Von „Betonwahn" war die Rede, „typisch für die internationale Moderne", mit der die Kapstädter Architekten - in ihrer Mehrheit Gegner der „Rationalismus-Architektur" jener Jahre – nichts anzufangen wussten. Es war ein Streit bis in die Beginner-Jahre dieses Jahrhunderts. Doch alles an Kritik prallte ab an den harten Wänden dieses seitlich hingestellten Formats, das als Versuchsobjekt schon 1978 fertiggestellt wurde. Es gefällt mir, wenn sich Eindrucksvolles einfach durchsetzt!

Inzwischen hat sich dieser Komplex neben dem Busbahnhof ganz, wie geplant, zum zweiten Zentrum der städtischen Verkehrspolitik entwickelt; durchgesetzt hat sich auch die Hochhaus-Unterführung, eine breite Straße für Auto- und Busverkehr, allerdings mit kleiner Nebenwirkung. Diese Unterführung wird bei schlechtem Wetter zur „Spielwiese" extrem starker Winde, die dann sogar den gesamten Verkehr verbieten. Ob Absicht der Planer oder aus Versehen, sozusagen physikalisch falsch berechnet oder an den Strömungsgesetzen schlicht vorbei, interessiert den Autor nicht im Geringsten. Hauptsache, der Sturm orgelt da unten mächtig, Stürme reizen zum Staunen. Das Gegenteil dessen dürfte die Windstille sein. Und genau diese habe ich im März 2019 bei meinen beiden Besuchen erlebt. Immerhin rollt dann der Verkehr!

In einem solchen Gebäude muss einfach irgendwo in diesen tausend Gängen gedacht, geplant und eben eine Strategie über den Tag hinaus entworfen werden. Die Ratten von Kapstadt spielen notgedrungen eine Rolle dabei, umso mehr, als sie den Bau vermutlich längst für sich erobert haben. Das Problem liegt also nahe.

Ein aufregendes Gebäude, Ähnliches auf politischem Sektor habe ich leider nicht gefunden. Symbolisch für Stadt und Land?

D-DAY – Eroberung des Tafelbergs

Der Tag hatte morgens um sieben Uhr einmal mehr, doch für mich vermutlich zum letzten Mal, mit dem Kampf der Wolken gegen den Tafelberg, ihren absoluten Lieblingsgegner begonnen. Heute, Donnerstag, 28.3., mit einer Wucht, die auf eine Entscheidung hindeutete. Ich liebe diese Bilder, die Wolken, wie sie auch an diesem Tag auf der Lauer liegen, flach, hingegossen wie eine hungrige Löwenmutter auf der Jagd nach Futter für ihre Kleinen; es verspricht, spannend zu werden. Neuer Tag, neue Attacke. Es ist der vierte in Reihenfolge.

Diesmal, scheint es mir, fahren die Wolken ganz schweres Geschütz auf. Heute wollen sie alles erobern, einschließlich - von unten betrachtet - die kleine Spitze des berühmten Berges, ganz rechts; dieselbe Spitze, allerdings von oben betrachtet, beherbergt an normalen Tagen, zu jeder Stunde Tausende von Touristen, heute, am D-Day der Wolken, nicht einen. Da herrscht diesbezüglich Ebbe auf dem Peak. Stattdessen quellen ungeheure Massen die-

D-Day für den Tafelberg

ser leichtgewichtigen Angreifer hinter dem Tafelberg hoch, fließen die Hänge hinab, lösen sich – Spielbälle der Winde - auf, sammeln sich neu. Alles bei ansonsten strahlender Sonne, der Himmel ein einziges Blau, bis auf die belagerte Tafelbergspitze. Die „berittene Gebirgsmarine" gibt sie nur für den Bruchteil einer Sekunde frei. Das wird dann der Moment für alle touristischen „Kriegsfotografen", meist alte Männer, die sofort ihre antiquierten Kameras vors Auge halten bzw. seit Neuestem ihre Smartphones, die sie von ihren Kindern geschenkt bekommen haben und von ihren Enkeln erklärt. Der Kampf ums Dach an diesem Tag ist lokal begrenzt und deshalb scheinbar nur ein kapriziöser, dabei von ungeheurer Wucht. Doch die Wolken selber bleiben sanft, soft - und schwierig. Sie machen trotz schönsten Wetters alles kaputt. Sie lassen Rasen,

Bäume, Blumen und Pflanzen - den Erdboden insgesamt verdursten; sie sprengen ihn einfach nicht. Sie sehen verspielt zu, wie alles um sie herum allmählich vertrocknet. Ihnen entströmt kein Tropfen Wasser.

Doch wie sie sich langsam auf dem Bauch vorwärts schleichen, vorrücken, immer wieder auffallend ihr weiß-grauer Kontrast zum Tiefblau des Himmels. Das alles hat etwas zeitlupenartig Grandioses. Man spürt, wie die Wolken zögernd auf ihren größten, freilich nicht unbedingt treuesten Verbündeten lauern, den Wind – besser einen Sturm oder wenigstens eine Brise, die für den nötigen Auftrieb ihrer spielend leichten Körper sorgt. Ihr Ziel? Immer das Gleiche: die Spitze, den Pinökl zu vernebeln, damit den für „Touris" wichtigsten Punkt, den des Tafelbergs, auszuschalten, die Cable Cars zum Stoppen zu veranlassen, um, wie Pessimisten meinen, den aktuellen Börsenkurs in Johannisburg zu Fall zu bringen… Wer steckt bloß hinter diesem ewig perfiden Angriff auf die private Freizeitgestaltung harmloser Kapstadt-Besucher? Na, wer wohl! Die Linken natürlich. Wer sonst? Es dreht sich letztlich doch alles ums Geld, um den Gewinn, den verdammten Kapitalismus: Keine Sicht oben, keine wartenden Gondeln unten und ganz allgemein nix in der Kasse! Gut so, sagen die einen! Und was nun, fragen die andern, speziell an diesem 28.3. 2019, da der Tafelberg tatsächlich von den Wolken besiegt wurde. D-Day eben!

HAROLD – EIN DEUTSCH GEBLIEBENER JUDE

Harold habe ich in der Jüdischen Gemeinde zu Kapstadt kennengelernt. Ein geborener Kapstädter, der im Herzen jedoch Deutscher geblieben ist. Er hat in seiner beruflichen Laufbahn als Leitender Angestellter eines Möbelhauses gut verdient, ist als Rentner jedoch nicht mehr in der Lage, den teuren Flug Kapstadt – Frankfurt und zurück zu bezahlen. Zu sehr hat der Rand den Kontakt zu Dollar und Euro verloren. Und deshalb fühlt sich Harold abgehängt wie sein Zahlungsmittel. Wiewohl er mit Englisch und Afrikaans aufgewachsen ist, spricht er von zuhause aus auch ein gutes Deutsch. An einem Schabbat-Abend in der Synagoge sind wir uns über den Weg gelaufen. Als ihm zu Ohren gekommen ist, dass sich an diesem Abend zwei Mitglieder der Deutsch-Israelischen Gesellschaft (DIG) besuchshalber dort eingefunden hätten, hat er uns aufgesucht.

Die Jüdische Gemeinde zu Kapstadt ist eine überwiegend deutsche Schicksalsgemeinschaft, wiewohl nicht mehr alle Nachfahren unsere Sprache beherrschen, wirkt „das Land, aus dem unseren Vorfahren die Flucht gelang", wie es einer ausdrückte, doch nach; entsprechend interessieren deutsche Besucher. Sie wurden freundlich, ja herzlich begrüßt, schnell und komplikationslos in die Gespräche mit einbezogen; dabei ist nur einer von uns beiden Besuchern jüdisch. Doch spielte das keine Rolle.

Wir treffen hier im Jahr 2019 auf Nachfahren aus Deutschland, deren Ur-Großeltern 1936 die Chance genutzt hatten, gerade noch rechtzeitig dem nationalsozialistischen Terror zu entkommen und in Kapstadt das rettende Ufer zu erreichen. Inzwischen lebt als jüngste Nachfolger-Generation die vierte hier. Selbst sie, die Jüngsten der Jüdischen Gemeinde zu Kapstadt, haben die Erzählungen ihrer Groß- bzw. Urgroßeltern nicht vergessen. Fast alle haben sich eine Vorstellung oder Erinnerungen an ein anderes Deutschland – über das untergegangene hinaus – bewahrt. Nach diesem früheren Deutschland und der „heutigen BRD" hat uns Harold immer wieder angesprochen:

„Wie lebt es sich bei euch in Germany?" Seine Fragen hatten etwas Sehnsuchtsvolles, oder auch Illusionäres an sich. Etwas Vergleichbares empfand er für seine jetzige Heimat Südafrika offenbar nicht. Schon die Hitze, die andere suchen, mochte der kranke Mann ganz und gar nicht. Nicht nur er! Halb Afrika scheint darunter zu leiden. Wirkliche Heimatgefühle schienen die Älteren unter den Schabbat-Anwesenden für ihre nunmehrige Heimat nicht zu empfinden. Irgendwie wurde man den Eindruck nicht los, dass die satte Distanz von 9800 km zwischen Kapstadt und Berlin in etwa der Sehnsucht nach der alten deutschen Heimat entspricht, oder quält. Südafrika war für europäische Juden nie ein bevorzugtes Land. Dass die Stadt dafür nichts kann, liegt auf der Hand. Doch dass sie vor 83 Jahren fast eintausend jüdischen Flüchtlingen aus der vertriebenen Heimat Sicherheit und neue Chancen bot, spricht unbedingt für Südafrikas inzwischen beliebteste Metropole. Mein Eindruck beschreibt vermutlich mehr die 2. Generation, die die Klagen der Eltern über den Verlust ihrer Heimat im weitesten Sinn noch im Ohr hat. Heimatlos sind aber auch die Vertreter der nachwachsenden Generationen nicht. Ihren Bestimmungsort, ihre religiös-kulturelle Heimat betreten sie, wann immer ihnen das möglich ist, jeden Freitagabend in und auf dem vertrauten Gelände ihrer Synagoge.

Die erste Generation schaffte es 1936 in zwei Fahrten auf der „Stuttgart", das ihnen fremd und unheimlich gewordene Deutschland in vorletzter Minute zu verlassen. Es waren Frauen und Männer, die Glück hatten sowie Mut und Durchblick bewiesen, sich gleich so weit wie möglich von ihrer Heimat zu entfernen. Und auch das gelang nur dank der (heimlichen) Hilfe deutscher (!) wie britischer Behörden im damaligen Kapstadt; ein buchstäblich unglaubliches Zusammenspiel – 1936, dem Jahr der Olympischen Spiele von Berlin! Es war das Jahr, in dem die Nationalsozialisten mit Rücksicht auf die internationale Bedeutung der Berliner Spiele in der jüdischen Schicksalsfrage der Welt eine pseudo-liberale Haltung vorzuheucheln verstanden.

IM HOLOCAUST-MUSEUM

Die Erleichterung und Dankbarkeit Kapstadt gegenüber hat Eingang gefunden in dem gleichnamigen Holocaust-Museum, das es in sich hat. „Holocaust-Museum in Kapstadt," frage mich skeptisch eine gewöhnlich   bestens informierte Freundin in Deutschland? „Jawohl", antwortete ich deutlich, „und was für eins!" Es wurde auf dem Gelände der Jüdischen Gemeinde errichtet unter anderem als Erinnerung an die Sponsoren, in erster Linie aber an die Adresse der Bürger Kapstadts, ihrer Verwaltung und natürlich dem Gedenken an die Millionen jüdischer Schicksale. Dem Museum ist es dank seiner Architektur und Ausstattung eindrucksvoll und ebenso raffiniert wie ahnungsvoll gelungen, das Ausweglose für Juden im damaligen Deutschland nachzuvollziehen (sofern das auch nur annähernd möglich ist)! Gleichnishaft anrührend wurde am Ende des musealen Rundgangs die zunehmende Enge des Ganges. Der Besucher ahnt nur, was ihn erwartet. Er betritt die Räume durch eine normale Tür und erreicht einen relativ großen Raum – groß nur in Bezug auf die Enge, die bald folgt; denn nun stößt der Ankömmling beim Weitergehen auf Mauern, die ihm, immer schmaler werdend, die Luft zum freien Atmen nehmen; das geht so weit, bis er sich kaum noch seinen klaustrophobischen Gefühlen zu entziehen vermag. Der Schock dann am Ende dieses Irrwegs, ein blutrot untermaltes Schild: „Auschwitz"! In dem Moment hat jeder Besucher symbolisch die Hölle des Holocausts betreten!

Man tritt benommen einen Schritt zurück. Der „Kerker" im Museum von Kapstadt lässt kaum Raum zum Umdrehen; es ist so eng hier, man geht besser ein, zwei Schritte rückwärts und entschuldigt sich gegebenenfalls bei den Menschen hinter einem – die Konzentrationslager in den vierziger Jahren kannten dergleichen Wahlmöglichkeiten nicht. Dort gab es nur eine Richtung, die unumkehrbare…!

Der Museumsbesucher dagegen nutzt seine Chance, liest verwundert auf einem ebenfalls in Rot gehaltenen Schild das Wort „Rescue" und atmet angesichts eines hinzugefügten Namens, den des schwedischen Diplomaten Raoul Wallenberg, erleichtert auf. Der zupackende Wallenberg gehörte zu den ersten und wichtigsten internationalen Helfern der überlebenden KZ-Opfer. Hier, eine halbe Ewigkeit von den Schauplätzen der Massenmorde durch die Nazis entfernt, wird er geehrt! Man geht weiter, sich immer wieder umdrehend und nähert sich erschrocken neuen Details einer barbarischen Vergangenheit: Kisten voller gestapelter Gliedmaßen, menschlicher – zwar künstlich hergestellt, aber nach Fotos aus Auschwitz. Endlich, nahe am Ausgang stößt man auf Namen der Gründer und Förderer dieses eindrucksvollen Museums. Ein besonderes Foto zeigt eine junge, dunkelhaarige Schönheit:

Ella Blumenthal, 1927 in Warschau geboren, gehörte mit 21 Jahren zur Gründungselite dieses Hauses. Ihr Weg durch ihr bisheriges Leben, also bis 1947, ist eine wahre Odyssee des Unvorstellbaren, gegen die die aufregende Existenz des Politverfolgten, „Odysseus", mehr nur eine Reise durch die Welt der Abenteuer war, zwar schwieriger und gefährlicher Abenteuer, meist aber doch selbstbestimmt und sein Ziel verfolgend. Dagegen das Dasein von Ella Blumenthal: fremdbestimmt, als Mensch verachtet, ohne eigene Rechte und jahrelang, täglich, stündlich der drohenden Todesgefahr eines Massenvernichtungslagers ausgeliefert. Ihre Stationen auf zunächst unbekanntem Weg nach Kapstadt heißen bis 1944 grauenhaft planmäßig: Warschau – Majdanek – Auschwitz - Bergen-Belsen! Nach der Befreiung `44, dann Paris, Pakistan und 1948 Südafrika. Und schon im selben Jahr begann sie, sich für die Gründung dieses Museums einzusetzen...

… an einem Donnerstag, einen Tag v o r meinem Besuch im Museum, 71Jahre nach seiner Gründung 1948, hatte ich mich mit Harold im Restaurant der Jüdischen Gemeinde zum Lunch (koscher,

natürlich) verabredet. Am Nachbartisch eine alte Dame, in einem
lauten Gespräch mit ihrer Tochter – in einem Englisch, das idio-
matisch unüberhörbar nicht ihre Muttersprache war. Die Tochter
schien offensichtlich wenig Zeit für ihre Mutter zu haben; sie blickte immer wieder zu einer Tischreihe am Ende des Raums, an der
ein Dutzend Schüler auf sie – offensichtlich ihre Lehrerin – wartete: zu einer aktuellen Geschichtsstunde im Holocaust-Museum
von Kapstadt.

SCHWIERIGER DIALOG

Harold und ich unterhielten uns über Deutschland, sein Sehn-
suchtsland, sprachen über Berlin und Hamburg, ich war gerade
dabei, seine Traumvorstellungen etwas zu relativieren, als mich
eine Stimme von links hinter mir erreichte, von der ich mich gar
nicht angesprochen fühlte. Die Stimme wurde jedoch krächzen-
der, als ich nicht reagierte. Mir war in meiner Überraschung nicht
mal klar, ob es sich um eine auf Deutsch oder Englisch gestellte
Frage gehandelt hatte. Bis mir mein Gesprächspartner mit einem
Lächeln zuflüsterte: „Es ist unsere Älteste, sie will von Dir wissen,
in welchem KZ Du damals gesessen hast." „Ja", schrie die Dame
mit gnadenlos scharfer Stimme und erfragte gleichzeitig, nun eindeutig auf Deutsch, mein Alter. Aber auch „deutsch" war nicht
ihre Muttersprache. Ich drehte mich um zu ihr, nannte mein Alter und meine Herkunft Hamburg. "Und welches KZ"? fragte sie.
Ich sei nie in einem gewesen. „Ich bin nicht jüdisch", gestand ich.
„Ach was", meinte sie nur, „geben Sie es zu, Sie waren im KZ Neuengamme, liegt doch nahe bei Hamburg. Und in Ihrem Alter damals waren Sie wie alle andern erstmal in Neuengamme." „Nein",
wiederholte ich, „ich war und bin nicht jüdisch, bin als Journalist
hier", ich hätte Harold in der Jüdischen Gemeinde kennengelernt,
und nun unterhielten wir uns über Deutschland. „Ich glaube nicht,

dass Sie nicht jüdisch sind", kam es richtig erbost zurück. Widerworte war die Dame hörbar nicht gewohnt. Da griff die Tochter ein, die unser lautstarkes Gespräch am Tisch der Schüler mitbekommen hatte. Die Mutter sah ihre Tochter entgeistert an, wie sie es wagen könne…, doch die Tochter schnitt der vehementen, alten Dame das Wort ab und entschuldigte sich bei mir, was ich zurückwies. Eine Entschuldigung war das Letzte, was ich wollte! Es herrschte keine gute Stimmung; das gesamte Restaurant hatte zugehört, die Bestecke waren längst zur Seite gelegt worden. Mir war es unangenehm. Die alte Dame hatte das Alter für sich, vor allem als Jüdin eine für uns nicht nachzuvollziehende Leidenszeit hinter sich. Sie hatte jedes Recht zu fragen. Ich verstand sie. Ähnliches war mir in Israel passiert. Und auch da war es nicht leicht, entsprechend darauf zu reagieren. Wahrscheinlich sogar eine Unmöglichkeit!

1984 – mein erster Besuch in Jerusalem. Bei einem gesetzten Essen erzählte mir meine erheblich ältere Tischdame plötzlich, sie sei 36 Jahre alt. Während ich noch versuchte, zwischen Ernst, Unsinn oder Flirt zu unterscheiden, aber schon dabei war, eine Ahnung zu unterdrücken, machte sie mir unbarmherzig klar, indem sie mich direkt auf Deutsch ansprach: „Ich, lieber Herr Teske, glaubte doch wohl nicht, dass ich ihr Leben in Deutschland bis 1946 als lebenswert erachtet haben könnte. Das müsse mir doch klar sein." Ihr wahres Leben hätte erst 1948 mit der Staatsgründung Israels begonnen. Alles andere davor in „Germany" sei doch nur „nebbich" gewesen. Das sollte mir doch wohl klar sein. Doch damit nicht genug, übersetzte sie ihre kurze Ansprache noch ins Englische, wiewohl die meisten Israelis wohl verstanden hatten. Für zwei, drei Gäste wurde das Ganze aber doch noch ins Ivrit, das moderne Hebräisch, übersetzt. Mit einem Blick in die Runde beendete sie das Thema, das, wie mir schien, für die meisten Israelis an der langen Tischreihe genug behandelt worden war. Innerlich gab ich der Dame recht. Sie wollte einem „jungen" (?) Mann ihre Sicht ungeschminkt auftragen. Zu einer Antwort meinerseits kam es nicht.

Die übrigen Gäste am langen Tisch hatten sich eindeutig durch lautes Reden von diesem Thema verabschiedet. Aus Höflichkeit? Wahrscheinlich – oder?

Die Stimmung in Kapstadt war nach diesem frostigen Dialog ähnlich schwierig zu interpretieren. Hier hatte ein ganzer Saal zugehört. Schweigend! Die Tochter war inzwischen zu ihren Schülern zurückgekehrt, die alte Dame gleichwohl sitzen geblieben. Verstimmt! Ich hätte zu ihr gehen müssen. Das weiß ich jetzt. Als ich einmal über meine Schulter zurückblickte, schaute sie mich geraden Blickes verärgert an. Ich ging nicht hin. Als wir, Harold und ich, bald danach aufbrachen, und ich noch mal überlegte, ob ich…., war sie verschwunden. Harold, der geschwiegen hatte, begann nun, mir die Dame vorzustellen. „Ohne sie", meinte er, wäre das Holocaust-Museum nie und nimmer entstanden. Er nannte mir auch ihren Namen, ihr Alter schätzte er auf weit über 90. „92", das erfuhr ich ja am Tag darauf genau – n a c h meinem Besuch im Museum. Dort entdeckte ich beim Rausgehen das jugendliche Foto einer bildhübschen, dunkelhaarigen Frau, natürlich das Bild von ihr und begann, ihre Vita zu studieren, und merkte mir dann auch ihren Namen: Ella Blumenthal aus Warschau. Den hatte Harold mir schon genannt. Ella Blumental, die über vier (!) KZ-Stationen 1948 heil in Kapstadt gelandet war; eine weitere, noch unglaublichere Geschichte…

Für mich hätte ich mir gewünscht, den Museums-Besuch einen oder zwei Tage früher angetreten zu haben. Unser Gespräch wäre vermutlich anders verlaufen - oder auch nicht. Dieses Thema bleibt „Pfahl im Fleische".

ABSCHIED VON HAROLD

Den Weg nach Hause am letzten Freitag unserer Begegnungen wollte Harold alleine auf sich nehmen. Ich kannte den Sitz seiner Wohnung und wusste, diese etwa gut einen Kilometer lange Strecke würde mindestens eine Stunde dauern. Alle zehn Schritte würde der schwerkranke Mann stehen bleiben. Ich hatte es schon erlebt. Er schnappt dann nach Luft. Das Herz.

Dieses Mal wollte er mich unbedingt davon befreien. Er wollte meine Zeit nicht verschwenden, ich genau das in gleichem Maße vermeiden. Wir gingen zusammen! Dabei haben wir uns in jeder Stehpause wunderbar unterhalten, viel besser, gelöster als in dem jüdischen Restaurant, wo wir uns beide irgendwie beobachtet gefühlt hatten. Harold ist ein Mensch, der so gut wie nie in seinem Leben seine wahre Kraft gespürt hat und doch vor seinem 76. Geburtstag stand. Er leidet seit seinem 35. Lebensjahr unter seiner Herzschwäche. Mit 37 der erste Infarkt, der zweite mit 58, auf den dritten oder den Tod wartet er jetzt. Eine Schande. Dabei wirkt er bis auf seine Eingeschränktheit wie mitten im Leben stehend, ist gedanklich voll auf der Höhe, leidenschaftlich in den Gesprächen anwesend, nur wenn er aufsteht – das Herz. Wir brauchten diesmal wohl an die anderthalb Stunden, ehe wir uns trennten. Zum ersten Mal erzählte er von seiner Familie, von der Trennung seiner Frau und von seinem Sohn. Beide leben wie er in Kapstadt; zu beiden aber hat er keinen Kontakt mehr. Er kennt allenfalls noch deren Adressen. Gern erzählte er von dem guten Verhältnis zu seiner Tochter, ihrem Mann und ihren beiden Kindern. Alles in Ordnung, sie sei wirklich gut verheiratet, kämen auch häufiger zu Besuch, allerdings jedes Mal aus - Australien.

Drei Tage vor meiner Heimreise nehmen wir Abschied im „Cafe` Riteve" im 2. Stock eines modernen Supermarkets. Ich will ihn abholen; er kommt alleine. Die Unterhaltung ist brüchig. Er hängt seinen Gedanken nach. Als wir uns trennen, bleibt er noch sitzen.

Ich ließ ihn allein zurück. Er wollte es nicht anders. Er lebt weiter in Südafrika.

PS.: Drei Wochen später gratuliere ich ihm am Telefon zu seinem 76. Geburtstag. Ellen, die sich um ihn kümmert, Jüdin ist wie er, stellt mich durch. Völlig allein ist er doch nicht, aber nur wenn sie bei ihm ist.

„DOPPEMORD UM MITTERNACHT"

30.3.2019 – mein vorletzter Tag: Plötzlich lautes Klopfen an der Tür; aufgeregt stürzt meine Vermieterin herein; eigentlich wollte sie sich nur verabschieden; das Ende meines Aufenthalts stand ja bevor. Aber davor musste es noch raus: „Doppelmord in der vergangenen Nacht", was sie gleich mit dem Vorteil der privaten Übernachtungen, inklusive Pförtner und eigenem Sicherheitsdienst zu verbinden wusste. Tatsächlich: Mein 17-Stockwerk- hohes-Haus bestand nur aus privater Wohnungsvermietung mit - und das ist der Clou – angepasster Sicherheitsvorsorge. Und der „Doppelmord" geschah eben vergangene Nacht gegen 0 Uhr in dem nahegelegenen, großen Obstladen, den ich auch kannte, vielleicht 300 Meter von meiner Wohnung entfernt. Aber eben ohne Sicherheitsdienst. Und da seien um Mitternacht zwei „Einbrecher" aus Gründen der Selbstbedienung in dem Laden aufgetaucht, unmittelbar danach aus der nahen Polizeistationen zwei Beamte, die im schweren Gerangel um ihre Dienstwaffen die beiden „Einbrecher" erschossen hätten. Das ist eine Nachricht, so nahe, so tödlich - für mich freilich etwas außerhalb meiner normalen Einkaufszeiten. Aber, dass sie einem doch durch Mark und Bein geht, ist keine Frage. Aus ihrer lebhaften Schilderung wurde mir klar, um eine Juristin kann es sich bei meiner Vermieterin nicht gehandelt haben. Auf den ersten Blick (bei dem es dann ja für mich auch blieb), könnte es sich für die „Mörder", die Polizisten, um Notwehr gehandelt haben. Und „Einbrecher", wie sie meine Vermieterin titulierte – „und natürlich Schwarze", wie die beiden Polizisten übrigens auch -, waren die beiden Toten, die ich nicht verteidige, auch nicht. In einen offenen Laden - der Eingang, breit wie der Laden selbst - kann man nun mal nicht „einbrechen". Pech hatten die beiden schon. Aber das war gar nicht der Punkt meiner Besucherin: Sie wollte in erster Linie auf die Gefährlichkeit Kapstadts hinweisen – das wusste ich schon vom Auswärtigen Amt, bevor ich losflog. Die Gefahren, die sie meinte, Mord und Totschlag, könne man zuhause nur durch gesicherte Eingänge verringern. Und damit hat die Dame recht. Bevorzugte Einbruchsziele waren und sind logischerweise ungeschützte Häuser und Hotels. Das war zu meiner Zeit, bedingt durch die vielen jugendlichen Touristen, fast Standard, also beinahe tägliche Nachricht.

31.3. – Mein letzter Tag...

... hoffentlich nicht „in concreto", doch so ungefähr wie das Letzte fühlte ich mich schon. Vor allem das Zurück in die entflohene Kälte, stand ich doch mit der afrikanischen Hitze vom ersten Tag an auf „du und du" – schneller als mit der Stadt selbst. Und nun wieder ab in die nasskalte Feuchtigkeit des norddeutschen Winters. Ich kann diesem androgyn wesenlosen Wetter bei uns zuhause nichts abgewinnen. 20 Grad unter null – o.k.! Und hier, am untersten Ende Afrikas komme ich mir längst vor wie ein Teil oder gar als Partner des Ganzen, eines gleichschenkligen Dreiecks: das Wetter, Kapstadt und ich! Als wenn wir uns zu einer Einheit zusammengefunden hätten. Und so bleibt es auch heute, am letzten Tag, beim gleichen Trott. Morgens erst schreiben oder das Geschriebene verbessern! Es gefällt mir einfach so! 14 hora, ein weiterer „letzter" Punkt auf der Agenda: letzte Gelegenheit, etwas

Neues zu erleben. Mein inzwischen eingebürgerter Instinkt, das Neue auf mich zukommen zu lassen, ist mir treu geblieben. Erlebt habe ich das so noch nie. Eine neue Fähigkeit, eine unbekannte, die diese Kapstädter Reise ans Tageslicht gebracht hat. Diesmal habe ich sogar einen vagen Plan. Ich will noch einmal dem Tafelberg so nah` sein, wie ich ihn in den ersten Tagen mit dem Mountainbike erreicht hatte – möglichst direkt an der Stelle, wo es am Abend meines Ankunftstags lichterloh gebrannt hatte, und die Löschung aus vier Hubschraubern in niedriger Höhe vorgenommen worden war. Für mich ein absolut neuer Anblick, noch dazu aus dem 14. Stock meiner Wohnung. Und so nah, dass ich das Wasser in seinen Mengen aus den Bäuchen der Hubschrauber `runterrauschen sah. Aus naheliegenden Gründen nahm ich diesmal den Bus (zumal ich mein Fahrrad schon abgegeben hatte), wollte am Kulminationspunkt meiner Fahrt aussteigen und zu Fuß weitergehen, verpasste indes diesen Punkt wie bei einem guten Witz die Pointe, und ließ mich entnervt nach Downtown zurückkutschieren. In Adderley stieg ich aus und schlug einfach einen anderen Pfad ein, der, als wenn es mit dem Teufel zuging, mich zum vierten Mal auf dem Weg nach Waterfront an den Berg heranführte, welcher mich schon dreimal gereizt hatte: der „Signal Hill" mit seinen dauerhaften Kanonen!

Dass das Besteigen auf Nebenwegen grundsätzlich „verboten" ist, erzählte ich schon, spielt in Cape Town nicht nur eine untergeordnete Rolle – spielt überhaupt keine. Diesmal war der Zeitpunkt gut, aber das Schuhpaar schlecht. Egal! Außerdem ging vor mir ein Pärchen hoch und sie hatte wenig von einer Himmelsstürmerin an sich. Na dann! Nachdem ich die beiden fast eingeholt hatte, verließ sie ihren Gefährten. Über etwaige Kausalitäten zum Thema "Trennung" machte ich mir keine Gedanken und stieg dem Mann einfach nach. Persönlich unterdrückte ich meine inzwischen chronisch gewordene, „andere" Frage, ob das Nachsteigen nicht schon wieder, als ein weiteres, diesmal verschleiertes Zeichen meiner unausrottbaren Naivität zu deuten sei, legte Thesen wie diese endgültig ad acta – beinahe mit einem fröhlichen Jauchzer intuitiver Selbstsicherheit, nachdem der Unbekannte mir an einer besonders kritischen Stelle seine Hand gereicht und mich hochgezogen hatte. Da wusste ich, ein Ehrenmann! Wegelagerer und Taschendiebe haben keinen derart durchtrainierten Handgriff. Von da ab vertraute ich „Christoph" blind.

Es hatte schon etwas von irritierender Ironie an sich, dass mir dieser ausgebildete Bergführer, den ich schon vom ersten Tag meines Aufenthalts an hätte brauchen können, ausgerechnet an meinem letzten Tag über den Weg gelaufen ist. Mit Planung wär` das nicht passiert, wie ich an diesem Beispiel gerne einräume. Mit ein bisschen davon mehr hätte in diesen acht Wochen tatsächlich noch ein bisschen mehr draus werden können. Gerade für diesen Paradetermin – ich aus eigener Kraft auf dem Table Mountain. Ich wäre als Held, als Edmund Hillary für Arme von dieser Reise heimgekehrt, umjubelt von Wiggi, der mich zwei Tage später in Bremen abgeholt hat.

Doch wollte ich es nicht genau so? Wollte ich mich auch hier wieder wie einst im Berufsleben Termin an Termin gebunden fühlen? War das Gegenteil nicht herrlich, so frei durch die Stadt zu zigeunern (also ich meinte, … durch die Stadt zu sinti- und romanisieren), wie ich es tat? Wollte ich! Es war herrlich so; und so gut wie keine Termine zu haben, störte mich nicht im Geringsten, nicht mal, dass ich kein Auto besaß. Ein paar Verabredungen waren es später ja doch geworden. Und der Tafelberg hätte darunter sein können, sollen, müssen, wie auch immer. Dass ich bei einem Erfolg damit andern Orts, in 10 000 Metern Höhe, später noch gewaltiger hätte reüssieren können, setzt dem Ganzen die (verpasste) Krone auf, als ich tags drauf jemand im Flugzeug kennenlernte - mehr davon im Kapitel K. wie „Kascha"!

Zurück zum Aufstieg, dem vierten! Es dauerte eine Weile, bis mir der unbekannte Weg an Hand meines zufälligen Bergführers, allmählich bekannt vorkam. Der Weg führte diesmal unterhalb der militärischen Anlage Richtung Bergkamm. Und war ich nicht ein paar Tage früher, von oben kommend, genau hier an der verrotteten, militärischen Anlage gelandet? Ich war also geradewegs einmal mehr, nun zum vierten Mal, nur aus einer anderen Himmelsrichtung (der allerletzten) auf dem Weg nach Signal Hill. Muss was mit Sympathie zu tun haben – oder Schicksal? Zufall wäre zu billig! Und dann, was für ein Zufall (echt!) – ich glaubte zu träumen - kreuzten plötzlich hinter einer Kurve, wie aus dem Boden gestampft, vier Jugendliche unseren Weg. Ich hatte meinem Bergführer gerade die Geschichte vom vergangenen Sonntag erzählt. Immer noch im Grunde unverwüstlich naiv, dämmerte es mir nun doch sachte: Hier ist es nicht nur einmal „dangerous", sondern wohl überall, also auf sämtlichen Pfaden (und kein Zufall, wie ich leise zugeben musste). Nicht dabei „T-Shirt", stellte ich fest. Oder hatte er vielleicht nur das Hemd gewechselt!?

Beim Passieren dieser jungen Männer wurde klar: eine andere Gruppe. Christoph kannte sie, wenn auch nicht beim Namen. Sie kannten ihn ebenfalls und begrüßten ihn entsprechend. Mich nannten sie „Baba"; allein wäre ich als „ehrwürdiger Vater" wohl kaum durchgegangen. „Die einzelnen Gruppen", wusste „Chris", hätten sich die Höhenwege rund um Signal Hill aufgeteilt und vermutete, dass sie die längst unbrauchbaren Unterstände für sich und ihre Zwecke rekurriert hätten. Das sah ich anders. Ich war ja mal drin. Es roch nicht gut, doch von Konterbande keine Spur. Vielleicht hatte Christoph ja doch recht. Egal! Mit ihm wurde es noch ein amüsant-lehrreicher Nachmittag; er klärte mich über die unendlich vielen Löcher im Boden auf, die mir in aller Arglosigkeit bislang als Mäuselöcher aufgefallen waren. Nein, Schlangenbehausungen – die Mäuse hätten sich bedankt -, und so übergab mir Christoph gleich einen halben Meter Schlangenhaut, die einen Meter weiter in einem Gebüsch abgestreift worden war (leider fiel sie zuhause bald der wöchentlichen Reinigung zum Opfer). Sein Geld verdient der Mann mit den energischen Gesichtszügen, wie sie die meisten Räuber in dieser Gegend einfach noch nicht haben können, tatsächlich als Bergführer. Diesmal die richtige Wahl getroffen. Intuition ist alles! Sag ich doch immer! „Haben aber nie Erfolg damit", konterte eine Freundin mehrfach zuhause, ohne dass man ihr direkt widersprechen konnte.

Christopher und die Schlangenhaut

EINE BUSFAHRT, DIE IST LUSTIG

Zum Schluss noch eine Überraschung - alles an diesen, meinem letzten Tag in Cape Town. Auf meinen Linienbus Richtung „Heimat" wartete ich nach dem Fahrplan schon mehr als 20 Minuten, als einer dieser kleinen, ständig überladenen, japanischen Kleinbusse für Schwarze an mir vorbeisauste, dann aber wegen Rot stoppte und auf der Busspur rückwärtslancierte. Begeistert stieg meine schwarze Leidensgefährtin zu, und mir wurde mit einer chevaleresken Handbewegung der Zutritt ebenfalls gestattet. Drinnen eine Bombenstimmung, tolle, in die Beine gehende Musik, eine Wahnsinnshitze durch Wahnsinn-Enge, auch „überladen" genannt. Es war so eng, dass ich mein Kleingeld partout nicht aus der Tasche ziehen konnte, was angedeutete Kopfbewegungen allerorten in meinem Umkreis nach sich zog. Alle hatten schon begriffen, nur ich nicht. Die Dame, die mit mir eingestiegen war, hatte längst lautlos für mich bezahlt. Deswegen die lächelnd angezeigten Kopfbewegungen. Bombenstimmung darüber, dass ich es nicht gleich begriffen hatte: Weißer eben, typisch, was immer Anlass gab, laut los zu posaunen, was die prächtige Stimmung noch einmal verdoppelte (und was für ein gigantischer, phonetischer Unterschied zwischen den beiden kurzen Worten: „`Lautlos` bezahlt, aber `laut los`" posaunt zu haben)!

Die freundliche Dame, Mitte 30, war übrigens keine Schwarze, lediglich eine „Farbige". Ihr Ur-Ur-Großvater war ein Deutscher aus Namibia. Tatsächlich war sie von hellerer Hautfarbe, was oft genug von „richtigen" Schwarzen, den echten Machos eben, nicht als „eine von uns" akzeptiert wird; auch ein Beleg für Rassismus – allerdings nicht in meinem Bus. Endlich hatte sich auch dieser Wunsch erfüllt, als hellhäutiger Europäer in einem der Kleinbusse aufgenommen und akzeptiert worden zu sein. Bei toller Musik. Und alles an meinem letzten Tag. Der brachte mir nicht nur diese kleine Reihe positiver Überraschungen – die kurze Busfahrt besiegte auch meine Melancholie.

Als ich das Minifahrzeug verließ, rief mir eine laute Stimme – Laut sein (s. oben) ist Teil des Ganzen – hinterher, „hope to see you again!" Thanks, im nächsten Leben vielleicht.

Abschied - ein formvollendeter vom gigantischen Himmel

1.4. 2019 Abschied!

„…UND DANN SAH ICH KASCHA"

Kapstadt Flughafen: Mäßig gelaunt drängelte ich mich wie mehr oder weniger alle anderen Passagiere durch den überfüllten Mittelgang der ausgebuchten Lufthansa-Maschine Cape Town - Frankfurt/ Main. Zeitlupe ist ein Sprint im Vergleich zu diesem erzwungenen Kriechgang bis zu jedermanns Bestimmungsort, also auch zu meinem, Reihe 19, Gang. Schon zehn Reihen früher erahnte ich mein Schicksal, als ich Kascha, die Löwenmähnige, erblickte, wie sie weit über die Rückenlehnen hinaus gleichmütig das Geschehen im verordneten Gedränge dieser Maschine verfolgte. Ihr klares Gesicht hatte die Stärke der Jugend, wirkte zugleich unschuldig und erfahren. Es war das einzige Gesicht, das aus der brodelnden Masse Mensch herausragte.

Ich erschrak – ich, ihr Nachbar? Sie Window, ich Aisle! Doch so kam es! Elf Stunden Flug neben ihr, durchfuhr es mich, noch auf dem Weg zu ihr. Ich malte mir aus, wie entsetzlich unser Schweigen, wie zermürbend es Seite an Seite werden würde. Ich bin schüchtern, suchte mein Leben lang vergeblich den Code für die erste Kontaktaufnahme, um den Begriff des „Anbaggerns" zu vermeiden, suchte jedenfalls etwas über den nichtssagenden, üblichen Small Talk hinaus, habe in diesem Sinne jedoch so gut nie die Isolierstation meiner Zurückhaltung verlassen.

Kascha blickte kaum hoch, ach, weniger als kaum, als ich mich mit einem gemurmelten Gruß auf Englisch neben sie setzte. Dass sie keine Deutsche war, war mir vom ersten Moment an klar, ebenso, dass sie es nicht nötig hatte, auf sich aufmerksam zu machen; dazu war sie zu schön – grazil und elegant sowieso und überdies hochgewachsen von geradezu royalen Ausmaßen -, soweit man das im Sitzen mitbekam.

Und erst ihr Haar; im Gegensatz zu dem ihres zufällig anwesenden Zwangs-Nachbarn - eine Frisur von goldblonder Üppigkeit, wie sie nur Models zu tragen vermögen. Dass sie ein Model war, eins aus London, der Metropole, die seit Generationen wahre, wenn auch oft ausgemergelte Schönheiten auf den Laufsteg zaubert, war für mich überhaupt keine Frage. Den Manager freilich suchte ich in ihrer Umgebung vergeblich und ausgemergelt war meine Nachbarin - gottlob – auch nicht.

Eigentlich, durchzuckte es mich blitzartig, wenn auch völlig verfrüht, wäre es doch ein toller Gag - so was von cool -, wenn ich mit dieser sensationellen Weitsicht, am besten gleich, unorthodox, frisch, frech, frei, ein Gespräch beginnen würde: `Hello, Model`… Sie aber las einfach in ihrem Buch weiter, sicherlich vom Text gebannt. Schon fühlte ich mich unwohl. Vorbei, wie gelöscht, der coole Versuch von eben.

Warum dieser Platz für einen wie mich? Ausgerechnet ich. Das Wort „ausgerechnet" konnte ich noch nie leiden. Es kommt meines Erachtens einer persönlich, geradezu schicksalhaften Verdammnis auf jeden Fall näher, als im Positiven einer individuellen Genugtuung. Aber kann man denn ein solches Kind der Liebe zehn, elf Stunden lang stumpf begleiten, ohne eine neugierige Unterhaltung, ohne das Gefühl einer gewissen Solidarität – dann noch in 10 000 Meter Höhe? Fast einen halben Tag allein mit ihr im Orbit, getrennt durch die Wand der Unbehaglichkeit? Und das soll keine Zumutung sein?

Sie las ungerührt weiter. Mit jenem Anflug von einem Gelangweilt-Sein, das mich ahnen ließ, sie hätte sich jemand ganz anderes an ihrer Seite gewünscht: jung, dynamisch, erfolgreich, ewige 33 Jahre alt, 1,90 Meter groß, volles Haar! Für eine Britin am besten gleich einen Lord! Und ich habe nur adelige Verwandte!

Stattdessen las sie weiter, während ich über meine Tasche gebeugt nach der Tafel Schokolade kramte, doch darauf verzichtete, als mir klar wurde, es würde das unweigerlich mit einem Korb für mich enden, sobald ich ihr ein Stückchen angeboten hätte. Doch hätte sich das nicht so gehört? Was für eine Zwangslage!

Ein hohles Gefühl verbreitete sich wie lähmendes Gift in meiner Seele. Diese ersten Minuten mochten ja noch angehen, dienen sie generell erstmal der Einrichtung einer kleinen persönlichen Höhle an Bord einer solchen Riesenmaschine. Was aber, wenn sich in den weiteren Minuten nicht wenigstens eine kleine, minimale Chance zu einem ersten unverdächtigen Small Talk bieten würde – etwa einem „sorry" nach einer unbeabsichtigten Berührung oder einem „thanks" nach dem Ausbleiben einer peinlichen Reaktion? Gab es nicht! So gingen auch diese Minuten sprach- und tatenlos vorbei. Und als wir uns tatsächlich einmal kurz touchierten, zuckte sie nicht einmal, las ohne hochzusehen weiter. Eine kleine Chance für ein „sorry", aber keine für ein „thanks". Und das „sorry" vergaß ich auch.

Und dabei hätte man nach acht Wochen Kapstadt so viel zu einer Unterhaltung beisteuern können. So wie damals 1965 im Zug von Frankfurt/Main nach Hannover – nach meiner ersten Rückkehr aus New York!

Ich war damals so was von Eindrücken überladen, von dieser Stadt meines Lebens, die sie bis heute geblieben ist! New York hatte mich durch die Deckung meiner Recherche kurz und bündig K.O. geschlagen. Nichts hat mich seither dermaßen beeindruckt - außer im Negativen dieselbe Stadt, 36 Jahre später, nach den Anschlägen an „Nine Eleven" 2001. Ich brannte seinerzeit – 1965 - förmlich auf eine Unterhaltung, saß aber allein in meinem Abteil, als plötzlich doch die Tür aufging, eine junge Dame nach einem Platz fragte, um sich diagonal in größtmöglicher Entfernung zu mir für den Sitz am Gang zu entscheiden.

Ähnliche Ausgangsbasis also damals wie heute April 2019, schlappe 54 Jahre später! Gott, wie die Jahre vergehen und nichts dazugelernt.

Statt mit ihr zu reden, beobachte ich meine jetzige Sitznachbarin ab und zu aus dem rechten Augenwinkel. Wie sie da sitzt und mittlerweile ihr Buch schräg auf den Klapptisch positioniert hat, gefällt mir; schon, dass sie liest und nicht wie alle andern pausenlos auf ihr Smartphone starrt. Es gefällt mir auch sonst alles, was ich sehe und wie sie es tut: Selbst das Umblättern einer Seite ihres Buches. Da wird vor- und zurückgeblättert. Das ist Interesse am Stoff, kein lustloses Buchstabieren, wie ich es in Berlins S- und U-Bahnen jahrelang erlebt habe, schlimmer noch in den ausgelegten, veralteten Magazinen, wie sie in deutschen Arztpraxen für Kassenpatienten bereit liegen. Dazu kommt hier ihr reines Profil, kommen ihre tollen Hände zur Geltung, wirklich tolle Fingernägel, unbemalt, aber jugendlich rosa durchpulst, jedenfalls ihre linke Hand. Diese junge Frau ist die einzige Nicht-Touristin in diesem Flugzeug, darauf möchte ich wetten.

Natürlich spricht sie reines Queens-English, kein Vergleich zu meinem, wiewohl ich mir meine Scheu vor dieser Sprache in den zwei Monaten Cape Town durchaus ein bisschen abgewöhnt habe. Ich lasse mich in meinen Flugzeugsessel fallen, die Schokolade liegen und versuche es mir mit bis zum Hals angezogenen Knien - mehr Platz gibt ein Touristenticket bei LH nicht mehr her -, gemütlich zu machen; meine arme Nachbarin. Als ich später ihre wahre Größe erlebe, nimmt meine Bewunderung für ihre tadellose Sitz-Haltung galaktische Ausmaße an.

So hänge ich, vorsichtig über meine linke Lehne gelegt, ärgere mich über die permanenten   Berührungen von hin- und zurücklaufenden Toilettengänger*Innen (wer kommt nur auf diesen sprachlichen Blödsinn?) und verfalle allmählich in meine Erinnerungen an die Zugfahrt Frankfurt – Hannover. Nicht wegen der einen oder der anderen Stadt – Frankfurt mag ich allerdings -, nein, wegen der jungen Dame, der ich unbedingt von NYC erzählen wollte.

Eigentlich war sie noch gar nicht dran. Ich wusste ja eh nichts von ihr. Zunächst also meine Zeitungen. Es dauerte, bis ich meinen Heißhunger auf die Lektüre nach dreimonatiger Abstinenz in Canada und den USA gestillt hatte. „Mein Gott", hatte der Besitzer des erst besten Zeitungskioskes auf dem Frankfurter Flughafen ausgestoßen, als ich ihm nacheinander DIE Welt, die Süddeutsche, die FAZ, BILD und den „Spiegel" auf den Ladentisch geknallt hatte. Er schien für einen kurzen Augenblick an einen morgentlichen Begrüßungsüberfall gedacht zu haben. Dass ich immer schon Zeitungsfan gewesen bin, konnte er ja wirklich nicht wissen.

Der Zug rollte an; ich las wie süchtig: eine Stunde, anderthalb, zwei Stunden; langsam keimte in mir – kurzer Blick auf meine Mitfahrerin, in sich versunken, aber irgendwie doch attraktiv - der Gedanke nach einem Gespräch auf. Aber wie immer, wie anfangen? Also las ich weiter. Lesen war meins, wie Geschichte, Politik Leichtathletik, Naturkatastrophen. Small Talk war es nicht. Dennoch hustete ich plötzlich; sinnlos, selbst für mich überraschend. Ebenso mein kurzes Selbstgespräch: „Schluss mit Lesen!" Nix! Keine Reaktion. Daraufhin stand ich auf, um das Abteil zu verlassen und schlängelte mich mit der Bemerkung an ihr vorbei, ihr jederzeit den Koffer aus dem Gepäcknetz herunter zu holen. „Danke", sagte sie leise, ohne hoch zu blicken.

Da ich draußen weiter nichts zu tun hatte, außer aus dem Fenster auf der anderen Seite des Zuges die Landschaft zu betrachten, kehrte ich bald ins Abteil zurück, bedeutete ihr, ich käme schon vorbei, sie brauche weder zu antworten noch ihre Beine anzuziehen, worauf sie zurecht auf beides verzichtete.

Ich kam mir wie der berühmte Esel vor.

Es war mehr oder weniger wie auch jetzt in der Maschine LH 577 nach Frankfurt, allerdings aus Kapstadt, nicht aus New York. Eine tolle Weiterentwicklung bis auf die alles verdunkelnde Tatsache, dass ich inzwischen Jahrzehnte an Lebenserfahrung gewonnen haben müsste und immer noch nicht den Schlüssel für den Beginn eines Gesprächs in den Händen halte. Wenn ich mich in diesem Flieger auch noch nicht so blamiert habe, wie es mir im Zug nach Hannover erschien. Ist das nun Fortschritt oder nicht doch schon nachlassende Ambition?

Was beide jungen Frauen gemeinsam haben oder hatten, ist – trotz ansonsten enormer Unterschiede - ihre ungeheure Ausstrahlung, eine, auf die man irgendwie reagieren musste. Und Wegsetzen konnte man sich hier und jetzt auch nicht. Gut, die Bahn hätte man damals in Köln noch verlassen können. Soweit wollte ich jetzt im Flugzeug allerdings doch nicht gehen – zumal von „gehen" gar keine Rede sein konnte.

Nach meinen beiden Fehlversuchen in der Disziplin „Small Talk" wandte ich mich im Zug nach Hannover noch einmal dem Lesen zu, konsumierte einen letzten Kommentar, dann war es aus: Verdammt noch mal", platzte es plötzlich einfach aus mir heraus, „Ich will mich mit Ihnen unterhalten", und sah sie dabei an. Schließlich säßen wir allein in unserem Abteil. Auch wenn das kein ganz starkes Argument sei, und ich immer noch nicht wüsste, wie anzufangen, worüber und überhaupt zu reden, möchte ich, dass „wir beide ins Gespräch kommen." Pause. „Herrgott noch mal!"

„Ich weiß", sagte sie ganz ruhig, „ich habe Sie beobachtet. Sie wurden immer unruhiger!" `Ich doch nicht`, wollte ich gerade widersprechen, beiße mir stattdessen lieber auf die Zunge. „Sie waren länger im Ausland, nicht?" „Stimmt, aber woher wissen Sie das?

„So gierig, wie Sie Ihre Zeitungen gelesen haben – hätten mir ja auch mal eine anbieten können" -, jedenfalls habe ich noch nie jemanden so über seine Lektüre herfallen sehen." „Ja, ich komme gerade aus New York. Ich muss einfach darüber reden." „Ich weiß", wiederholt sie.

Mit dem Stichwort „New York" war es mit dem Schweigen vorbei. Die verbliebenen annähernd drei Stunden bis Hannover – wir hätten bis zum Nordpol durchfahren fahren können... Doch die Bundesbahn hatte schon damals Probleme, sich an die eigenen Vorgaben zu halten, geschweige denn, ihren Kunden auch noch einen Gefallen zu tun.

Ich erwache aus meinen Erinnerungen und sehe, dass meine langgliedrige Nachbarin auf einen der Bordfilme umgebucht hat. Als sie aufsteht, um sich klugerweise die Beine zu vertreten, will ich meine geringen Chancen am Computer nutzen, eventuell auch einen Film auf den Bildschirm zu zaubern, erschrecke zunächst aber über ein ganz anderes Bild: Sie in voller Länge übertrifft alles, was ich mir vorgestellt habe. Die Frage ist: Ist sie „nur" 1.93 Meter groß oder aber schon 1.96 (meine uralte Traumgröße als Leichtathlet)? Später stellte sich heraus. In ihrem Job ist sie die Allergrößte – weltweit!

Als sie wieder neben mir sitzt, lächelt sie mich plötzlich an: „Ja, ich bin groß", und als habe sie meine Empfindungen durchschaut, meint sie, sie erschrecke die Menschen zunächst. „Und Sie sind ein Model", nutze ich die Gelegenheit, „ein britisches" und füge, ohne ihre Antwort abzuwarten, kühn hinzu, „ich hab`s vom ersten Moment an gewusst."

„Nein", sagt sie und stürzt mich ins Bodenlose. Aber ihr, „kein britisches", verhindert meinen Fall ins Nichts – immerhin Model! „Ich stamme aus Polen", fängt sie an zu erzählen; sie sei jetzt auf dem Weg zu ihren Eltern, bliebe dort vier Wochen und ginge danach auf nach China, wo ein paar Aufträge auf sie warteten.

Sie modelt für internationale Firmen und große Modeläden. Meist trage sie Mäntel über die Laufstege, aber auch Bademoden und lächelt dabei! „Auf 12 Zentimeter hohen Absätzen", frage ich und rechne nach (damit wäre sie 2,08 Meter groß)!

Angefangen hat die 22-Jährige im Alter von 15 Jahren – in New York, hat dort gehungert, gelitten, und die Sprache ebenso gelernt wie sich durchzusetzen, zunächst auch gegen den Willen ihrer überforderten Eltern. Verständlich, wenn eine 15-jährige Tochter beschließ, eine mittelgroße Stadt in Polen gegen den Moloch New York einzutauschen. Inzwischen hat sie das polnische Abitur (wohl) auf dem 2. Bildungsweg nachgeholt. Frei will sie sein – egal wo, auch in China, wo sie sich nach ihrem Engagement auch gleich ein wenig umsehen will. Wie sie es überall tut, also auch in Kapstadt getan hat.

Ich staune und bastele verloren an meinem Bordcomputer. Er will nicht so wie ich, natürlich nicht. Dabei fliege ich wirklich nicht zum ersten Mal. Sie erkennt meine Unsicherheit, beugt sich zu mir, legt wie selbstverständlich meine beiden Hände auf das herunter gelassene Tischchen und zeigt mir mit schnellen Griffen das Kinoprogramm, das mich nicht interessiert. Ich will jetzt nur noch die Landkarte, möchte sehen, welches Gebiet wir gerade überfliegen. Man muss wissen, wo man ist: ... nördlich von Botswana! Also bewegen wir uns westlich auf Lusaka in Sambia zu. „Unruhiges Gebiet", meine ich. Sie nickt, „ich kenne davon einiges in Afrika."

Also diesmal Kapstadt! „Und was habt ihr da gemacht?" Erst jetzt fällt mir auf, dass ich vergessen habe zu fragen, wo sie dort ihre Auftritte hatte, vermutlich, weil mir die Orte nichts bedeutet hätten. „Wir haben Berge und Bäder genossen", meint sie leichthin.

„Berge?" „Ja, wir sind den Tafelberg hinaufgestiegen!" Mir blieb die Spucke weg: Sie auf dem Tafelberg? „You climbed up…, really?" „Ja", heißt es ganz locker, „mit ein paar Freunden!" "Impossible", rutscht es mir raus. Weil ich es bekanntlich nicht geschafft habe. Weil mir in der Hitze des Aufstiegs die Spucke, wie jetzt auch … weggeblieben ist. Und weil man den Tafelberg nicht einfach so erklimmt wie die Katze den Gartenzaun.

Ihr fröhliches Lachen durchsiebt eine allgemeine Unsicherheit. Man spürt es. Sie will oder wollte sich gerade nicht größer machen oder dastehen, als sie ist, und mich schon dadurch bestimmt nicht kleiner, als ich eh bin. Bei mir geht jetzt alles durcheinander. Ich bin mir nicht sicher: Doch dann fährt sie begütigend weiter, nachdem ich von meiner Pleite erzählt habe.

Ich hätte es noch einmal probieren sollen, meinte sie: „Unbedingt, einfach so, den Tafelberg ersteigen sollen, müssen, fährt sie unbeirrt fort: „Unbedingt! Einfach so!" Und zwar als „Rauschtat", worüber „Männer" einfach nicht redeten! „Ich schon", meinte ich leise! Wäre ich wie sie oben gewesen – aus eigener Kraft, würden wir uns hier in lichter Höhe auf gleicher Höhe begegnen, musste ich mir eingestehen. So konnte ich ihr nur meine albernen Fehler schildern: zu spät aus dem Bett, zu viele Jacken, zu wenig Flaschen, falscher Weg…

Ihre Truppe hatte in der Tat einen kürzeren genommen, wie wir nun im Gespräch herausfanden, einen, von dem ich gehört hatte, der mir aber zu weit weg erschien, selbst mit Fahrrad (und wo es dann überhaupt lassen)? Bei meiner lächerlichsten Schwäche, drei Wasserflaschen in einer Plastiktüte, lachte sie laut auf und nimmt mich natürlich nicht ernst, wenn sie mir mit trauriger Miene zu verstehen gibt: „Ja, das sind Anfängerfehler, die passieren – jedem, der neuen Boden betritt." Neuen Boden? Hatte ich ihr nicht schon mein Faible für Vulkane offenbart? Vulkane von oben!

„Mit Ihnen kann man gut reden", meinte sie später plötzlich. „Das freut mich, denn eigentlich bin ich schüchtern." „Ich weiß", gebe ich zurück und dann noch einen drauf: „Ich auch!"

Jetzt lachen wir beide. Gemeinsamkeiten, die verbinden und Schüchterne erleichtern.

Wir redeten weiter, unterhielten uns, tauschten uns aus. Unser gemeinsames Faible gilt New York. Jetzt begann sie zu erzählen, von dieser Stadt, von ihrer eigentlichen Sehnsucht, der Lust zu tanzen, „natürlich immer alleine", wie sie zugab. „Tänzerin konnte ich einfach nicht werden!"

Ich erzählte von meiner Tochter, die Tänzerin geworden ist. „Wie groß", fragt sie sofort nach. „1.73 Meter", meinte ich, bin mit heute aber nicht mehr so ganz sicher; „vielleicht doch 1,75 Meter." Weil ich mir inzwischen kleiner vorkomme: „Schöne Größe", sprudelt es aus ihr heraus und verstummt dann eine Weile sinnend, ehe sie den Faden wieder aufnimmt: Sie wisse nicht warum, aber sie sei größer als ihr Vater und unendlich größer als ihre Mutter. `Eine

Übertreibung der Natur`, kommt mir in den Sinn. Und doch wurde diese Frau nicht als Nachteil der Natur geboren. Beileibe nicht! Sie hat wundervolles Haar, ein tolles Gesicht und Grazie in allen Bewegungen.

Wir unterhielten uns diagonal, im wahrsten Sin des Wortes völlig abgehoben über den gesamten 30 Millionen Quadratkilometer großen afrikanischen Kontinent, nahezu allein fast vier Stunden über der grandiosen, nachts leider verdunkelten Sahara. Dann unvermittelt endete der Zauber (Afrikas?) - wir hatten den Schwarzen Kontinent hinter uns gelassen. Ein Blick auf die Karte bestätigte das. Wir überquerten just das Mittelmeer.

Das Erwachen aus diesem Traum hatte etwas Prosaisches. Die Unterhaltung stockte. Der Zauber war vorbei, als reiche der zwar bis in den Himmel, zehn Kilometer hoch, aber kaum mehr als über die (nach Seerecht) erlaubten zwölf Seemeilen hinaus. Muss wohl was mit irdischer Politik zu tun haben. Prompt verfielen wir in einen kurzen, wie betäubten Schlaf. Kascha, deren Umstiegszeit in Frankfurt erheblich kürzer war als meine nach Bremen, wurde unruhig. Europa zählte irgendwie nicht, seine Größenverhältnisse, von oben betrachtet, sind unbedeutend, seine Probleme selbstsüchtig. Unsere Maschine würde zwar pünktlich in Frankfurt landen, aber gerade der Frankfurter Groß-Flughafen, mehr bekannt als „Fluch"-hafen, gebärdet sich gern großkotzig, unübersichtlich, verschlungen wie die sibyllinischen Wege in Knossos, wenn nicht schlimmer. Das schuf Unruhe!

Als wir landeten, überließ ich der jungen Polin den Vortritt; man konnte ihr nachblicken, bis sie weit vor mir den Ausgang betrat. Wie finde ich Sie, rief ich ihr kurz hinterher. Die Zeit für ein Foto war längst verspielt. „Unter `Kascha` im Internet", rief sie zurück. „Mit einer Menge Bilder aus meinem Job."

Stimmt – Fotos, hübsche Fotos, jede Menge davon, die meisten allerdings in dunkler Haarpracht. Ich hatte sie noch in Goldgelb erlebt. Und ihre Größe – im Internet in „Feet" und „Inch" gemes-

sen, betrug letztlich doch "nur" 1,89 Meter, falls die Angabe überhaupt stimmt. Für 1,93 Meter hätte ich meine Rechte zum Schwur
erhoben. Vielleicht erschien mir das alles auch aus meiner sitzen-
den Position so ungeheuerlich. Vielleicht ist die Größe aber auch
ein bisschen nach unten „geschönt" worden. Wer als „Frau von
heute" ist gerne „freiwillig" über 1,90 Meter groß (in Hochhacki-
gen-12-Zentimeter-Schuhen dann immer noch 2,02). Und ich stehe
unbedingt zu diesen 1,93 Metern - auch im Verhör und nicht nur
dort und nicht nur wegen ihrer körperlichen Größe…

PS.: Im Januar 2021 bat ich sie um ein paar Fotos für den Bericht.
Ihre Antwort kam prompt, einige Fotos beigelegt! Eines davon
ziert dieses Buch!

„Kascha" at work

Kapstadts attraktivste Badewanne